Tomas Plänkers, Ulrich Bahrke, Monika Baltzer, Ludwig Drees,
Gerold Hiebsch, Marion Schmidt, Dagmar Tautz:
Seele und totalitärer Staat

» REIHE PSYCHE UND GESELLSCHAFT «
HERAUSGEGEBEN VON JOHANN AUGUST SCHÜLEIN
UND HANS-JÜRGEN WIRTH

Tomas Plänkers, Ulrich Bahrke, Monika
Baltzer, Ludwig Drees, Gerold Hiebsch,
Marion Schmidt, Dagmar Tautz:

Seele und totalitärer Staat
Zur psychischen Erbschaft der DDR

Mit einem Vorwort von Günter Kunert

Psychosozial-Verlag

Wir danken der Dr. Nelly Hahne-Stiftung
für die finanzielle Förderung der
Drucklegung.

Bibliografische Information der Deutschen Nationalbibliothek
Die Deutsche Nationalbibliothek verzeichnet diese Publikation in der Deutschen
Nationalbibliografie; detaillierte bibliografische Daten sind im Internet über
<http://dnb.d-nb.de> abrufbar.

Originalausgabe
© 2005 Psychosozial-Verlag
E-Mail: info@psychosozial-verlag.de
www.psychosozial-verlag.de
Alle Rechte vorbehalten. Kein Teil des Werkes darf in irgendeiner Form (durch
Fotografie, Mikrofilm oder andere Verfahren) ohne schriftliche Genehmigung des
Verlages reproduziert oder unter Verwendung elektronischer Systeme verarbeitet,
vervielfältigt oder verbreitet werden.
Umschlagabbildung: ©Foto: Schütze/Rodemann, Halle/S.
Umschlaggestaltung: Christof Röhl nach Entwürfen des Ateliers
Warminski, Büdingen
Lektorat: Katharina Hohmann
Satz: Katharina Appel
Printed in Germany
ISBN 978-3-89806-399-9

Inhalt

Auf die Couch
Günter Kunert   9

Einleitung
Ludwig Drees, Ulrich Bahrke, Tomas Plänkers   13

1. Herr und Untertan
Über die Bewältigung früher Angstsituationen
durch totalitäre Strukturen   27

2. In der Krippe
Zu den psychischen Folgen gesellschaftlich
organisierter Traumatisierung   55

3. Sicherheit für Selbst und Staat
Überlegungen zur Psychodynamik eines
»Inoffiziellen Mitarbeiters«   71

4. Hinter dem Eisernen Vorhang
Die DDR im Spiegel eines Gewaltopfers   89

5. Überleben in der Nische
Über die Identifizierung mit deutschen Familientraditionen   105

6. Der Mythos der Einheitspartei
Seine intrapsychische und interpersonelle Dynamik   131

7. Auf der Flucht
Über das nicht vergehende Trauma in einer
deutschen Lebensgeschichte   149

Epilog
Analytische Psychotherapeuten in Ostdeutschland
vor und nach 1989
Ulrich Bahrke, Ludwig Drees 165

Zu den Autoren 175

Auf die Couch

»Die gesamte Bevölkerung müsste auf die Couch!« verlangte nach der Wende ein ostdeutscher Psychiater, aber das war wohl eher ironisch als ernst gemeint. Mentalität lässt sich nicht therapieren. Psychische Befindlichkeiten und Grundstimmungen verfestigen sich über längere Zeiträume hinweg, ja, sie versteinern geradezu. Dergestalt wurde ein DDR-Spezifikum, die Persönlichkeitsspaltung, zur alltäglichen Haltung, die von den Betroffenen schon gar nicht mehr als solche wahrgenommen wurde. Die absolute Mehrheit lebte zwei Leben: eines im privaten Bereich und eines im öffentlichen oder zumindest halböffentlichen des Betriebes, des jeweiligen Arbeitsplatzes. Zu Hause war man ein anderer Mensch als im Bannkreis der ideologisierten Gesellschaft. Daheim guckte man Westfernsehen, außerhalb der eigenen vier Wände spielte man die Rolle des vom Sozialismus geprägten Staatsbürgers. Diese Schizophrenie war endemisch. Um sich Schwierigkeiten zu ersparen, gab man dem Kaiser, was des Kaisers ist und sprach ihm nach dem Munde. Politische Schulungen fanden überall statt, und wehe, man wagte es, dem Referenten zu widersprechen. Die Folgen waren absehbar, jedenfalls ahnbar. Also passte man sich an und redete wie der Vorredner »Newsspeak«, die Neusprache des »Neuen Deutschland«, der Zeitung, welche stets die Sprachregelungen und geforderten Einstellungen vorgab.

Ich erinnere mich an das folgenlose Geraune, als bei einer Versammlung des Schriftstellerverbandes jemand zaghaft anfragte, wie es komme, dass die Humboldt-Universität dem Schah von Persien die Ehrendoktorwürde verleihe, wo doch jeder wüsste, um was für eine Gestalt es sich da handle. Weil immer Funktionäre aus dem so genannten Kultursektor anwesend waren, wurde heuchlerisch erklärt, im Vordergrund stünden selbstverständlich wirtschaftliche Beziehungen, also müsse man schon mal in den sauren Apfel beißen. Auch Lenin hätte ja damals und so weiter und so fort. Daraufhin Schweigen. Und als im »Neuen Deutschland«, nach Anerkennung der DDR durch Spanien, ein positiver Artikel über Franco erschien, murrten die alten Rotspanien-Kämpfer, doch auch dieses Murren verklang sofort. Die Abhängigkeit des Einzelnen von den Futterstellen des »Arbeiter- und Bauernstaates« war unauflöslich. Die Wehrlosigkeit des Individuums bildete die Grundlage der Herrschaft, und diese Wehrlosigkeit war gesetzlich abgesichert. Zahllose Paragraphen des Strafgesetzbuches bestanden aus Gummi, wie etwa jener, der die »Herabwürdigung führender Persönlichkeiten« mit Strafen bedrohte. Die Lüge war zum höchsten, schützenswerten Gut »unserer

Menschengemeinschaft« geworden. Mit Brecht über die Herrschenden gesagt: »Sie glauben nicht den Tatsachen, sie glauben nur sich.« Zwar kostete die Weitererzählung eines politischen Witzes nicht mehr den Kopf wie unter Hitler, doch da es derartige Witze nicht geben durfte, trat der Staatsanwalt in Aktion. Während einer dieser gespenstischen Zusammenkünfte von Autoren mit einer Staatsanwältin, wagte Jurek Becker es, sie zu fragen, warum »bei uns« Leute eingesperrt würde, wenn sie einen Witz erzählt hätten. Woraufhin die höhnische Antwort erfolgte, bei uns würde niemand wegen eines Witzes eingesperrt, sondern nur wegen antisozialistischer Hetze. (Übrigens wurden dennoch Witze kolportiert, freilich nur unter Personen, die einander vertrauten – wenige genug!)

Ein wesentliches psychisches Herrschaftsinstrument war das Misstrauen. Der Staatssicherheit gelang es, den Glauben zu verbreiten, dass sie ihre Ohren überall hätte – was ja auch, wie man nach der Wende erfuhr – so ziemlich mit der Realität übereinstimmte. Dank diesem Misstrauen und der Persönlichkeitsspaltung konnte sich das Regime derart lange halten. Der DDR-Bürger wurde vom Westen zum »Nischenbewohner« ernannt, womit jedoch nur sein persönliches Zurückgezogensein gemeint war, doch die wahre Nische befand sich in ihm selber, in einem abgeschotteten Teil seiner Seele, wohin ihm keiner folgen konnte. Das Ergebnis dieser »Reservatio mentalis«, dieses Austern-Daseins, war zum Schaden der Gesellschaft derselben entzogen. Innere Antriebe, in der Gesellschaft aktiv oder wirksam zu werden, wurden in die Seelen-Nische umgelenkt, da eine natürliche Ausrichtung auf die Umwelt sich als unmöglich, als unerwünscht erwies. Das Regime nahm lieber den Schlendrian und die Lethargie in Kauf, als dass es selbstständiges Handeln oder gar selbstständiges Denken zugelassen hätte. Und so wurstelten sich alle durch – vom ZK-Mitglied bis zur Verkäuferin. Denn die Regierenden waren gleichermaßen Gefangene ihres Systems, zu dessen Aufrechterhaltung nicht bloß materielle und wirtschaftliche Ressourcen verbraucht wurden, sondern vor allem geistige und psychische.

Die DDR hatte alle Schiffe hinter sich verbrannt, alle Bindungen an weite kulturelle Bereiche gekappt. Ein Beispiel. Eines späten Abends ging ich durch die Wilhelm-Pieck-Straße, heute Torstraße, und kam an einer Volksbücherei vorbei, in deren Schaufenster auszuleihende Bücher sich präsentierten. Ich traute meinen Augen nicht: In der Mitte der »Druckerzeugnisse« stand Aldous Huxleys *Schöne neue Welt*. Vermutlich hat niemand das Buch ausgeliehen, weil der Titel den Passanten mitteilte, es handele sich höchstwahrscheinlich um einen Hymnus auf den Sozialismus, geschrieben von einem englischen Kommunisten. Soweit war die geistige

Isolation gediehen, dass außerhalb eines mit der Weltliteratur verbundenen Kontextes, das Verständnis für dasselbe verschwunden war. Ängstlich und zaghaft erlaubte das Regime Publikationen von Ernst Bloch oder Walter Benjamin, freilich »ad usum delphini«, aber diese, in den späten sechziger Jahren den Westen bewegende Werke, waren durch ihre Verbindungslosigkeit zur DDR-Gegenwart unwirksam und überflüssig geworden. Wo die Zusammenhänge zwischen Intellektualität und den potentiellen Rezipienten aufgelöst sind, tritt geistige und seelische Verarmung ein. Die Nische im eigenen Innern reicht nicht aus für eine menschenwürdige Existenz.

Ein einziges Mal in der Geschichte der DDR wurde die besagte Schizophrenie überwunden, nämlich vor der Wende, als der psychische Leidensdruck ein Ausmaß erreicht hatte, dass der DDR-Bürger sein Innerstes nach Außen zu kehren wagte, indem er auf die Straße ging und ein anderes Leben einforderte. Ob wir das Revolution oder Rebellion nennen, ist gleichgültig. Aber es bedarf wohl immer in solchen Fällen eines unstillbaren Bedürfnisses nach einem anderen Sein, damit der Jedermann im Kontakt mit anderen Jedermännern den Mut findet, die ihm vom System aufgezwungene Maske fallen zu lassen. Das ist ein Augenblick seligmachender Freiheit, der wie ein Fest vorüberrauscht. Schließlich erhebt sich nach dem Fest aus einer Ecke der Dämon der Gewohnheit, der Notwendigkeit, einen Platz unter den gewandelten Zuständen zu suchen – ein enorm schwieriges Unterfangen. Und aufgrund dieser Schwierigkeiten greifen manche, falls nicht gar viele, zu der gestrigen Maske zurück und nehmen freiwillig an, was man ihnen einst verordnete. Plötzlich erweist sich diese Maske als ein wesentlicher Bestandteil der persönlichen »Identität«. Die Klagen von Ostdeutschen darüber, dass man sie dieser »Identität« berauben wolle, scheint mir das Indiz für die Spätfolgen der DDR zu sein. Abgesehen davon, dass der Mensch ohnehin an der Verdrängung alles unangenehm Gewesenen und an der Vergoldung einiger Momente seiner Vergangenheit fast naturgegeben laboriert.

Darum wird noch viel Wasser den Bach hinunterfließen müssen, bevor sich die unselige Erbschaft der DDR verflüchtigt. Nach der Wende sprach jemand vom »Leichengift der DDR« – daran mag wohl Wahres sein.

Nur ein Gegengift – was sollte das sein und woher sollte es kommen? Es heißt stets, die Zeit heile alle Wunden, obwohl diese Medizin recht fragwürdig ist. Erkrankungen können auch chronisch werden. Da hilft dann keine Couch. Wir können nur abwarten, ob der Patient von selbst gesund wird.

Günter Kunert (22.6.04)

Einleitung

Die anhaltende Diskussion über die Folgen der deutschen Teilung und die Probleme der Wiedervereinigung ist heute primär eine ökonomische. Dies hat zum einen damit zu tun, dass die Ökonomie in der Tat eine wichtige Basis unseres alltäglichen Lebens bildet. Zum anderen wird sie aber deshalb so sehr in den Mittelpunkt gerückt, weil sie hilft, eine Leerstelle zu füllen, die dort entsteht, wo über die Menschen und ihr Innenleben zu reden wäre. Über Investitionsvolumen, Arbeitslosenzahlen und Bruttosozialprodukte lässt sich leichter sprechen als über psychische Fixierungen, Ängste, Wünsche und innere Konflikte. Und doch ist dies der entscheidende Bereich, von dem aus alle wirtschaftlichen und politischen Entscheidungen getroffen werden. Die heruntergekommenen Baulandschaften, welche die DDR hinterlassen hat, sind nur ein äußeres Zeichen psychischer Landschaften, die ein totalitäres Regime geschaffen hat. Häuser sind aber schneller saniert als psychische Beschädigungen geheilt. So lebt trotz der äußeren Angleichung an den Westen die DDR in den Menschen fort, im Guten wie im Schlechten.

Hatte im Zuge der politischen Wende die wieder auflebende Identifizierung mit Deutschland als Nation zu dem Wunsch nach Wiedervereinigung geführt, mussten sich viele ehemalige DDR-Bürger nun als Deutsche zweiter Klasse unter Verlust vieler Vertrautheiten fühlen. Das Ost-West-Problem mit seinen politischen, finanziellen und ökonomischen Aspekten überlagert deshalb seit über einem Jahrzehnt das Nachdenken über die psychische Erbschaft der DDR – oder aber es wird nicht in seiner Breite thematisiert, sondern stellvertretend an Erörterungen destruktiver Stasi-Praktiken abgehandelt (z. B. Behnke und Fuchs 1995; Pingel-Schliemann 2002).

Als in den Tagen des Untergangs der DDR ihre betrüblichen Hinterlassenschaften in fast allen Lebensbereichen erstmals unzensiert öffentlich angesprochen werden konnten, beschrieben ostdeutsche Psychotherapeuten auch die »inneren Beschädigungen und Deformierungen geistiger und seelischer Art aus stalinistischer und poststalinistischer Zeit« (Bahrke 1990). Bereits die Titel der damaligen Veröffentlichungen – z. B. *Der Gefühlsstau* (Maaz 1990) – machen die starke affektive Anteilnahme aus der Selbstbetroffenheit heraus deutlich.

Dass diesen Überlegungen – unserer Kenntnis nach – keine ihrer Bedeutsamkeit entsprechend differenzierteren wissenschaftlichen Darstellungen folgten, hat Ursachen. Zum einen wurden die damaligen Aussagen nur allzu rasch und bereitwillig von westdeutschen Feuilletonisten aufgegriffen, die nun ihrerseits aus der Beobachterperspektive heraus die ostdeutschen psychischen Beschädigungen sezierend ausbreiteten. Zum anderen drängte sich der Eindruck auf, dass oftmals kurzschlüssig die Denkfiguren der Schuld- und Schamdebatte zur Nazi-Diktatur auf die Verhältnisse der DDR-Diktatur übertragen wurden. An dieser nötigenden Simplifizierung wollten sich Osttherapeuten verständlicherweise nicht beteiligen, zumal sie auch zu ihren ganz persönlichen Systemverstrickungen noch nicht genügend zeitlichen Abstand und inneren Raum hatten.

Vielleicht noch gravierender dafür, dass es um die Selbstauseinandersetzung der Ostdeutschen mit den psychischen Beschädigungen aus der DDR-Zeit publizistisch relativ still wurde, ist die Tatsache, dass diese Problematik in erheblicher Weise von der »Wende der Wende« überlagert wurde: Durch die *Art* der Wiedervereinigung fühlte sich die ostdeutsche Bevölkerung in oft beschriebener Weise erheblich gekränkt. Stichworte wie »Abwicklung«, »Enthauptung der Eliten«, »Kolonialisierung der DDR«, Tatsachen wie die ungleiche Entlohnung, Nicht-Anerkennung von Ausbildungsabschlüssen und die einer gravierenden Umschichtung von Immobilienvermögen in westdeutschen Besitz, beschreiben Gegebenheiten, die hier nicht diskutiert werden sollen. Neben diesen Entwertungstraumata musste die ostdeutsche Bevölkerung durch die rasche Übernahme des westdeutschen Rechts- und Wirtschaftssystems erhebliche Neuorientierung leisten, z. B. arbeitet heute weniger als ein Drittel noch im gleichen Beruf. Die notwendige Neu-Verortung in allen öffentlichen Lebensbereichen band einen Großteil auch der psychischen Kräfte im Sinne eines »andauernden psychoenergetischen Bereitstellungszustandes mit eingeschränkter Erholungsfähigkeit« (Schröder 1990).

So wie ein Teil der Bevölkerung vor allem unter der repressiven Seite des DDR-Systems gelitten hatte, war für einen anderen Teil seine supportive Seite bestimmend gewesen. Der Wegfall der – auch Halt gebenden – DDR-Strukturen führte häufig zu psychischen Dekompensationen (»Wendekrankheit«), z. B. zu einer Zunahme von Angststörungen bei Männern und Essstörungen bei Frauen, was von Psychotherapeuten des öfteren beobachtet und beschrieben worden ist (Geyer u. a. 1995; Konzag und Fikentscher 1993).

Wenn wir mit diesem Buch dennoch erneut den Versuch machen, über seelische Deformationen aus der DDR-Zeit – und damit nicht über das populäre Thema der »gekränkten Ostseele« – zu schreiben, so hat dies seinen Grund vor allem in Erfahrungen aus der psychotherapeutisch-psychoanalytischen Praxis. Hier wurde uns Therapeuten vor Augen

Einleitung

geführt, inwiefern gesellschaftliche Bedingungen der DDR das Befinden und die Symptomatik unserer heutigen Patienten zum Teil erheblich mitbestimmen, wobei die Frage, ob man den Einfluss des staatssozialistischen Systems auf seelische Prozesse überhaupt festmachen kann, schwierig zu beantworten ist und uneinheitliche, auch kontroverse Antworten findet. Die psychischen Folgen des Lebens in der DDR sind in ihrem Zusammenhang mit dem sozialpolitischen Umbruch und der Ost-West-Problematik im Einzelfall schwer voneinander zu trennen.

Dennoch sind solche Prozesse beschreibbar, denn seelische Prägungen haben eine Langzeitwirkung, weshalb die Psyche dazu neigt, neue Erfahrungen unter dem Erfahrungshorizont der Vergangenheit wahrzunehmen. Insofern gab es beispielsweise gegenüber dominantem und verletzendem westdeutschen Verhalten auch ein ostdeutsches Entgegenkommen, das aus der Zeit der Unterwerfung unter die DDR-Diktatur stammt. Den jeweils eigenen Anteil an einem Geschehen zu erkennen, ist wesentliches Anliegen jeder Psychotherapie und beschäftigt auch uns immer wieder, zumal wir durch unsere Behandlungen wissen, dass Reife und Stärke einer Persönlichkeit auch daran gebunden sind, inwieweit Schuld- und Schamgefühle nicht verleugnet werden.

Langjährige Diskussionen solcher Art im Zusammenhang mit der psychotherapeutischen Behandlung von Patienten aus der ehemaligen DDR brachte uns – eine Gruppe ostdeutscher Psychotherapeuten zusammen mit einem westdeutschen Kollegen – auf den Gedanken, anhand einiger ausgewählter Fälle die Verschränkung von Psychopathologie und gesellschaftlichen Bedingungen, wie sie spezifisch in der DDR anzutreffen waren, zu dokumentieren. So verschiedenartig unsere Patienten und ihre Wege im Jahrzehnt nach dem Untergang der DDR auch gewesen seien mögen – in allen analytischen Behandlungen geht es auch um die Frage, wie das DDR-System auf die innere Welt der Menschen einwirkte und welche tieferen Spuren es hinterlassen hat.

Wir beabsichtigen mit unseren Beiträgen eine weitergehende Information über die psychischen Folgen sozialer Verhältnisse, die in der DDR von Unfreiheit, Unterdrückung und Verfolgung Andersdenkender sowie durch eine Spaltung der Gesellschaft in Pro und Contra gekennzeichnet war. Deshalb liegt das Schwergewicht der hier vorgelegten sieben Fallbeschreibungen nicht nur in psychopathologischen Erörterungen, sondern auch in der Beschreibung der Art und Weise, wie sich spezifische Aspekte der DDR-Gesellschaft in subjektiver Konflikthaftigkeit sowie in therapeutischen Beziehungen widerspiegeln.

Einleitung

Für die Autoren wurde die gemeinsame Besprechung dieser Fälle selbst zu einem persönlichen Aufarbeitungsprozess und führte zu einem nachdenklich stimmenden Austausch. Dabei berichtete der jeweilige Therapeut fast regelmäßig von intensiven affektiven Reaktionen auf den Patienten, die wir nicht nur als Gegenübertragung, sondern auch als Hinweis auf die Intensität unserer persönlichen Betroffenheit verstanden. Nicht nur unsere Patienten, sondern auch wir selbst stehen mit auf dem Prüfstand als Ost- und Westtherapeuten und können nur schwer einen objektiven Standpunkt einnehmen. Die Präsenz des Themas liegt für ostdeutsche Therapeuten auf der Hand: Sie waren selbst eingebunden in das System und wissen oder ahnen, dass die beiden aufeinander folgenden Gewaltsysteme (Faschismus und »real existierender Sozialismus«) auf ihre Familien und die jeweilige psychische Organisation eingewirkt haben. Bei der Beschäftigung mit den gesellschaftlichen Aspekten ihrer Patienten sind Osttherapeuten deshalb mit der intimen Frage konfrontiert, an welchen Punkten sie selbst durch staatssozialistische Gesellschaftsstrukturen stigmatisiert sind (siehe auch Simon 1995).

Mit diesen Fragen waren die Autoren seit 1994 in einer fortlaufenden Supervisionsgruppe konfrontiert. Beeindruckt von der im Einzelfall immer wieder aufscheinenden Verschränkung von Lebens- und Gesellschaftsgeschichte entschlossen wir uns, einige ausgewählte Behandlungen zusammenzustellen, um an ihnen zu zeigen, wie diese DDR-spezifische Problematik jeden betraf: Täter und Opfer, Oppositionelle wie Mitläufer. Entstanden ist ein facettenreiches Bild unterschiedlichster Psychopathologien, das zwar keine vereinheitlichende »Ostpathologie« unterstellt, wohl aber das große Ausmaß an psychischer Formierung und Deformierung, die ein totalitäres – und damit psychisch regressives – Gesellschaftssystem dem Einzelnen zufügt. Die Fallberichte berühren verschiedene gesellschaftliche Bereiche, wie es sie nur in der DDR gab: Sie berichten von SED-Mitgliedern (1, 3, 6), von einem Stasi-Mitarbeiter (3), von einem »Krippenkind« (2), von Regimegegnern (5, 7) und Patienten aus Familien mit festungsartigem Charakter (1, 3, 4, 5). Es sind nicht die psychischen Verarbeitungsmechanismen, die DDR-spezifisch sind, sondern sozial regressive, polarisierende und das Individuum in seiner subjektiven Entwicklung angreifende soziale Faktoren, wie sie unter DDR-Bedingungen existierten: die Ermöglichung von realitätsfremden Erlösungsfantasien durch SED-Mitgliedschaft, die Abspaltung unliebsamer Selbstanteile und deren Projektion auf andere durch Aufspaltung der Gesellschaft in Freunde des Sozialismus und Feinde des Staates, die Missachtung individueller Grenzen qua Stasi-Spitzelei, die Produktion basaler Beziehungs- und Einfühlungsstörungen durch die verbreitete Krippenbetreuung.

Einleitung

Die Existenz und Funktion dieser DDR-spezifischen Sozialfaktoren resultiert aus übergreifenden historischen Entwicklungen, wie sie sich nach 1945 abzeichneten. Das stalinistische System löste nach dem Zweiten Weltkrieg auf dem Gebiet der DDR im Rahmen der »Bolschewisierung Osteuropas« (Arendt 2000, S. 631) die faschistische Gewaltherrschaft ab. Nachdem vor dieser neuen Gewaltbedrohung in einer Massenfluchtbewegung über drei Millionen Menschen nach Westdeutschland geflohen waren, schufen die kommunistischen Machthaber 1961 mit der Berliner Mauer ein nach außen abgeschlossenes Territorium, aus dem man nicht ohne erhebliches Risiko (»Todesstreifen«) entrinnen konnte. In dieser abgeschlossenen Gesellschaft baute der Partei- und Staatsapparat nach dem Terror der fünfziger Jahre seine totalisierende Herrschaft über die Menschen auf. Die reale Gewalt der Einheitspartei und des von ihr beherrschten Staatsapparates war begleitet von einer Ideologie, mit der sie das ganze Leben der Gesellschaft durchwucherte und in den Köpfen vieler Menschen selbst dann herrschte, wenn sie privat bewusst anderen Überzeugungen anhingen. Die meisten DDR-Bürger gaben sich ihr aber teils willig teils unwillig hin, so dass in einem gewissen Grade die Beschreibung von Hannah Arendt über totale Herrschaftsformen zutraf, der zufolge der Inhalt totalitärer Propaganda für die Bevölkerung des Landes »nichts mehr mit Meinungen zu tun hat, über die man streiten könnte, sondern zu einem ebenso unangreifbar realen Element ihres täglichen Lebens geworden ist, wie dass zwei mal zwei vier ist« (Arendt 2000, S.764)[1]

Viele Ostdeutsche hatten ihre *Zweigleisigkeit*, eine Trennung von öffentlicher und privater Meinung, eine Art öffentlicher und privater Identität als

---

[1] Uns ist bewusst, dass wir mit diesen Formulierungen eine gewisse Zuspitzung vornehmen, die z. B. die Unterscheidung zwischen autoritären und totalitären Systemen, wie sie der Psychoanalytiker Waelder (1967) vornahm, unberücksichtigt lässt, müssen aber den an der Totalitarismusdebatte theoretisch interessierten Leser auf die entsprechende Literatur verweisen, z. B. Pingel-Schliemann (2002), die für die späte DDR den Begriff der »subtilen totalitären Diktatur« benutzt. Wir selbst können uns den Auffassungen der dort zitierten »Budapester Schule« (Heller, Fehér, Markus) anschließen, die den Totalitarismus nicht wie H. Arendt mit dem Terror, sondern mit der Kriminalisierung von Pluralismus verknüpfte. Für H. Arendt selbst blieb der Terror die notwendige Bedingung für Totalitarismus, weshalb sie sich in ihrem 1968 neu herausgegebenen Werk *Elemente und Ursprünge totaler Herrschaft* entschieden dagegen wandte, die nachstalinistischen Regime Osteuropas als totalitär zu bezeichnen.

Strategie für existentielles und psychisches Überleben. So antworteten Abiturienten, befragt nach dem, was sie als höchste Qualität eines Lehrers ansehen, Qualität sei, wenn man von ihm sagen kann: »Er meint das nicht so.« Wenn er also durchblicken ließ, dass er hinter der verdummenden staatlichen Indoktrination noch eine andere Identität hatte.

Das Leben in dieser ideologischen Atmosphäre der Lüge, des Schweigens, des ängstlichen Sprechens und des falschen Bekenntnisses hatte dramatische Folgen. Dietrich Bonhoeffer (1951, S. 25) hatte dies für seine Zeit (1943) in die Worte gefasst:

»Wir sind stumme Zeugen böser Taten gewesen, wir sind mit vielen Wassern gewaschen, wir haben die Künste der Verstellung und der mehrdeutigen Rede gelernt, wir sind durch Erfahrung misstrauisch gegen die Menschen geworden und mussten ihnen die Wahrheit und das freie Wort oft schuldig bleiben, wir sind durch unerträgliche Konflikte mürbe oder vielleicht sogar zynisch geworden – sind wir noch brauchbar?«

Ein derartiges Bewusstsein war auch eine Quelle moralischen Widerstands in der DDR. Aus dieser moralischen Perspektive heraus bezog übrigens ein Großteil der Bürgerrechtsbewegung in den Ostblockstaaten ihre Widerstandskraft, für die z. B. V. Havel (1989) in der 80er Jahren den Versuch proklamierte »in der Wahrheit zu leben«.

Die beschriebene Zweigleisigkeit vollzog sich massenhaft auf einem weiten Spektrum von der bewussten Zweigleisigkeit als einer Art generalisierter Lüge oder Notlüge bis zu tieferer unbewusster Identitätsspaltung wie sie Robert J. Lifton (1986, S.477ff) als *Doppelung* beschrieb, – ein universelles Phänomen der Anpassung an extreme Lebensbedingungen. Diese unbewusste Doppelung schafft zwei von einander unabhängige Selbstanteile in der Persönlichkeit, die nicht miteinander kommunizieren; einen Anteil, der die öffentliche Ideologie des Systems und seine destruktiven Forderungen vertritt und sogar mit ihm identifiziert sein kann, und einen anderen Selbstanteil, der sich mehr oder weniger in Übereinstimmung mit einer universalen Moral fühlt und in anderen Lebensbereichen (z. B. Familie) danach handelt. So kann man der Auswegslosigkeit zwischen destruktiver gesellschaftlicher Forderung und seinem Gewissen entgehen und ohne Schuldgefühl beides sein, Vertreter des Systems und gewissenhafter Mensch. Das System-Selbst kann nach dem Ende des Systems wieder abgelegt oder ausgetauscht werden.

Diese Doppelung ist nur möglich auf der Basis von psychischen Spaltungsprozessen, die eine unbewusste Abspaltung und damit phänomenologisch eine

Verleugnung von Verletzung, Demütigung, Verfolgung und Unterwerfung, vor allem von Angst mit sich bringen. Sie ermöglicht eine kollektive System-Identifizierung mit narzisstischen Idealisierungen, autoritären Strukturen und destruktiven Feindbildern oder aber entsprechende Gegenbesetzungen (»Identifikation mit dem Aggressor«) mit ähnlichen Folgen. Wir möchten aus diesen Prozessen die *kollektive Identifizierung* und die *autoritären Strukturen* besonders hervorheben.

Aus psychoanalytischen Behandlungen wissen wir, dass die Vorherrschaft von Spaltungsprozessen die Integrität der Persönlichkeit erheblich schwächt und einhergeht mit der projektiven Verlagerung von Selbstanteilen auf äußere Objekte. Die äußere Realität enthält dann nicht integrierbare Selbstanteile – ein Prozess, der als Massenphänomen zu kollektiven Ausschlüssen und Identifizierungen führt. Kollektive Identifizierungen waren wohl eines der Kennzeichen der DDR-Gesellschaft. Sie hatten durchaus etwas Verführerisches und entsprechen am ehesten einer archaischen Form kollektiver symbiotischer Unterwerfung unter absolute Autoritäten und religiöse oder pseudoreligiöse Weltanschauungen – eine Gruppenidentität in gesellschaftlich überwältigenden und krisenhaften Situationen, die weit verbreitete kollektive Geborgenheits- und Erlösungssehnsüchte bei den Menschen wecken.

So lässt sich auch heute noch bei vielen ehemaligen DDR-Bürgern feststellen, dass sie einerseits die Unterdrückung von Individualität und freier Meinungsäußerung in der DDR ablehnen, aber zugleich glauben, dass die sozialistischen Ideale jenes Staates, welche die Hoffnung auf eine konfliktfreie, befriedete Gesellschaft von Gleichen beinhalteten, in welcher der Einzelne kollektive Fürsorge erfährt, nicht falsch waren. Die DDR war in dieser Spaltungsperspektive eben nur die falsche Realisierung eines richtigen Ideals, das nun in seinem regressiven Charakter nicht weiter hinterfragt zu werden braucht.

Insofern geht die Gruppenidentität einer »sozialistischen Menschengemeinschaft« auf ein archaisches, regressives Gruppenideal zurück, in dem das Gefühl für ein individuelles Selbst an Kraft verliert. Das kollektive Bewusstsein in der DDR, das übrigens auch in den gesellschaftlichen Nischen und Gegenszenen (Kirche, oppositionelle Gruppen) eine große Rolle spielte, das Wir-Gefühl, erfüllte Sehnsüchte der Verletzten und Gedemütigten, vermittelte eine Milderung der abgewehrten Ängste. Dabei konnten die Selbstrepräsentanzen des Einzelnen in seiner inneren Welt hinter den kollektiven Repräsentanzen der fürsorglichen Gemeinschaft, unbewusst also einer beständig anwesenden und nährenden Mutter, verschwinden. Diese regressiven kollektiven Anteile des Selbst gewannen eine überhöhte Macht. Eine

Einleitung

solche Kollektivität wirkte als Anteil im Selbstgefühl der Menschen zugleich destruktiv. Die damit einhergehende Grandiosität zeigte sich bis in die Formulierung von Gesetzen hinein. So strebte die DDR die »allseitig entwickelte sozialistische Persönlichkeit« an: Leitbild und Ziel war der sittlich vollkommene, wahrhaft freie Mensch. Die »entwickelte sozialistische Gesellschaft« sollte daher zur »Erziehung eines neuen Menschen« (Entwurf zum Programm der SED: Programm und Statut, Anm. 29, S. 105) beitragen.

Die Existenz der DDR wäre ohne ein tieferes Einverständnis der Massen, ohne eine bestimmte Art von kollektiv vorherrschender Überzeugung nicht möglich gewesen. Diese Sichtweise will nicht die damals herrschende Gewalt des totalitären Regimes leugnen und übersieht nicht, dass seine Existenz spätestens seit der Niederschlagung des Volksaufstandes vom 17. bis 21. Juni 1953 durch die sowjetische Hegemonialmacht an die Präsenz ihres Militärs gebunden war. Sie fokussiert aber einen entscheidenden psychischen Unterbau, der auch das Verhältnis von Tätern und Opfern auf gesellschaftlicher Ebene bestimmt. Die sozialistische Ideologie bot nicht nur eine einfache Erklärung des Faschismus an – der Schuldige war der Kapitalismus –, sondern trug in sich auch das Versprechen einer sozial gerechten, friedliebenden und einer an den Interessen der arbeitenden Menschen orientierten Politik. Als idealisiertes Ideengebäude wurde sie zu einer fundamentalistischen Ideologie (Britton 1993, S. 112), welche die materielle Wirklichkeit – psychodynamisch betrachtet – abspaltete und dominierte. Es sei die Spekulation erlaubt, dass nach dem deutschen Zusammenbruch auf massenpsychologischer Ebene unerträgliche Verlusterfahrungen mit kollektiv fundamentalistischen Ideologiebildungen beantwortet wurden. Institutionell erwuchs dann daraus im Verein mit der sowjetischen Okkupation Ostdeutschlands das gesellschaftlich unkontrollierte Politbüro der Einheitspartei, das mit Hilfe einer grandiosen kollektiven Ideologie von der Macht der Arbeiterklasse und der sozialistischen Menschengemeinschaft, von der besseren Gesellschaft und ihrer historischen Aufgabe, bestehende Gesetze und Menschenrechte sowie wirtschaftliche Realitäten über weite Strecken arrogant missachtete und Staat, Justiz und »Parlament« zu gehorsamen Erfüllungsgehilfen oder Durchführungsorganen deformierte. Es entstand eine totalitäre Autorität, die den Besitz absoluter Wahrheit für sich beanspruchte und mit diesen Weihen ausgestattet die Realität des existentiell stets gegebenen Konflikts, des Nicht-Wissens und des Nie-Erreichens der Wahrheit mit allen Folgen für die Struktur gesellschaftlicher Diskurse außer Kraft setzte.

Aus einer psychodynamischen Perspektive sind die regressiven Großgruppenphänomene, wie sie sich nach 1945 in Ostdeutschland herausbildeten, auch als mögliche Folgen kollektiver psychischer Traumatisierungen zu betrachten, wie sie sich während der Nazi-Zeit und insbesondere in den Kriegsjahren für große Teile der Bevölkerung ergaben. Der industriell betriebene Völkermord an den europäischen Juden, Kriegserlebnisse, Bombardierungen, Verfolgung und Flucht sowie eine allgemeine, sich über Jahre hinziehende Verrohung kollektiver Beziehungsformen stellten für viele psychisch überwältigende Situationen dar, welche ihre Fähigkeit, diese Erfahrungen zu integrieren überstieg und psychische Abspaltungen notwendig machte. Die Folgen psychischer Traumatisierung im Zusammenhang mit der jüngeren deutschen Geschichte sind vielfach beschrieben (vgl. z. B. Appy 1992; Bohleber 1998, 2000; Eckstaedt 1989; Faimberg 1987; Fischer und Riedesser 1998; Leuzinger-Bohleber und Zwiebel 2003; Maercker 1999), wir werden in den Beiträgen dieses Bandes bezogen auf den Einzelfall darauf eingehen. Hier jedoch möchten wir darauf hinweisen, dass auch die unterschiedlichen politischen Strukturen, wie sie sich in West und Ost nach dem Kriege qua Identifizierung mit den jeweiligen Siegermächten entwickelten, eine sozialpsychologische Abwehrfunktion gegenüber der Fühlungnahme mit dem kollektiv vorhandenem Psychotrauma gewannen. Mit der Selbstdefinition als »Sieger der Geschichte« und der projektiven Verlagerung des Faschismus-Erbes in den Westen wurde scheinbar die Aufarbeitung der psychotraumatischen Folgen der Nazi-Zeit im Osten obsolet, um aber im abgewehrten Untergrund umso nachhaltiger wirksam zu bleiben. Die Weitergabe dieser Erbschaft an die nächsten Generationen ist ebenfalls Thema unserer Fallgeschichten.

In massenpsychologischen Prozessen berühren sich gesellschaftliche und intrapsychische Strukturen. Der Totalitarismus des Systems hat eine Verbindung zu intrapsychisch totalitären Kräften. Michael Sebek (2000, S. 197ff) spricht in diesem Zusammenhang von *totalitären Objekten*, einem intrapsychischen Machtapparat, der entwicklungspsychologisch auf frühe Wurzeln zurückgeführt werden kann. Im psychischen Binnenraum können sich totalitäre Strukturen aufbauen, die andere Objekte nicht als psychisch getrennt erleben und anerkennen können und tyrannisch Gehorsam und Einheit erzwingen wollen, – eine Einheit, in der Herrschafts- und Unterwerfungsstrukturen dominieren. Insofern stehen äußere gesellschaftliche und innere psychische Strukturen in einem geheimen, weil unbewussten Zusammenhang.

Wir gehen davon aus, dass in der DDR-Gesellschaft nicht nur kollektive Identitäten, sondern auch autoritäre psychische Strukturen mehr oder weniger gefördert wurden. Bei der Suche nach den Zusammenhängen zwischen

Einleitung

sozialer und psychischer Welt unserer Patienten sind die Konzepte von kollektiven Identifizierungen und totalitären Objekten für uns zentral. Im Unterschied dazu trägt das Ideal einer nicht autoritären, pluralistischen Gesellschaft, deren Mitglieder in toleranter Weise ihre Unterschiedlichkeit achten, in sich die mehr oder weniger ausformulierte Idee einer spezifischen Objektbeziehung, die erst mit der Psychoanalyse und speziell mit der Objektbeziehungstheorie begrifflich gefasst werden konnte[2] (Plänkers 2001). Das entscheidende Merkmal aller Beziehungsformen besteht in der in jeder psychischen Entwicklung zu vollziehenden *psychischen Separierung*. Sie entscheidet darüber, ob das Gegenüber als Erweiterung des eigenen Selbst, oder als zunächst fremder Mensch mit eigener Subjektivität wahrgenommen und anerkannt wird. Bezogen auf Gruppen, welche gerade psychische Separierung nicht anerkennen, hat Bion (1961) den Begriff der *Grundannahme-Gruppe* geprägt. Damit bezeichnete er u. a. ein unbewusstes Ziel der Gruppe, das abweicht von dem manifest deklarierten Arbeitsziel.[3] In diesen Gruppen spielen die Eigenarten des Subjekts keine Rolle mehr, sondern werden eher als Bedrohung erlebt. Die Einzelnen können sehr unterschiedliche Motive haben sich an solchen Gruppen zu beteiligen, gemeinsam ist ihnen aber der Verzicht auf das Geltendmachen ihrer Subjektivität, die Wahrnehmung der Gruppe als einer Art Organismus und eine phobische Furcht vor der Außenwelt. Deren Objekte sind nicht mehr individuell und daher fremd, sondern werden unter dem Aspekt einer dominierenden unbewussten Phantasie gesehen. Zu ihnen kann es unter diesen Bedingungen nur eine Beziehung der Manipulation und keine der Kommunikation geben.

Die totalitäre Gesellschaft weist deshalb eine psychisch regressive Eigentümlichkeit auf, da ihr gerade die auf psychischer Separierung basierende Subjektivität ihrer Mitglieder zur Bedrohung wird. Sie verfolgt daher das Ideal der Bion'schen Grundannahme-Gruppen, welche mit der Subjektivität des Einzelnen auch interpersonelle Konflikte zum Verschwinden bringen will. Der Konflikt wird aus der Gesellschaft hinaus verlagert auf die konfrontative Ebene unterschiedlicher Gesellschaftsformen.

---

[2] »Es sieht tatsächlich so aus, als gäbe es eine bedeutsame latente Bedeutung des Begriffs, nach der eine demokratische Gesellschaft eine ›reife‹ Gesellschaft ist, das heißt, über eine Qualität verfügt, die etwas mit jener individuellen Reife zu tun hat, welche für die gesunden Mitglieder dieser Gesellschaft charakteristisch ist.« (Winnicott 1950, S. 268).

[3] Bion unterschied bekanntlich die Grundannahme der Abhängigkeit, die der Beziehung von Kampf und Flucht und die der Paarbildung.

Einleitung

Die Reife unseres psychischen Funktionsniveaus ist von entwicklungspsychologischen und aktualgenetischen Faktoren abhängig. Setzt ein Gesellschaftssystem strukturell die Anerkennung subjektiver Realitäten außer Kraft, wird es bei seinen Mitgliedern einen beständigen aktualgenetischen Druck in Richtung psychischer Regression ausüben, mit allen Folgen für die Begünstigung subjektiver Symptombildungen. An dieser Nahtstelle zwischen Politik, Gesellschaft und Psyche wird deutlich, dass der Kampf gegen totalitäre Tendenzen und das Bemühen um Realisierung pluralistisch-demokratischer Gesellschaftsstrukturen nicht zuletzt eine Frage psychischer Gesundheit ist. Dies gilt für die rückblickende Betrachtung der DDR und des von ihr zu verantwortenden psychischen Leids, aber es gilt auch für unsere gegenwärtigen Lebensverhältnisse, die hinsichtlich der Ermöglichung reifen psychischen Verhaltens viele Wünsche offen lassen. Hier ist der Umbruchs- und Aufarbeitungsprozess auch für die gesamtdeutsche Gesellschaft von Bedeutung. Sie ist mit der ostdeutschen Entwicklung komplementär verbunden; auch sie ist immer wieder auf soziale und geistig-seelische Befreiungsschübe angewiesen; auch sie bedarf zur Stärkung ihrer konstruktiven und kreativen Kräfte einer Aufarbeitung der Entwicklungsprozesse sowie einer Entmachtung und Integration abgespaltener totalitärer und vereinheitlichender Strukturen und vor allem einer ständigen Wiederentdeckung der Subjektivität des Einzelnen.

Die im Folgenden beschriebenen Krankengeschichten sind in ihrer klinischen Perspektive entsprechend ihren Verfassern durchaus heterogen. Gemeinsamkeit strebten wir vielmehr in dem Versuch an, Parallelen und dynamische Zusammenhänge zwischen dem regressiven Gesellschaftssystem der DDR und dem psychischen System des Einzelnen aufzuzeigen. Aus Gründen der Anonymität haben wir uns bemüht jegliche Hinweise auf die Identität der hier beschriebenen Patienten zu entfernen oder zu verändern. Aus diesem Grund haben wir auch auf die Zuordnung der Autoren zu den einzelnen Beiträgen verzichtet. Wir danken unseren Patienten für die Erlaubnis aus ihren Behandlungen berichten zu dürfen.

Für die Autoren: Ulrich Bahrke, Ludwig Drees, Tomas Plänkers

Literatur

Appy, G. (1992): Was bedeutet ›Auschwitz‹ heute? Klinische Überlegungen zur Entleerung eines destruktiven Symbols. In: Jahrbuch der Psychoanalyse, 14, S. 21-46.

Arendt, H. (2000): Elemente und Ursprünge totaler Herrschaft. München (Piper).
Bahrke, U. (1990): Trauer müssen alle tragen. Deformation der Seele in der totalitären DDR. Lutherische Monatshefte 29, S. 175-178.
Behnke, K., u. Fuchs, J. (1995): Zersetzung der Seele. Hamburg (Rotbuch).
Bion, W. R. (1961): Erfahrungen in Gruppen. Frankfurt a. M. (Fischer).
Bohleber, W. (1998): Transgenerationelles Trauma, Identifizierung und Geschichts-Bewusstsein. In: Rüsen, J. (Hg.): Die dunkle Spur der Vergangenheit. Frankfurt (Suhrkamp).
Bohleber, W. (2000): Die Entwicklung der Traumatheorie in der Psychoanalyse. Psyche, 2000, 54, S. 797-839.
Bonhoeffer, D. (1951): Widerstand und Ergebung. Briefe und Aufzeichnungen aus der Haft. Gütersloh (Kaiser), 1997.
Britton, R. (1993): Fundamentalismus und Idolbildung. In: Gutwinski-Jeggle, J., u. Rotmann, J. M. (Hg.): »Die klugen Sinne pflegend«. Psychoanalytische und kulturkritische Beiträge. Hermann Beland zu Ehren. Tübingen (edition diskord), S. 100-119.
Eckstaedt, A. (1989): Nationalsozialismus in der ›zweiten Generation‹. Psychoanalysen von Hörigkeitsverhältnissen. Frankfurt am Main (Suhrkamp).
Faimberg, H. (1987): Die Ineinanderrückung (Telescoping) der Generationen. Zur Genealogie gewisser Identifizierungen. Jahrbuch der Psychoanalyse, 1987, 20, S. 114-142.
Fischer, G. und P. Riedesser (1998): Lehrbuch der Psychotraumatologie. München (Reinhardt).
Freud, S. (1916-17f): Metapsychologische Ergänzung zur Traumlehre. Gesammelte Werke, Bd. 10, Frankfurt a. M. (S. Fischer), S. 412-426.
Freud, S. (1916-17g): Trauer und Melancholie. Gesammelte Werke, Bd. 10, Frankfurt a. M. (S. Fischer), S. 428-446.
Geyer, M., Brähler, E., Plöttner, G., u. Scholz, M. (1995): Gesellschaftlicher Umbruch – individuelle Antworten. Veränderungen ausgewählter sozialer und gesundheitlicher Parameter nach der Vereinigung im Ost-West-Vergleich. In: Brähler, E., u. Wirth, H. J. (Hg.): Entsolidarisierung – die Westdeutschen am Vorabend der Wende. Opladen (Westdeutscher Verlag), S. 201-216.
Havel, V. (1989): Versuch, in der Wahrheit zu leben. Hamburg.
Konzag, T. A., u. Fikentscher, E. (1993): Halt und Verlust – der Einfluss des Gesellschaftssystems auf Patientenschicksale. Psychologische Beiträge 35, S. 26-29.
Leuzinger-Bohleber, M., u. Zwiebel, R. (Hg.) (2003): Trauma, Beziehung und soziale Realität. (Psychoanalytische Beiträge aus dem Sigmund-Freud-Institut, 9). Tübingen (Edition diskord).
Lifton, R. S. (1986): Ärzte im Dritten Reich. Stuttgart (Klett-Cotta), 1988.

Maaz, H.-J. (1990): Der Gefühlsstau. Ein Psychogramm der DDR. Berlin (Argon).
Maercker, A. (1999): Posttraumatische Belastungsstörungen: Psychologie der Extrembelastungsfolgen bei Opfern politischer Gewalt. Lengerich u. a. (Pabst Science Publishers).
Pingel-Schliemann, S. (2002): Zersetzen, Strategie einer Diktatur. Berlin (Schriftenreihe des Robert-Havemann-Archivs)
Plänkers, T. (2001): Über die Fähigkeit zum Dissens. In: Schmitz, B., u. Prechtl, P. (Hg.): Pluralität und Konsensfähigkeit. Würzburg (Königshausen & Neumann), S. 107-121.
Schröder, H. (1990): Identität, Individualität und psychische Befindlichkeit des DDR-Bürgers im Umbruch. Zeitschrift für Sozialisationsforschung und Erziehungssoziologie 1. Beiheft, S. 163-176
Sebek, M. (1996): Das Schicksal der totalitären Objekte. Wo stehen wir mit unseren Patienten? In: Kerz-Rühling, I. u. Plänkers, T. (2000): Sozialistische Diktatur und psychische Folgen. Psychoanalytisch-psychologische Untersuchungen in Ostdeutschland und Tschechien. Psychoanalytische Beiträge aus dem Sigmund-Freud-Institut. Band 4. Tübingen (edition diskord), S. 197-216.
Simon, A. (1995): Versuch, mir und anderen die ostdeutsche Moral zu erklären. Gießen (Psychosozial-Verlag), 2000.
Waelder, R. (1967): Grundzüge des Totalitarismus. Psyche XII, S. 853-868.
Winnicott, D. W. (1950): Einige Gedanken zur Bedeutung des Wortes »Demokratie«. In: Ders. (1990): Der Anfang ist unsere Heimat. Stuttgart (Klett-Cotta), S. 267-289.

Herr und Untertan
Über die Bewältigung früher Angstsituationen durch totalitäre Strukturen

Dieser Beitrag ist ein Versuch, in einem ausführlichen Fallbericht den Beziehungen nachzugehen, die in der DDR zwischen Gesellschaftssystem und individuellen psychischen Strukturen bestanden. Dabei heben sich die totalitären Anteile dieser Beziehungsfelder besonders hervor. Das staatssozialistische System herrschte mit faktischer und ideologischer Gewalt über die Menschen, die sich in relativ breiter Konventionalität dem System unterwarfen. In der Unterwürfigkeit lag auch eine Teilhabe an der Macht. Diese – in der Öffentlichkeit verleugnete – unheimliche und bedrohliche gesellschaftliche Atmosphäre, die durch gewaltsame Umgrenzung des Landes und die eigenartige kollektive Identität der Bürger aufrecht erhalten wurde, konnte sich in den seelischen Strukturen der Menschen widerspiegeln; umgekehrt konnten traumatisierte seelische Strukturen sich auf die gesellschaftliche Ebene projizieren.

So suchen wir nach Auswirkungen geschichtlicher Formationen auf die unbewussten seelischen Prozesse, und damit auf uns selbst. Aus dieser Suchbewegung heraus fällt auf eine Reihe von Ostbiografien und deren Psychodynamik ein anderes Licht. Ich finde dabei interessant, wie das intrafamiliäre Klima, der Raum der Kindheit, von Fall zu Fall durch das gesellschaftliche Klima gefärbt wurde, wie Traumatisierungen in einer DDR-Familie aussahen, wie sie sich in der DDR-Gesellschaft, einem historisch und sozial regressiven, autoritären Großkollektiv (»Sozialistische Menschengemeinschaft«), entfalteten und kompensierten.

Diesen Überlegungen will ich im Folgenden an Hand eines von mir behandelten Patienten nachgehen. Ich berichte über einen Mann, ich nenne ihn M., der 1960 in der DDR geboren wurde, in ihr aufwuchs und lebte und nach der »Wende«, Anfang der neunziger Jahre, an einer Angststörung erkrankte. Die Lebensgeschichte des Herrn M., seine innere Entwicklung und die therapeutische Zusammenarbeit mit ihm haben mich sehr bewegt, und es entstand eine deutliche eigene Betroffenheit. Ohne, dass es von vornherein geplant war, ergab sich im Nachdenken über seine psychodynamischen Verwicklungen ein Zugang zur Psychodynamik des politischen Systems. Im Anschluss an den Fallbericht will ich in einem Kapitel über »Verwandtschaften« diese Zusammenhänge zwischen inneren seelischen und äußeren sozialen und politischen Strukturen darstellen.

Die erste Begegnung mit Herrn M.

Herr M. kam im August 1995 in meine Praxis. Er berichtete mir über seine Symptomatik und eine lange Odyssee, die er im Gesundheitswesen hinter sich hatte. 1992 hatte es mit Schluckbeschwerden begonnen, dann traten Hodenschmerzen auf, später auch Krebsangst. Organische Krankheitsursachen wurden nicht gefunden. Verschiedene Ärzte, vor allem ein Urologe, konnten ihn damals beruhigen, die Symptome verschwanden, und er fühlte sich vorübergehend besser – aber die Unruhe blieb.

Seit 1994 hatte Herr M. Herzangstanfälle und einen permanenten »Schwindel«, der eigentlich mehr eine ängstliche Haltlosigkeit beim Gehen war. Es kamen verschiedene körperliche Symptome und Krankheitsbefürchtungen hinzu, und die Frequenz der Arztbesuche war erheblich angestiegen. Er war bereits mehrere Monate arbeitsunfähig und nahm beruhigende Medikamente.

Herr M. hatte immer wieder Angst, die sich zu dramatischer Panik steigern, aber auch immer wieder phobisch auf körperliche Symptome verschieben konnte. Die Krankheitsbefürchtungen besetzten ihn völlig, und ich gewann den Eindruck, dass sie sich zu einem magischen System ausgewachsen hatten, das über ihn herrschte, ihm aber auch Halt gab. Herr M. sprach darüber, wie er in unheimliche Angst verfiel, wenn er sich nicht immer wieder mit Arztterminen, diagnostischen Unternehmungen und beruhigenden Arztgesprächen absicherte. Ich verstand das so, dass sich seine erregenden inneren Kräfte im Körperlichen manifestierten und er nur über die körperliche, äußere Ebene einen gewissen Zugang zu seinen Ängsten und destruktiven Tendenzen hatte. Nur auf dieser Ebene konnte er sich damals durch seinen Umgang mit Ärzten vorübergehende Stabilisierung verschaffen. Ein direkter Kontakt zu den zerstörerischen Kräften auf einer psychischen Ebene war zu bedrohlich. Einen psychischen Raum der Verständigung und des Austausches über eigene Destruktivität und verzweifelte Ängste konnte sich Herr M. damals kaum vorstellen bzw. nicht wahrnehmen. Ich nahm aber an, dass er bei allen Ambivalenzen einen solchen Raum suchte und deshalb zur Psychotherapie gekommen war.

Herr M. berichtete auch etwas über seine persönlichen Lebensumstände und sagte mir, dass seine Ehe »einmalig gut«, aber seine berufliche Situation sehr kränkend sei. Er war Hochschulassistent in Berlin gewesen und 1994 in eine Nachbarstadt zu einer anderen Institution als Mitarbeiter gegangen. Die genaueren Zusammenhänge blieben erst einmal unklar. In der neuen Stelle fühlte er sich unausgefüllt, unbedeutend und klein gemacht.

Unsere Begegnung hatte noch eine andere Seite, in der eine starke *Zwiespältigkeit* deutlich wurde. Herr M. war offensichtlich in einer Lebenskrise und geriet oft in schwere Ängste. Gefühlsmäßig trat er aber ganz anders auf. Groß und sportlich war er gewinnend lächelnd und mit überlegener Gestik auf mich zugetreten. Obwohl er spontan über Krankheitsbefürchtungen und Konflikte sprach und in seiner lebhaft eindringlichen Rede auch Angst und Unruhe schwangen, kam er mir im Gespräch doch stark und gewissermaßen mit einer strahlenden Leuchtkraft entgegen. In verführerischer, jungenhafter Anhänglichkeit blieb er immer energievoll kontrollierend. Ich spürte *einerseits*, dass er in einer Art Hingabe an den Klang meiner Worte bei mir als einer elterlichen Person Halt suchte, einer Autorität oder guten Macht, einem Bollwerk gegen Angst, und er war sehr beruhigt, dass ich ihn zur Therapie annahm. Es war eigentlich klar, dass wir gerne miteinander arbeiten würden, und in meiner eigenen Empfindung hatte ich von Anfang an Sympathie.

Und doch hatte ich *andererseits* ein unheimliches Gefühl. Herr M. sprach, unbeschadet seiner Höflichkeit und einer gewissen Unterwürfigkeit, sehr intensiv auf mich ein; ich hatte den Eindruck, dass er sich gut dabei fühlte. Irgendwie lud er etwas Unheimliches auf mich ab, und ich bemerkte eine eigene Ängstlichkeit, als müsse ich mich vor ihm schützen, vor seiner Umklammerung und eindringlich verschlingenden Macht. Das nahm ich zunächst eher im Untergrund wahr. Nach unserem Gespräch wurde es mir bewusster. Es war ein Gefühl, dass von ihm eine verborgene Form von *Übermacht* ausging, der ich nun ausgesetzt sein würde. Würde ich standhalten können?

Aus der Lebensgeschichte

Herr M. stammt aus Mecklenburg und wuchs in einer geordnet strukturierten Familie mit drei Kindern auf. Er erinnert seine Eltern als leistungsstark und gesellschaftlich gut integriert. Der Vater – er war Lehrer und viele Jahre auch sein Schuldirektor – stand in Kindheit und Jugend als riesige und zentrale Figur in seinem Leben, die alles überschattete – ein strenger Mann. Für das Kind war er dunkel und bedrohlich und gleichzeitig hoch bedeutend, verehrungswürdig. Es wurde absoluter Gehorsam verlangt, es gab keinen Widerspruch. Vater »residierte« in seinem Zimmer und arbeitete, die Kinder mussten still und diszipliniert sein. So musste Herr M. beispielsweise noch als 15-Jähriger um 19.00 Uhr zu Bett gehen. Es war wohl nicht brachiale Gewalt, mit der der Vater herrschte, sondern mehr eine psychisch absolute

Herrschaft, die mit explosivem Zorn, Gekränktheit, drohender Stimme und Entwertung auf das Kind einwirkte, das sich dem unterwarf. Unter den Spielkameraden war der Junge dann selbst ein aggressiver Anführer und kleiner Herrscher. Bei Niederlagen in den kindlichen Machtkämpfen lief er weinend oder schreiend vor Verzweiflung zur Mutter, die ihn festhielt.

Die Mutter war von Beruf Arbeiterin. Achtzehnjährig wurde sie mit ihm schwanger. Der Vater war acht Jahre älter und studierte noch. Er wollte die Bindung und Heirat mit der Mutter zunächst nicht eingehen, da er damals noch eine Beziehung mit einer anderen Frau hatte. Schließlich heiratete er die Mutter auf Grund der bestehenden Schwangerschaft, zeugte aber zur Zeit der Hochzeit noch ein Kind mit seiner ersten Frau. So schilderte Herr M. die damalige Situation seiner Eltern als schwierig und für ihn auch rätselhaft. Wollte sein Vater die Familie? War er selbst als Kind überhaupt erwünscht? Die Abtreibung war erwogen worden. In einem gewissen Sinne schien die Familie damals noch in der Luft zu hängen. Jedenfalls gab es schon früh Konflikte zwischen Mutter und Kind. Er soll ein wütendes Baby gewesen sein, das seiner Mutter »die Brüste zerbiss«, sodass sie deshalb das Stillen aufgeben musste. Die Eltern schildern ihn als immerfort hungriges und schreiendes Kind, als »extrem gefräßig« und »unersättlich«, sodass ich den Eindruck bekam, dass er sich schon sehr früh in seinen elementaren psychischen Bedürfnissen bedroht fühlte und sich in Kämpfe verstrickte.

Es entstand eine tiefe Zwiespältigkeit im Verhältnis zur Mutter. In der Anfangsphase der Therapie dominierte in allen Erzählungen der Vater. Die Mutter kam lange Zeit nicht vor. Es war so, als hätte die Mutter keine klare Repräsentanz in seinem Bewusstsein. Herr M. sprach von sich aus nicht über sie, nur wenn ich fragte. Dann erinnerte er die Mutter als ordentlich, gewissenhaft, nicht als zärtlich mit liebevollem Körperkontakt, sondern mehr mit ängstlicher Strenge. Die Mutter küsste die Kinder nicht, beim Gutenachtsagen gaben sie sich die Hand. Er sprach damals kalt und eher gehässig über sie. Sie hätte ihn nicht vor dem Vater geschützt; sie hätte sich dem Vater unterworfen und dessen Strenge voll übernommen und an ihn weitergegeben. Manchmal konnte er sie nicht riechen und fand ihren Körpergeruch eklig. Erst viel später im Laufe der Therapie bzw. der therapeutischen Übertragung kam eine ganz andere Ebene zu Tage, nämlich, dass sie ihm als Kind in seinen wütenden Erregungen und Ängsten auch eine Zuflucht und ein Halt war und dass er jetzt ein zunehmend herzlicheres Verhältnis zu ihr hat, nicht zuletzt, dass sie in den Auseinandersetzungen mit dem Vater doch auch auf seiner Seite stand und steht. In dieser Ambivalenz waren die beiden Seiten der Mutter in seinem Bewusstsein getrennt gehalten worden – auf der einen Seite die kühle, strenge Frau, die sich dem Vater unterwarf und auf der anderen Seite davon abgespalten, mehr unbewusst, die Frau, nach deren Halt gebenden Kräften er sich sehnte und von der er sich, ohne es zu wissen, schwer lösen konnte. Im Kampf um die primäre Zuwendung der Mutter muss damals viel Wut entstanden sein. Seine Rivalen waren der Vater, der die Mutter stark besetzte, und die Geschwister. Die verwirrenden aggressiven Gefühle überschwemmten das Kind mit starken Erregungen und Ängsten.

Als Herr M. eineinhalb Jahre alt war, wurde sein Bruder geboren. Der Erstgeborene hieß von nun an »Großer«. Als »Ältester« musste er jetzt »vernünftig« sein und später auch auf den Kleinen aufpassen, was er mit ungeheuren Ängsten tat. Wenn sie beide allein waren und der Bruder weinte, hatte er Katastrophengefühle. Seine Ängste wurden riesig in der Furcht, dass die Eltern nicht wieder kommen oder sich trennen könnten. Es war »immer« Streit zwischen den Eltern. Der Vater ließ weiche Gefühle nicht zu; der überaus ängstliche Junge durfte nicht weinen und unterdrückte die Angst. Er stand schon damals unter massiven Spannungen, hatte Versagensängste, auch Höhen- und Brückenängste, Schlafstörungen und Kopfschmerzen.

Den Bruder konnte die Mutter anscheinend besser annehmen, er wurde weniger streng behandelt, was Herr M. als Kind mit Neid betrachtete. Er meinte, dass der Bruder ein »Luftikus« wurde. Ähnlich »gut« habe es dann die acht Jahre jüngere Schwester gehabt.

Die warmherzige gute Seele im Haus war für Herrn M. damals die Großmutter mütterlicherseits: »Bei ihr im Bett war es am schönsten.«

Der Junge wurde zur Leistung angehalten. Sein Vater hielt ihn für nicht sonderlich begabt; das Kind hatte nämlich eine Lese-Rechtschreib-Schwäche, gegen die unermüdlich streng, aber auch erfolgreich antrainiert wurde. Herr M. zählt es zu den Verdiensten seines Vaters, dass er ihn so streng gefördert hat. Der Junge wurde nun ein guter Schüler, sehr angestrengt fleißig und hoch ehrgeizig.

So hatte er sich die Erwartung zu funktionieren zu eigen gemacht und setzte sie auch sportlich ein. Ab dem zweiten Schuljahr trieb er Leistungssport, und tat dies über das Abitur hinaus. Er nahm die Sportatmosphäre voll in sich auf und fand dort eine Heimat, vor allem bei seinem ebenfalls strengen, aber verständnisvollen Trainer, der eine ideale Position für ihn bekam, wenn auch mit dem Preis höchsten angestrengten Ehrgeizes: Er wurde Zehnkämpfer mit Erfolg, trainierte 4-5 mal in der Woche und meistens auch sonntags, über viele Jahre. Dieses Programm hielt ihn innerlich stark. Er fühlte sich stolz als ein schöner, starker Mann, »der Beste von allen«. Ich konnte nach diesen Erzählungen besser verstehen, welche katastrophale Bedeutung für ihn Funktionsstörungen des Körpers haben konnten.

Die libidinöse Bedeutsamkeit und Pflege des Körpers und Muskelsystems einschließlich der Herrschaft über den Körper könnte bei Herrn M. einer »Zweithautbildung« nach Esther Bick (1995, S. 236ff) entsprechen. Bick geht von der Unintegriertheit des Kindes aus, das seinen Halt am Körper der Mutter sucht. Dabei ist »das optimale Objekt, zusammen mit der haltenden, sprechenden und vertraut riechenden Mutter, die Brustwarze im Mund«. »Das bewahrende Objekt wird ganz konkretistisch als eine Haut erfahren.« Bei einer Störung der ursprünglichen bewahrenden Hautfunktion, sei es durch Schwierigkeiten der Eltern oder durch fantasierte Angriffe auf die Objekte, schafft die Zweithautbildung mit ihrer libidinösen Besetzung des *eigenen* Körpers und seiner Oberfläche des »Außen« eine Art von Ersatz, eine Pseudo-Unabhängigkeit vom primären Objekt. Insofern war der Körper für Herrn M. ein Fetisch, der die Funktion eines guten Objektes ersetzen sollte, und diente nicht nur einem ehrgeizigen Überlegenheitsstreben, sondern auch der Regulierung seines inneren Gleichgewichtes im Sinne einer narzisstischen Kompensation.

Als Jugendlicher kam Herr M. in zunehmende Konflikte mit seinem Vater. Es war nicht nur der Schock, den es für die Familie dadurch gab, dass plötzlich seine mit ihm gleichaltrige Halbschwester auftauchte und der Vater, der nie darüber gesprochen hatte, dadurch entwertet wurde, sondern es fand sich ein hoch moralisches, politisch motiviertes Projektionsfeld für den Familienkonflikt. Der Vater (1934 geboren) war SED-Genosse und Parteifunktionär. Erst viel später erfuhr ich, dass der Vater in einer nationalsozialistisch begeisterten Familie aufgewachsen war. Der Großvater, ein Mitglied der NSDAP, wurde im Kriege vermisst. Die Familie soll nach dem deutschen Zusammenbruch 1945 sehr enttäuscht gewesen sein; es war nicht nur der Verlust des Großvaters, sondern auch ein Zusammenbruch der Ideale. Umso bemerkenswerter ist dann der Anschluss des Vaters an die SED und seine Unterwerfung unter sie, die ja nicht nur für Antifaschismus stand, sondern vor allem selbst wieder totalitär herrschte. Der Vater wurde zunächst Tischler und besuchte die »Arbeiter- und Bauern-Fakultät«, wo er in den fünfziger Jahren Mitglied der SED wurde: »Da kriegte er seinen Linksdrall.« Dann studierte und arbeitete er sich über verschiedene Studiengänge zum Geschichtslehrer bis zur Oberstufe hoch. Er war systemtreu und ordnete sich in der SED-Hierarchie ängstlich unter. Das bemerkte der Sohn und wagte zunehmend aggressive Gespräche. So

Über die Bewältigung früher Angstsituationen durch totalitäre Strukturen

verglich er im Gespräch z. B. Honecker mit Hitler, sodass der Vater erstarrte. »Ja, welche Meinung hast du denn dazu!?«, fragte er den Vater, als die Mutter nicht in den Westen fahren durfte – sie war auch SED-Mitglied und ängstlich; Antwort des Vaters: »Ich habe dazu kein Meinung.« »Der Vater kniff den Arsch ein«, kommentiert Herr M. »Unsere Familie war ein kleiner Parteiapparat: der Vater war Honecker, die Mutter Herrmann Axen, die Kinder das Volk.« In diesem System ging der Jugendliche zum Angriff über, aber ohne sich innerlich vom Vater zu lösen. Die Machtkämpfe mit dem Vater traten auch noch in der ersten Zeit der Therapie auf und lösten bei ihm Unheimlichkeit und Angst aus.

Mit 19 trat Herr M. selbst in die SED ein und wollte ein besserer, stärkerer Genosse sein als sein Vater. Tatsächlich wurde Herr M. ein strenger, aggressiv dogmatischer Genosse und machte sich dadurch viele Feinde. Er habe den Sozialismus verteidigt, »aber nicht nur mit feinen Mitteln«.

»Wie stehst du zum Parteitagsbeschluss?«, provozierte z. B. Herr M. seine Kollegen – er hatte politische Leitungsfunktionen in den Kollektiven – und kämpfte und wurde selber bekämpft, »Rotarsch« sagten die anderen über ihn.

Herr M. wollte immer mutig und ehrlich sein und mit seiner systemtreuen Courage verteidigte er unter Umständen – z. B. beim Armeedienst – auch politisch diskriminierte Kameraden, wenngleich mit Angst. Aber es wurde immer ein Machtkampf. »Ich wollte Sozialismus, ich wollte Macht, Macht zu eigener Größe!« Es waren autoritäre, man kann auch sagen totalitäre Situationen, an denen Herr M. immer wieder Teil hatte.

Sein Leben war immer in einer unablässigen manischen Anstrengung verlaufen. Herr M. geriet bei Unterbrechungen dieses Höhenfluges, bei Trennungen, Niederlagen, Erschöpfungen, Ohnmachterfahrungen leicht in ängstliche und depressive Absenkungen, Abstürze. So war es auch Ende der achtziger Jahre nach Abschluss seiner Doktorarbeit. Herr M. hatte in Berlin nach dem Studienabschluss als »Beststudent« eine Aspirantenstelle bekommen, hatte in einem Totaleinsatz Tag und Nacht bis zur Erschöpfung an der Promotion gearbeitet und war dann in eine Phase depressiver Lethargie geraten. Als nächstes kam die Habilitation auf ihn zu. Nun meinte er zu erkennen, was niemand wissen durfte und was er selbst bisher so nicht gedacht hatte: dass er eine wissenschaftliche Hochschullaufbahn vielleicht nicht schaffen würde. Schon damals trat viel Angst auf. 1990 ging dann im Zuge der politischen Wende sein Professor und langjähriger Mentor in den Ruhestand. Herr M. konnte sich noch einige Jahre als Assistent mit Vorlesungsauftrag – Dozieren gelang ihm gut – dort halten und wurde 1994 als Mitarbeiter in eine Behörde einer Nachbarstadt versetzt. Diesen Verlust seiner gehobenen sozialen

Position erlebte er damals schlimmer als die politischen Verluste der Wende. Er fühlte sich in der neuen Stelle und im neuen Staatssystem bedeutungslos, gänzlich ohnmächtig und von den Vorgesetzten unterdrückt.

In dieser Zeit hatte seine Frau einen beruflichen Aufstieg genommen – sie wurde Leiterin einer Behörde. Frauen hatten neben ihrer erotischen Ausstrahlung immer eine starke narzisstisch-stabilisierende Funktion für Herrn M. gehabt. Er trat ihnen gegenüber eher strahlend, stolz, beschützend und herrschend auf, in der Ehe auch explosiv zornig und tyrannisierend. Vordergründig erlebte er es so, dass Frauen eine ihm gehörende Stärke präsentierten. 1982 hatte Herr M. zum ersten Mal geheiratet, 1986 wurde die Ehe geschieden. Aus dieser Ehe stammt eine Tochter. 1987 verband er sich mit seiner jetzigen Ehefrau. Lange Zeit schilderte er sich in seiner Ehe nur als den aktiven, starken Teil. Die Wünsche nach einem guten, verstehenden mütterlichen Objekt blieben abgespalten, wurden auch auf die Frau projiziert, als deren Beschützer er sich erlebte. Um so maßloser war seine Wut, wenn sie sich nicht harmonisierend und versorgend verhielt oder ihn mit seinen Ängsten und schlimmen Gedanken allein ließ. In den ehelichen Machtkämpfen hatte es längere Zeit ein gewisses Gleichgewicht gegeben, das sich nun verschob. Seine Frau trat unabhängiger und selbstbewusster auf.

Im Zuge dieser mehrfachen, einschneidenden Veränderungen und Erschütterungen in seiner inneren Welt, vor allem aber auch im interpersonellen und gesellschaftlichen Stützungssystem, traten bei Herrn M. die oben beschriebenen Symptome auf, er wurde krank. Seine beherrschende Position im Umfeld ging verloren, und in diesem Niedergang verstärkten sich die Ängste und Krankheitsbefürchtungen.

Eindrücke aus der Therapie

1.

Ich will nun einige Eindrücke aus dem therapeutischen Prozess beschreiben. Am Anfang verhielt sich Herr M. in unserer Beziehung oft anklammernd, nicht ohne Charme und Verführung, aber doch sehr stringent. Das Muster unserer Stunden war etwa so, dass er vor allem über angsterregende Symptome sprach und sie gewissermaßen vor mir ausschüttete. Ich hatte ihn mit meinen Interventionen zu beruhigen. Man kann sagen, dass ich die Unruhe und das Böse in mich aufnehmen und behalten sollte, aber mehr noch, ich sollte ihm Worte der Beruhigung zurückgeben, die er dann in sich aufnahm. An einer Klärung von gefühlsmäßigen Zusammenhängen, einem

Prozess des Verstehens von Ängsten und dunklen Gefühlen, war er damals noch nicht interessiert. Sein Interesse war *Entleerung von Angst und Aufnahme von Sicherheit.*

Die Ängste wurden in der ersten Zeit überwiegend phobisch auf den Körper verschoben. In diesem Vorgang schien mir die Angst vor dem Verlust guter innerer Objekte verborgen zu sein, da der Körper schon seit der Zeit im Leistungssport auch als fetischhafter Ersatz (»Zweithaut« nach Bick) für das »abwesende« frühe mütterliche Objekt gedient haben mochte.

Über lange Zeit suchte er parallel zu mir verschiedenste Mediziner auf, die sich beruhigend mit seinem Körper zu beschäftigen hatten, und ich hatte den Eindruck, dass ich nicht gut genug in seinem Sinne funktionierte, insbesondere, wenn ich meine Aufmerksamkeit auch Konflikten und Beziehungen zuwandte. Ich sollte, sagte er, »das Dunkle« nicht in die Stunde reinbringen, sondern nur »das Helle«. Unlust und dunkle Gedanken sollten »mit aller Kraft nicht gedacht werden«, bis Herr M. solche regressiv ängstlichen Spaltungen besser integrieren konnte.

2.

Allmählich kam immer mehr Wut auf. Ich dachte dabei zunächst an die autoritäre Struktur, in die Herr M. mich zwingen wollte, innerhalb der ich Krankheitsbefürchtungen beruhigen sollte. Ich hatte das Gefühl, mich auflehnen zu müssen. In seinen Träumen erlebte Herr M. mich als Vater oder Chef und griff diese gehassten Personen an oder ließ sie ›verunfallen‹, rettete sie dann aber auch selbst in grandioser Überlegenheit. Er empörte sich, das ich ihm nicht besser helfe; er kämpfte um Anerkennung einer körperlichen Ursache von Symptomen und war gleichzeitig auf der Suche nach Beweisen, dass es nicht so sei. Er wollte ein »richtiges« therapeutisches Programm, das er alleine durchführen konnte, wollte z. B. Autogenes Training lernen, wollte in der Therapiestunde wieder sitzen und eine endgültige Kontrolle über seinen Zustand. Herr M. war in einer Welt des Machtkampfes verfangen, in der Härte und Erfolg zählen; und Erfolg war: ein stählern glänzender, vollkommener Mensch ohne Angst zu sein.

Herr M. steigerte sich schließlich immer mehr in ein Agieren, ging suchthaft von Arzt zu Arzt und drohte mir damit (»Dann geh ich eben zu Müller!« – d. i. ein Internist); er ging zu immer ätzenderer und tyrannischer Kritik an meiner Person über. Er griff mich wütend an, so wie er schon früh die Brüste seiner Mutter »zerbissen« hatte. Wesentlich war, dass ich ihn in seinem aggressiven zerstörerischen Agieren als Suchenden verstehen konnte, auf der Suche nach der Brust, nach der *Mutter*, nach einer Person und Situation also, die ihn mit langer Geduld und unter Verzicht auf seine ungeheure lebenslange Anstrengung, ihn so wie er ist, wie einen wütenden Jungen – traumatisiert und seinerseits traumatisierend – aufnimmt und ernährt. Diese Atmosphäre wollte er destruktiv-autoritär erzwingen. Ich sagte ihm damals, dass er Schutz und Geborgenheit sucht und einen ihn aufbauenden, ernährenden Menschen und dass er Angst hat, dass er das bei mir nicht bekommt. Diese Beschreibung konnte er gut annehmen.

3.

Zeitweise wurden seine wütenden Angriffe unterbrochen durch Zustände großer Ruhe, in denen er eine Art Rückzug zu genießen schien (»wie bei Oma im Bett«). In solchen Situationen fühlte er sich »gesund«. Dabei blühte seine *Grandiosität* auf. In seinem Stolz funktionierte er die Couch zur »Bühne« um, auf der er »rauschhaft« (exhibitorisch) in hoher Intensität in einem fort redete. Er machte seine Therapie gewissermaßen selbst, gab auch die Antworten vielfach selbst und verbuchte sein Wohlbefinden gerne als eigenen Erfolg. Ich sollte für ihn bewunderndes Publikum sein. Es machte ihm Freude, sich zu produzieren. Vor der Stunde herrschte dann eine Riesenanspannung: »Wie wird es heute werden?« Aber gerade in solchen Situationen wurden auch seine Ängste deutlich, die sich in einer ständigen untergründigen Angespanntheit (Kiefer- und Nackenkrämpfe) und in der Sorge zeigten, ich könnte in meiner Aufmerksamkeit und Bewunderung für ihn nachlassen und mich abwenden oder ihn mit eigenen, in andere Richtung gehenden Gedanken unterbrechen. Im Traum schlug er seine Frau, als sie ihn mit einer Ledertasche beim Stehlen von Wein und Geld ertappte. Das warf ein Licht auf seine latente Beziehung zu mir, in der er sich mit seiner hochintensiven und beherrschenden Art des Sprechens heimlich »Liebe« besorgte, gewissermaßen erstahl, sich daran berauschte und sich dabei von mir ertappt fühlte. Wenn wir über all diese Dinge sprachen, kam bei Herrn M. viel Betroffenheit, auch Schamgefühl auf: »Ich habe mein Leben bis vor Kurzem in einem Rausch verbracht!« Die ganze Art seines Lebens und Kommunizierens erschien ihm allmählich in einem neuen Licht.

4.

Trotz seiner narzisstischen Rückzüge wagte er zunehmend die Auseinandersetzung mit mir. In den Stunden traten erneut erregende Bilder aus der

Welt früher Objekte mit Angst und Wut auf, Fantasien und Wiederbelebungen einer bedrohlichen Dynamik, die wir sein »inneres Kind« nannten. Herr M. konnte jetzt mit dieser Welt besser Kontakt aufnehmen und sich mit ihr auseinandersetzen. »Das Kind« war sehr wütend. Er verglich es in Assoziationen und Träumen mit einem Giftzwerg. Er wollte den »bösen Zwerg« mit Gewalt ausrotten; ich sollte ihn wegoperieren.

So schilderte er mir in einer Stunde einen Konflikt mit seiner Ehefrau, der sich gerade ereignet hatte. Sie war hochschwanger und wollte ihn zur Entbindung ihres ersten Kindes, eines Knaben, mit in der Klinik haben. Er war sehr wütend, wollte nicht mitgehen und fühlte sich als »Rabenvater« dargestellt, denn er hatte Angst davor, bei der Geburt anwesend zu sein. Er schilderte sehr ausführlich, wie er sich das eben geborene Baby auf dem Bauch der Mutter vorstellte, schreiend, blutig, verschmiert. Er offenbarte mir seine elementare Angst vor solch einem Baby, es erfüllte ihn mit Entsetzen. Er wollte den Sohn erst sehen, wenn er gewaschen ist, »dann erst kann ich ihn empfangen, dann nehme ich ihn so richtig schnucklig auf den Arm«.

Ich sagte ihm, dass mir das Bild vom schmierigen Baby sehr nahe geht und es vielleicht mit einem Teil von ihm selbst zu tun hat.

Daraufhin wurde Herr M. sehr abweisend und wollte sich auf eine weitere Betrachtung des Babys zunächst nicht einlassen. Ich erschien ihm höchst »suspekt«, nämlich insofern als ich ihm Schuld zuweisen wolle. Schließlich schrie er mich wütend an, dass ich auf Seiten seiner Frau stehe und ihm nicht ein einziges Mal Recht gegeben habe. Nach einer Pause sagte er dann ruhiger und mit Tränen: »Es war eine der schwersten Stunden. Ich habe lange überlegt, ob ich es Ihnen sage. Das geht ihn nichts an, hab ich gedacht, da lässt du ihn nicht ran! Und jetzt krieg ich Angst, dass mit uns etwas Schlimmes passiert.«

Ich sagte Herrn M. nun, dass er sich schuldig und abgelehnt fühlt (wie von einer entsetzten Mutter), weil er sich mit seiner Wut nur als »schreiendes Baby« fühle. Er: »Und davor habe ich gerade Angst, vor diesem Ganzen. Das soll hier nicht rein. Es soll harmonisch bleiben. Und nun ist die Harmonie gestört.«

Er hatte das »Baby« mit seiner »blutigen« Wut und »schmierigen« Hilflosigkeit aus der Beziehung zu mir heraushalten wollen, um sich ein idealisierendes, harmonisches Klima zu erhalten. Nun war das »schreiende Kind« aber doch da, und er erlebte es als schuldig und mich als schuldzuweisend. Die Beschäftigung mit der Welt der frühen Objekte beschämte Herrn M. zuerst, hat ihn dann aber auch in Bewegung gebracht. Es ging darum, mit diesem inneren »Kind« Kontakt aufzunehmen, also mit jenem unvollkommenen, anlehnungsbedürftigen, aber zugleich destruktiv aggressiven Teil in ihm. Der destruktive Selbstanteil, mit dem er immer wieder mächtig und ohnmächtig gegen seine wichtigen Beziehungspersonen anrannte, rückte nun stärker ins Bewusstsein.

Die Ängste, die zunächst immer noch an Organbeschwerden gebunden gewesen waren, verschoben sich nun auf überwältigende Verlassenheitsgefühle. Herr M. träumte von einem Tumor im Kopf, der von einer Ärztin als »Vakuumtumor« diagnostiziert wurde, die ihn dann »in der Angst alleine ließ.« Der »Tumor« war ein Bild für sein immer deutlicheres Spüren von destruktiven Kräften, die in ihm walteten und ein »Vakuum« schufen, indem sie die guten Repräsentanzen und Beziehungen – die »gute Brust« – zerstörten. Er sprach immer häufiger von Leere, Sterben, Verlassenheit und Neid auf die Weiterlebenden. Es kamen dramatische Szenen. Herr M. klagte, weinte, wimmerte. Er erinnerte sich an sein verzweifeltes Weinen nach dem Tode der Großmutter, die für ihn eine so gute mütterliche Person war. Er fantasierte, dass er seiner Frau und mir um den Hals fallen möchte und immerzu »Hilfe! Hilfe!« rufe. Auch hier zeigt sich die Furcht, die »guten« und helfenden Objekte, die er innerlich und äußerlich immer wieder angriff, durch zerstörerische Gedanken und Handlungen zu verlieren.

Der psychische Raum, in dem wir uns begegneten, hatte noch lange Zeit etwas Bedrohliches. Zur Zeit der zweiten Schwangerschaft seiner Frau – Herr M. hat in den Jahren der Therapie seine beiden Kinder bekommen – träumte er, dass er selbst in einem Uterus sei und von einem Abtreibungsinstrument bedroht würde; auch dies war ein Bild seiner bedrohenden und beherrschenden inneren Welt. Seine kontrollierenden und eindringenden Impulse wurden immer wieder auf äußere Objekte projiziert, sodass er sich durch sie bedroht fühlte, bis er merkte, dass sie aus ihm selbst heraus kamen. So hatte er in projektiver Identifizierung Angst, dass ich in ihn eindringe und ihn ganz aus der Nähe entwerte und verachte. In der Tiefe entwertete und bedrohte er sich selbst und sah sich verächtlich als »Flasche« und »behindert«, also unendlich unvollkommen. Er fühlte sich bedroht und musste herrschen. Es war aber auch die Angst, mich zu verlieren, die ihn zum Herrschen trieb. Er wollte mich bei sich behalten, mich entmachten und gefangen halten. Er sagte einmal: »Es hat diese Menschen immer gegeben für mich, wie Fliegen im Spinnennetz, ich entlasse sie nicht. So müssen Sie sich jetzt auch fühlen!« Er schuf sich selbst das Gefängnis, in dem er seine Objekte sicher hatte, aber doch unter erheblicher Bedrohung.

Die allmähliche Integration der zuvor abgewehrten aggressiven Selbstanteile erlaubte in der Folge auch das Auftauchen guter, nährender Objekte in seinen Fantasien, besonders in Gestalt der »schönen vollen Brüste« seiner Frau. Die Begegnungen mit seiner Mutter wurden herzlicher, und er entdeckte, dass er sich bei seiner Frau, die er jetzt auch als stark erlebte, gerne anlehnte.

5.

Wir haben fünf Jahre im analytisch-psychotherapeutischen Setting miteinander gearbeitet. Die Krankheitssymptomatik verschwand. In den Vordergrund traten die Verlassenheitsängste und als durchgängiges Spannungsfeld seine zerstörerische Wut. Herrschen und Unterwerfung waren die Pole, um seine Angst vor einer abhängigen Beziehung, in der er das Objekt nicht unter Kontrolle hat und psychische Getrenntheit anerkennen muss, abzuwehren.

Es ist im Ganzen gelungen, Angst und Wut zu mildern und bis zu einem gewissen Grade besser zu integrieren. Herr M. meinte, er werde wohl immer seine »Angst und Begeisterung«, auch seine Aggressivität oder wenigstens ein Stück von ihnen behalten, aber er habe jetzt guten Kontakt zu diesen starken Gefühlen und sei stolz, dass er in seinem komplizierten Familienmuster eine eigene Variante gefunden habe.

Herr M. ist weicher geworden, weniger getrieben, seine Gesichtszüge sind entspannter. Er ist innerlich stabiler und hat mehr Anerkennung den Positionen anderer gegenüber. Zuletzt konnte er auch das Ende der Therapie denken und vorbereiten. Die Trennung war mit Schmerz verbunden, den er noch einmal in mich projizierte mit dem Gefühl, dass ich durch sein Weggehen in Verlassenheit geraten und dem »undankbaren Sohn« zürnen könnte.

Verwandtschaften

Bei dem Versuch einer Zusammenschau psychodynamischer und sozialer Strukturen suchen wir nicht nach gesellschaftlich geprägten Klischees oder Typen von Persönlichkeiten und Entwicklungen, sondern nach Spuren, die das untergegangene staatssozialistische System der DDR – indirekt auch der Nationalsozialismus – in den unbewussten Prozessen des Einzelnen hinterlassen haben könnten. Rolf Henrich beschrieb die DDR noch im April 1989 als »vormundschaftlichen Staat« (1989), dessen Bürger als Untertanen, gebunden an Kollektiv und Territorium, in einer abgeschlossenen Gesellschaft lebten. Das System verband Gewalt und Terror, d. h. Erzeugung von Angst, mit kollektiver Fürsorge für den Einzelnen.

Wenn ich die Lebensgeschichte von Herrn M. und seine psychische Organisation anschaue, beeindruckt mich neben allem Individuellen und ganz Persönlichen eine Verbindung, eine bestimmte Beziehung zwischen seinen intrapsychischen Konflikten und den sozialen Mustern seiner damaligen Umwelt, eine Ähnlichkeit, eine *Verwandtschaft* in der Struktur. Schon rein äußerlich verlief seine Sozialisation relativ konform mit dem, was gesellschaftlich vorgegeben war. Es ist aber nicht nur die Übernahme der Loyalität zum Staatssystem, die er in seiner sozialen Umwelt ausbildete, sondern ein tieferer Zusammenhang. Ich finde das Bild einer *psychodynamischen Verwandtschaft* – auch mit seinem Bezug zu Familiarität und Vormundschaft – nicht unpassend. Solche Verwandtschaften schließen ein eigenes individuelles Selbst natürlich nicht aus, und insofern fokussiere ich mit dem Aspekt des Autoritarismus bestimmte machtvolle Strukturen, die in der psychischen und in der sozialpolitischen Welt des Herrn M. eine große Rolle spielten und sich projektiv, introjektiv, paranoid und identifikatorisch, überhaupt auf vielfältige Weise unbewusst beeinflussen konnten.

Das Medium der Übertragungs- und Austauschprozesse zwischen repressiven Systemen und der inneren Welt der Menschen, aber auch zwischen den Generationen, scheinen vorwiegend abgespaltene destruktivaggressive Strukturen im Sinne *totalitärer Objekte* zu sein, die gewissermaßen das infektiöse Material darstellen.

Ich möchte solche Beziehungen zwischen System und psychischer Struktur unter fünf Gesichtspunkten herausstellen, nämlich zunächst in einer mehr allgemeinen Erörterung der *totalitären Objekte* (1), dann als *Weitergabe der Strukturen durch die Generationen* (2), schließlich als Verwandtschaft zwischen System und Struktur in der *mütterlichen Welt* (3), im *Herrschaftssystem* (4) und in der *narzisstischen Rückzugswelt* (5).

1.

Aggressive und autoritäre Strukturen sind universell und kommen bei allen Menschen und in allen Gesellschaften vor. Jedoch können sie sich in bestimmten intrapsychischen, familiären und gesellschaftlichen Konstellationen zu dominierenden Systemen von destruktiver autoritärer Macht entwickeln und damit die innere psychische Welt und die äußeren sozialen Beziehungen beherrschen. Gesellschaftssysteme können mehr oder weniger totalitär infiziert sein.

Michael Sebek (2000 S. 197ff) arbeitet mit dem Bild der *totalitären Objekte,* die destruktiv autoritäre Persönlichkeitsanteile darstellen. Man

Über die Bewältigung früher Angstsituationen durch totalitäre Strukturen

kann sie auf archaische, also genetisch sehr frühe Wurzeln zurückführen, sie haben kulturgeschichtlich und in der inneren Welt des Menschen eine weitreichende Bedeutung und stellen eines seiner schwierigsten Integrationsprobleme dar. Ihre totale Autorität ist ein intrapsychischer Machtapparat, eine psychische Struktur, die innen Grausamkeit, Verfolgung und Unterwerfung organisiert und auf Spaltung und Projektion beruht.

Totalitäre Objekte haben unbewusste, gewissermaßen unterirdische Verbindungskanäle zur gesellschaftlichen Realität und ihren totalen Autoritäten, also den äußeren totalitären Objekten, und kommunizieren mit ihnen. Nach Sebek werden totalitäre Objekte im Laufe des Lebens internalisiert. Ein totalitäres Objekt (als äußeres und als inneres) verwendet Gewalt, um innen und außen absoluten Gehorsam zu erzwingen, es kontrolliert, manipuliert, besitzt, insbesondere wenn es die anderen Objekte nicht als getrennt erlebt; es hat kaum Toleranz für die subjektive Eigenheit anderer, fordert Einheit und Gleichheit und gestaltet die Beziehungen in der Struktur von Herrschaft und Unterwerfung. Totalitäre Objekte schaffen durch Spaltung die Vorstellung von absoluten Wahrheiten und den unerschütterlichen Glauben, diese Wahrheiten gegenüber anderen Menschen in Besitz zu haben. Es ist wichtig, sich vorzustellen, dass totalitäre Objekte durch autoritäre Familien gefördert und in totalitären Gesellschaften massenhaft belebt werden. Bedeutsam ist auch die Feststellung, dass die totalitären Phantasien und Kräfte das System überdauern. »Die totalitäre Autorität mit ihren verfolgenden und eindringenden Qualitäten ist als ein inneres Objekt wesentlich länger als die (äußere) totalitäre Organisation lebendig und kann leicht in die soziale Umgebung rückprojiziert werden.« (Sebek 2000, S. 198).

Totalitäre Objekte beleben sich in der psychischen Binnenwelt wahrscheinlich durch Introjektion und Identifizierung, Spaltung und Projektion, durch traumatisierende Erfahrungen, vor allem aber durch Abwesenheit eines hinreichend guten elterlichen Containments (Bion), eines haltgebenden, einfühlsamen Objektes, das die archaischen Affekte des Kindes projektiv aufnimmt und sie ihm entschärft, gewissermaßen verdaut, zurückgibt, sodass das Kind sie integrieren kann. Die intrapsychischen Strukturen destruktiver Herrschaft bilden sich dann im Menschen offensichtlich an Stelle von einfühlenden, verstehenden Instanzen in dominierender Weise heraus.

Destruktiv-autoritäre Objekte – innere und äußere – schwächen die Ich-Strukturen und schwingen sich zu einem strengen Über-Ich auf, das archaisch bestehen bleibt und die Bildung reifer, autonomer Persönlichkeits- und Gewissensstrukturen erschwert. Das Seelenleben der Kinder und des Menschen überhaupt ist auf Beziehungen zu einem Gegenüber unbedingt angewiesen, insbesondere aber – zur Entwicklung eines stabilen Selbst – auf die Anwesenheit eines einfühlenden *guten Objekts*, eines verstehenden Gegenübers, einer *konstruktiv haltenden, fördernden und begrenzenden Autorität, die es in seiner urtümlichen und einmaligen Subjektivität anerkennt.* Die Polarität zwischen destruktiv herrschender und guter, bewahrender, verstehbarer und verstehender Autorität beschreiben Kerz-Rühling et al. (2000, S.59) als ein »Kontinuum«, » an dessen einem Ende das Über-Ich ein sehr strenger Verfolger und an dessen anderem Ende es eine Normen und Werte verkörpernde innere Instanz mit ödipalem Charakter und damit reflektierbar ist.«

Auch bei defizitärer Über-Ich-Bildung können totalitäre Objekte intrapsychisch ein autoritäres System errichten. Kinder erleben ihre guten und konstruktiven inneren Instanzen von Macht und Herrschaft vor allem in der Beziehung zu den Eltern und im Austausch mit ihnen. In unseren Generationen aber traten die Eltern den Kindern oft selbst gedemütigt und entmachtet oder ausgeliefert durch ein übermächtiges System entgegen. Moser beschreibt die dadurch gegebene Gefahr einer Deformierung von Über-Ich-Strukturen:

»Sowohl die angemaßte und geliehene Omnipotenz linientreuer Väter wie ihre Verunstaltung und Degradierung bei Verlust von parteilichem Wohlwollen oder nach dem Zusammenbruch ihres Systems muss den Kindern unbewusst als Teil eines ebenso bedrohlichen wie falschen Selbst erscheinen. Es erschwert die Orientierung an einem authentischen eigenen oder elterlichen Kern. Kommen dabei noch einander widersprechende Loyalitäten und Ängste ins Spiel (etwa zwischen Schule und Elternhaus, religiöser Bindung und Hitlerjugend oder Partei, oder bedrohliche Spannung in der Familie), so ist die innere Fragmentierung vorprogrammiert. Das Über-Ich wird gleich mehrfach gesplittert, ohne das leitende Ideal einer lebensgeschichtlichen Vereinheitlichung.« (Moser 2001, S. 26f)

Ich finde diese Zusammenhänge wichtig, weil Menschen bei ungenügender Autonomie ihres Selbst und ihres Gewissens leichter von totalitären Gesellschaftssystemen beherrscht werden können und zwar von innen über die totalitären Objekte.

2.

Totalitäre Objekte *werden über Generationen weitergegeben.* Die Transmission destruktiver Strukturen von einer Generation auf die andere vollzieht sich als ein weitgehend unbewusster Prozess. Die abgewehrten oder abgespaltenen und tabuierten Selbstanteile gehen in einer Atmosphäre des Verschweigens von Schuld und Scham projektiv und identifikatorisch in die Welt der nächsten Generation über.

In der Familie des Herrn M. waren drei Generationen mit dem totalitären Gesellschaftssystem ihrer Zeit aktiv verschmolzen und durch seine Bedrohung gekennzeichnet. Die Söhne übernahmen als »Genossen« die Struktur der Unterwerfung und Teilhabe an der Macht, wobei das politische System wechselte: Großvater NSDAP, Vater SED, Sohn SED. Auch wenn wir über den Großvater und seine Familie wenig konkretes Material hatten, ist es doch sehr beeindruckend, dass sich drei Generationen so stark mit ihren totalitären Systemen identifizierten. Man könnte sagen, dass Väter und Söhne nicht von einander abgelöst waren, sondern in starker narzisstischer Identifikation miteinander blieben, auf Kosten einer eigenen autonomen Entwicklung.

Werner Bohleber hat in seiner Arbeit *Transgenerationelles Trauma, Identifizierung und Geschichtsbewusstsein* (1998) solche transgenerativen Übermittlungen von Gewalt, Trauma, Verlust und Schuld beschrieben und hebt besonders das »Ineinanderrücken« (*Telescoping* nach Faimberg) von mehreren Generationen hervor.

»Diese Identifizierungen verleugnen die Differenz zwischen den Generationen. Während die ödipalen Identifizierungen dadurch gekennzeichnet sind, dass die Eltern als Liebesobjekt aufgegeben werden, sind diese andersartigen narzisstischen Identifizierungen durch die Nichtanerkennung der Generationsgrenzen charakterisiert. Die Trennung zwischen Selbst und Objekt geht verloren oder hat in diesem Teil des Selbst nicht stattgefunden.« (Bohleber 1998, S. 273)

Tilmann Moser (2001) beschäftigt sich mit dem oft unterschätzten Einfluss von äußeren Gewaltsystemen und Kriegseinwirkungen auf die innere Welt der Menschen. Es sind bedrohende Kräfte von Angst, Übermacht, Ideologie, Zerstörung und Todesnähe, die die früheren Generationen durchlebt und überlebt haben und die in ihnen selbst psychisch installiert sind und wirken. Solche traumatisierenden Inhalte werden in Familien und Gesellschaft über lange Latenzzeiten des Schweigens verleugnet und deshalb immer neu produziert und weitergegeben.

Die DDR hat als einer der beiden Nachfolgestaaten des faschistischen Deutschland die ungeheure Hypothek an Schuld und gesellschaftlichem Wahnsinn aus der Zeit des Nationalsozialismus in hohem Maße verleugnet.

Der Geist des Faschismus wurde wie eine den Ostdeutschen wesensfremde Macht externalisiert, man kann sagen exterritorialisiert, nämlich in die westliche Gesellschaft. Die Abspaltung war so vollkommen, dass der Eindruck entstand, die DDR-Bürger wären nie Deutsche im »Dritten Reich« gewesen. Die totalitären Strukturen wurden aber in der Errichtung einer neuen Diktatur weitergegeben, mit tiefen Ängsten der Menschen vor der unheimlichen Macht des neuen Systems und einer intrusiven Ideologie der Überwindung des Bösen durch den Sozialismus.

Annette Simon (1995) hat dargestellt, wie selbst in dem Versuch der antifaschistischen Aufklärung durch den sozialistischen Staat die destruktiven Objekte weitergegeben, also rück-introjiziert wurden. So schildert sie, wie sie sich als Schulkind (S. 11) auf einer Klassenfahrt von den Eindrücken einer ideologisch-pädagogisch intrusiven Besichtigung des Frauenkonzentrationslagers Ravensbrück so überwältigt fühlte, »dass ich das einzige Mal in meinem Leben ohnmächtig wurde«. »Mir ist heute klar«, fährt sie fort, »dass diese Art der Konfrontation mit Faschismus ein sadistischer Akt war«. Sie schreibt dann:

»Die Antifaschisten, die nach dem Zweiten Weltkrieg als Machthabende eingesetzt wurden, haben so, mehr oder weniger bewusst, ihre unter der Verfolgung entstandenen Selbst- und Feindbilder und ihre Verletzungen weitergegeben. Sie installierten damit ein quasi-sadistisches Über-Ich.« (Simon 1995, S. 39ff)

Mit solchen sadistischen Objekten wurden die Menschen unterworfen und zur Übernahme der Ideologie und zur Treue gezwungen.

3.

Die mütterliche Welt schien im psychischen Erleben bei Herrn M. in der ersten Therapiezeit wenig repräsentiert zu sein. Er sprach damals nur von der Macht des Vaters, der die Mutter anscheinend völlig überschattete, sodass sie – und damit eine einfühlende Beziehung – blass und entwertet erschien. Das entspricht durchaus der Struktur seiner frühen Primärfamilie und in gewissem Sinne auch der des staatssozialistischen Systems.

Im DDR-Staat hatte die Frau zwar ein hohes Maß an gesellschaftlicher Gleichberechtigung zugewiesen bekommen, sie wurde aber nicht eigentlich in ihrer Mütterlichkeit anerkannt. Sie sollte »ihren Mann stehen«. Schwangerschaft und Betreuung von Kindern hatten auch in der Öffentlichkeit einen hohen Wert, wurden aber als ein zu organisierendes Projekt gesehen,

Über die Bewältigung früher Angstsituationen durch totalitäre Strukturen

das gesellschaftlich zwar gefördert, aber auch übergriffig beeinflusst wurde. Dadurch wurde das Kindhafte überhaupt abgewehrt. Das Kind galt im öffentlichen Bewusstsein mehr als Objekt sozialistischer Erziehung, denn als anzuerkennendes Subjekt. Man wollte damals Kinder, und sie wurden durchaus mit dem Stolz und der Zuwendung der Eltern besetzt. Aber in den staatlichen Betreuungs- und Erziehungseinrichtungen, von denen die meisten Kinder erfasst wurden und die erheblichen Druck auf Familien ausübten – d. h. im öffentlichen Bewusstsein, das in den Familien seine Entsprechung fand –, strebte man nicht nur kindliche sozialistische Gleichschaltung, sondern auch frühe Erwachsenheit an. Die Kinder sollten früh »selbständig« werden im Sinne von funktionaler Unabhängigkeit von der Mutter. Statt der emotionalen Beziehung zu den Eltern traten ordnungsgemäßes Funktionieren und Beherrschung der Gefühle in den Vordergrund. Das Kind wird damit in seiner Bedürfnisstruktur bedroht. Die daraus erwachsenden Ängste und destruktiven Kräfte kann es gar nicht integrieren, weil sie nicht anerkannt werden. So mögen die frühe »Selbständigkeit« und Ablösung von der Mutter und der gesellschaftliche Trend zu Kinderkrippen, Wochenkrippen, Ganztagskindergärten, Spezialschulen, Internaten usw. häufig mit zu einer Pseudoautonomie, also einer realen Unselbständigkeit der Menschen beigetragen haben, die aber später im Rahmen staatlicher Führung und Förderung nicht auffallen musste. In diesem Sinne konnte die Instrumentalisierung früher Abhängigkeiten autoritäre Systeme stabilisieren. Die mütterliche Welt bekommt so durch die »Abwesenheit« der unterrepräsentierten Mutter etwas Unheimliches. Eine einfühlende Kontaktaufnahme mit dieser Unheimlichkeit, mit den abgespaltenen und verleugneten frühen Objekten, z. B. der Hilflosigkeit und der Wut, also mit der Welt der Irrationalität und ihrer Sprengkraft, ist in der Kultur der DDR immer ein Problem gewesen. Das unbewusste Emotionale wurde zumindest in der offiziellen marxistischen Ideologie und damit in der gesellschaftlichen Praxis verleugnet oder als Produkt »bürgerlichen« Bewusstseins und damit einer zum Untergang verurteilten westlichen Welt diffamiert.

Bei Herrn M. war die Kontaktaufnahme mit den unbewusst frühen Gefühlszuständen lange Zeit sehr schwierig, und sie »durfte« von ihm »mit aller Macht nicht gedacht werden«. Meine therapeutischen Annäherungsversuche weckten nicht nur Wut bei ihm, sondern auch Katastrophenängste.

Die Szene aus der oben dargestellten Therapievignette mit dem blutig verschmierten Baby auf dem Bauch der Mutter zeigte mir das. Das Kind, mit dem er sich identifizierte, erregte sein Entsetzen und grausame Ablehnung. Wesentlich war dabei nicht nur die Hilflosigkeit und Bedürftigkeit des Kindes, das gewaschen und gepflegt werden musste und ihm sein narzisstisch fantasiertes Vollkommenheitsideal nicht spiegeln konnte, die imaginierte Geburtsszene belebte auch alte destruktive Impulse (das wütende, in die Brust beißende Baby), die sich auch gegen die Ehefrau und mich richteten und die therapeutische Beziehung angriffen. Es war wohl zugleich eine Angst, mit seiner Wut die »guten Objekte« zu zerstören und mit ihr ein höchst unwillkommenes »Kind« zu sein, weil vielleicht niemand mit ihm verständnisvoll umgehen konnte.

Die wütenden Angriffe auf mütterliche Objekte waren aber nur eine Seite, die Herr M. oft rauschhaft auslebte. Ganz abgespalten davon war er viel öfter freundlich zu mir, kam mit strahlendem Leuchten in den Augen, mit großer Sehnsucht nach Verschmelzung. Es wurde deutlich, dass die Separierung von der Mutter trotz aller Stärke und Beherrschung in der Tiefe gar nicht abgeschlossen war. Der abhängige, hilflose und unselbstständige Teil seines Selbst wurde hinter einer glänzenden Fassade verborgen, konnte aber in der Therapie ausgelebt werden, anfangs heimlich.

Die mangelnde innere Separierung von der mütterlichen Welt hatte Herr M. nicht nur durch seinen Leistungswillen und autoritäre Strukturen kompensieren können, sondern auch durch die gesellschaftliche Atmosphäre in der DDR, die ihm eine illusionär harmonisierte kollektive Identität anbot, in der er sich ungetrennt fühlen durfte, wenngleich untergründig Angst und Furcht walteten, aus dieser Gemeinschaft herauszufallen, insbesondere bei Versagen und durch Mobilisierung aggressiver, wütender Gefühls- und Gedankenkomplexe.

4.

Das *autoritäre System* war bei Herrn M. eine der stärksten Strukturen, und in dieser war die Verwandtschaft mit den Machtstrukturen des Staatssozialismus, einem Gesellschaftssystem, in dem der pädagogische Terminus »antiautoritär« als staatsfeindlich galt, sehr auffällig. Eine zwanghaft süchtige Beziehungsstruktur von Macht und Unterwerfung hatte die gesellschaftliche Atmosphäre in der DDR deutlich gefärbt. Dabei war das Ausmaß des Zerstörerischen und des Eindringens in die einzelnen Familien natürlich sehr unterschiedlich im Ausmaß.

Donald Meltzer (1968) spricht in seiner Arbeit *Panik, Verfolgungsangst, Furcht* von einem »inneren Tyrannen«, einer tyrannischen Macht, die an Stelle innerer guter Objekte tritt, wenn diese beschädigt sind oder die Abhängigkeit von guten äußeren Objekten nicht ausreichend zustande

Über die Bewältigung früher Angstsituationen durch totalitäre Strukturen

kommt. Die Hauptfunktion des »Tyrannen« ist nach Meltzer »der illusionäre Schutz vor Panik«, also vor Hilflosigkeit in einer Überschwemmung von bedrohlichen Gefühlen oder identifikatorisch projizierten Feinden. Ich glaube, dass die Angst vor dem Ausbruch chaotischer Gefühle und bedrohlicher psychischer Kräfte in der Bevölkerung der DDR und bei den Herrschenden sehr groß war, denn eine bürgerlich demokratische und diskursive oder auch therapeutische Kultur der Auseinandersetzung und Bearbeitung solcher gefährlichen Kräfte stand nicht ausreichend zur Verfügung.

Herr M. hatte seine Mutter offensichtlich nicht so erleben können, dass ihm genügend haltgebende Kraft für seine dramatische Gefühlswelt zur Verfügung stand. An Stelle einer derartigen Beziehungserfahrung trat eine autoritäre Struktur, die ihm sein Vater, dem sich auch die Mutter unterworfen hatte, vorlebte. Auf der Suche nach innerem Halt entwickelte sich innerlich ein beherrschendes, grandioses, aber auch sado-masochistisch unterworfenes Objekt, das ihm die Illusion von Stabilität und Unabhängigkeit vermitteln konnte, ähnlich wie die Fetischisierung des Körpers. Er wurde selbst zum Tyrannen, hatte Teil an der Macht. Zu seinem Kontrollsystem gehörte auch die hochintensive Leistungshaltung und Versagensangst. Er wollte über alle Objekte, auch über seinen eigenen Körper, vollkommen herrschen. Bei Störungen oder Niederlagen entstanden Wut und Panik.

Ein wesentliches psychisches Problem in der DDR war die autoritäre Kontrolle der Menschen, die als eigenständige Individuen mit eigenen Zielen und eigenem Denken nicht anerkannt werden konnten. Der Einzelne sollte mit seinem System, seinem Staat, seiner Partei in einem unaufgelösten Wir-Gefühl verschmolzen bleiben. Der Zwang und der Sog zur systemkonformen Identifikation und inneren Ungetrenntheit vom System wurde mit angeblichen historischen Gesetzmäßigkeiten und moralischen Kategorien (Treue, Verrat) ideologisiert. Die Ungetrenntheit vom System war mit der großen Angst der Menschen vor abgelösten, autonomen Schritten, Handlungen, Meinungsäußerungen verbunden.

Diese Unabgelöstheit war auch bei Herrn M. zu spüren. Zwar hatte er sich äußerlich seit der Jugendzeit deutlich von seiner Familie entfernt. Es blieb aber bei einem immer wieder ausbrechenden Machtkampf. Die Rivalität mit dem Vater, die auch zu einer Individualisierung hätte führen können, blieb doch in autoritärer Abhängigkeit stecken. Sein bereits erwähntes Bild der Familie als Politbüro der SED, in dem der Vater Honecker ist, die Mutter Axen und die Kinder das Volk, gibt ein Stück seiner Identifikationsstruktur wieder. Der Vater ist in dieser symbolischen Darstellung übermächtig, die Mutter nur eine kleine, bedeutungslose, ohnmächtige Figur; M. selbst geht im Volk auf, ist aber doch Politbüro. Seine Identifizierung enthielt beides: *Grandiosität* (die Familie als das mächtige Politbüro mit dem herrschenden Vater) und *Entwertung* (die unterworfene Mutter und das entmündigte Volk).

So kam er weder zu einer hinreichend eigenständigen inneren Distanz zu Mutter und Vater noch zu anderen für ihn wichtigen Personen und zum politischen Regime. Sein strenges Über-Ich ging im politisch konformierten Karrieresystem auf. Hier lebte er Ehrgeiz und Machthunger aus. Hier konnte er herrschen und »rot« agieren. Er fand im Leben der DDR eine öffentliche Arena und ein gesellschaftliches Klima, in dem er seine sehr fragile innere Struktur entfalten konnte und Förderung, Schutz und Stabilisierung erhielt. Er fühlte sich getragen und gehalten. Frühe Angst und Wut wurden in die gesellschaftliche Existenz fast nahtlos eingebaut in aggressiver Identifikation und machtvoller Auflehnung bei gleichzeitiger angstvoller Anpassung. Der innere Kampf entsprach dem äußeren. Die Identifikation mit dem Aggressor war gesellschaftliche Normalität. Aggressive Objekte bedrohten ihn schon damals mit Angst vor Versagen und Verlassenheit. Er musste sich seinem eigenen zwanghaften Kontrollsystem gehorsam fügen. »Ungehorsam« löste Angst aus.

Der gesellschaftliche Raum war für Herrn M. damals eher stabilisierend, man konnte ihn in Anlehnung an Bick, die von der *körperlichen* »Zweithaut« spricht, als eine *soziale* »Dritthaut« ansehen oder mit Stavros Mentzos (1976, S. 89ff) von *institutionalisierter und kollektiver Abwehr* sprechen. Insofern war es nur konsequent, als Herr M. mir einmal sagte, er habe eigentlich besser in ein autoritäres Regime (er meinte die DDR) gepasst, da sei er mächtiger gewesen. Diese »Dritthaut«, diese gesellschaftlich institutionalisierte Abwehr ging ihm nach der Wende 1989/1990 verloren.

5.

Es gab mit Herrn M. immer wieder Stunden, in denen er in seinem Beziehungsstil zunächst sehr festgelegt war. Er zog mich mit Kraft in seine Kommunikationsstruktur hinein, und ich hatte irgendetwas in seinem Sinne zu tun. Ich habe allmählich bemerkt, dass es eine eingegrenzte, gewissermaßen ummauerte innere Welt war, in die ich übernommen und in der ich festgehalten wurde.

Das Bild von solch einer *Welt des narzisstischen Rückzugs*, von *Orten des seelischen Rückzugs* (Steiner 1998) wird in der analytischen Literatur eindrucksvoll beschrieben. John Steiner (ebd., S. 17ff, S. 72ff) spricht bei diesen seelischen Rückzugswelten, die durchaus auch abgeschotteten realgesellschaftlichen Organisationen (z. B. bestimmten Schulen, religiösen Sekten, Verbrecherorganisationen, vor allem auch totalitären Staatssystemen) entsprechen können, von »pathologischen Organisationen.« Damit ist ein Bündel von Abwehrmaßnahmen gemeint, die im Wesentlichen den narzisstischen Status Quo sichern und durch projektive Identifizierung die Objekte unter Kontrolle haben sollen (Plänkers 1997) gemeint.

Bei Herrn M. imponierte die Rückzugsstruktur zunächst als eine helle freundliche Welt der Ruhe und Geborgenheit, und insofern war sie auch ein Schutzraum, um dessen Erhalt er kämpfte. Die paradiesische Atmosphäre dieser Welt war aber ein Raum, in dem das Böse und Gefährliche, nämlich die archaischen destruktiven Objekte, abgespalten und eliminiert, u. U. auf die Außenwelt und die seelische Welt außerhalb des Rückzugs projiziert war und von dort aus bedrohlich wirkte. Die destruktiven Objekte wurden, wenn man den gesellschaftlichen Vergleich wieder hinzuzieht, wie der so genannte politische Klassenfeind behandelt, den es in der DDR-Ideologie in paranoider Abspaltung jenseits der Mauer gab und der ständig mit hoher Intensität kontrolliert werden musste, weil er von diesem »Jenseits« in die DDR hineinwirkte.

In der narzisstischen Binnenwelt des Herrn M., die scheinbar vom »Bösen« entleert war, wurde das Hochgefühl von Lust nicht, oder jedenfalls nicht wesentlich aus dem Kontakt mit guten Objekten gespeist, sondern mehr aus grandiosen Omnipotenzfantasien von Glanz, Schönheit, Macht, Stärke und Unverletzlichkeit – einer Idealisierung, die auf mich projiziert worden war. Ich war seine ideale, »geniale« Fantasie und hatte ihm seine innere Größe zu spiegeln – gerade dadurch bekam er seine Größe und Idealität. Die idealisierten Objekte, so auch ich, waren unentbehrlich geworden. Sie mussten so sein, wie er sein wollte, in ungetrennter Verschmolzenheit, und ihn in seinen Machtkämpfen mit der äußeren Welt, die inhaltlich viele Stunden besetzten, bestätigen.

Die Angst, mich in dieser Funktion zu verlieren, war bei Herrn M. lange Zeit sehr groß. Ich sollte in dieser Welt festgehalten werden, mit intrusivem Charme und Verführung, aber auch mit Zorn, Wut und Fantasien der Gewalt. Meine Interventionen wurden von ihm oft wie Traumatisierungen erlebt, wenn sie sein Konzept störten. Ich sollte in seinem System gefangen gehalten werden (»wie eine Fliege im Netz«); die Therapie bestand in einem hohen Maße darin, dass ich gegen seinen Widerstand analytische Positionen außerhalb seines narzisstischen Systems suchte und von dort mit ihm kommunizierte. Das Verlassen seines Systems als immer wieder neuer Suchvorgang war entscheidend für den Zugang zu den traumatischen

Objekten aus seiner früheren Welt und die Stärkung »guter Objekte«, für eine Relativierung und Reversibilität seiner Pathologie.

Diese Beschreibung der narzisstischen Innenwelt des Herrn M., die der Erhaltung des ständig bedrohten psychischen Gleichgewichts diente, erinnert durchaus an Strukturen der DDR-Welt, deren inneres Gleichgewicht ähnlich bedroht war. Sie hielt die Bürger unter Abspaltung der Realität in ihrem territorialen Bereich fest und zwang sie zu einer ideologischen und psychischen Gleichschaltung. Der Versuch durch eigenständiges, abweichendes Verhalten oder gar durch Ausreise auszubrechen, löste große Angst aus und wurde moralisch oder durch die Justiz bestraft, ja bereits die Planung eines solchen Verhaltens war strafbar. Die Angst der Herrschenden vor dem Verlust der repressiv erzwungenen Zustimmung der Bevölkerung, z. B. bei Wahlen, war sehr groß. Ich meine, dass sich narzisstische, realitätsspaltende Persönlichkeitsstrukturen in der staatssozialistischen Welt gut entfalten konnten und gefördert wurden, vielleicht entstanden sie in den autoritären Gesellschaftsstrukturen auch leichter; jedenfalls hoben sie sich von dem gesellschaftlichen Hintergrund nicht so sehr ab.

Man kann die gesamte DDR, die die Bürger zum Ende ihrer Geschichte sogar auch nach Osten nicht mehr verlassen konnten, als Territorium eines politischen und psychischen Rückzuges aus der realen Welt sehen. Die archaischen totalitären Objekte, durch eine historische Kette autoritärer gesellschaftlicher Formationen belebt (Faschismus, Stalinismus, DDR), konnten nicht integriert werden. Demokratie und antiautoritäre gesellschaftliche Bewegungen (1968) kamen nicht zustande. Der Prager Frühling wurde niedergeschlagen. Die destruktiven inneren Verwerfungen der Menschen und des Systems, die Spannungen, Nöte, die »Welt der inneren Objekte«, überhaupt die Innerlichkeit wurden in der staatsgesellschaftlichen Öffentlichkeit nicht als wirkliche Probleme gesehen und bei Desintegration – wenn nicht psychiatrisiert oder kriminalisiert – auf die Welt jenseits der Mauer abgespalten. Insofern kann man von der DDR als einer gesellschaftlichen »pathologischen Organisation« im Sinne Steiners sprechen.

In der gesellschaftlichen Innenwelt dominierten die politischen Phantasien von Kraft, Stärke und Härte, von omnipotenter Herrschaft und Kontrolle und einer Verschmelzung des »großen sozialistischen Menschenkollektivs«. Grandios wurde die Idee der welterlösenden Rolle des Kommunismus gepflegt. Und auch der Zweifler in diesem fundamentalistischen System sollte doch wenigstens glauben, dass er in der DDR auf der einzig richtigen, fortschrittlichen Seite der Geschichte stehe. Die öffentliche Meinung war ideologisch normiert, Übereinstimmung vorgeschrieben.

Das öffentliche Nennen von gesellschaftlichen Missständen konnte »Verrat« sein. Es wurde mit allen Mitteln zu verhindern gesucht, dass individuelle Lebensformen oder strukturelle Gegenentwürfe für Familie und Gesellschaft, über die Auseinandersetzung und Austausch möglich wären, gedacht und eingebracht wurden. Es gab keine öffentliche »dritte Position«. Man kann sagen, dass eine trianguläre Differenzierung und Weiterentwicklung des Systems ausblieb.

Die regressiv abgespaltene Verfassung der DDR wurde u. a. durch eine konkrete Mauer aufrecht erhalten. Sie wurde charakteristischer Weise von den Staatsorganen nicht nach außen, sondern nach innen verbarrikadiert und verteidigt. Die Ostdeutschen waren gefangen. Sie konnten nicht hinaus, denn sie wurden bewacht und im Fluchtfalle beschossen. Auch das wurde in der Schärfe der Repression verleugnet oder verdrängt. Die eingeschlossene Existenz der Ostdeutschen wurde von ihnen lange Jahre wohl als Problem diskutiert, aber meistens nicht als reale Gefangenschaft erlebt. Der normale Reiseverkehr von Ost nach West war fast vollständig unterbunden bzw. hochgradigen Beschränkungen unterworfen. Warum wurden die Ostdeutschen mit Gewalt festgehalten? Unter verschiedenen Antworten drängen sich mir besonders jene auf, die auf die pathologische Organisation des Systems abheben. Die DDR-Machthaber wollten einen Austausch von Kulturen verhindern und konnten auf ihre ständige Angst vor einer Massenflucht nur mit Gewalt reagieren. Hannah Arendt (1951, S. 821) nennt es »das Eindringen der Welt der Tatsächlichkeit«, gegen das der »Eiserne Vorhang niedergelassen« wurde. Durch solches Eindringen wäre die systemerhaltende Welt des Rückzugs und der Spaltung bedroht gewesen. Die totalitäre Organisation war völlig abhängig von der Mauer. Wenn die Mauer fiel, würde auch das System fallen.

Fazit

Soziale Strukturen, in denen die Subjektivität des Menschen, auch das Fremde, schwer Einfühlbare und Andere nicht anerkannt wird und sich nicht frei entfalten kann, sondern sich narzisstisch fragilen, möglicherweise autoritären Eltern und dem totalitären Kollektiv ganzer gesellschaftlicher Formationen unterwerfen muss und sich eingliedern in eine abgespaltene irreale Rückzugswelt sozialer Institutionen, solche kulturell archaischen sozialen Strukturen sind auch in modernen Gesellschaften immer wieder präsent. Ich denke aber, dass solche Strukturen in der DDR besonders ausgeprägt waren und der intrapsychische Autoritarismus sich – und das natürlich nicht nur bei Herrn M. – in der kollektiven Identifikation mit dem politischen System um so stärker entfalten konnte. Das System unterwarf und versorgte seine Bürger, und so trug es auch zu deren innerer Stärkung bei, es war zum Sicherheitssystem geworden, aber es war auch beteiligt an der Verhinderung einer Ablösung der Menschen aus kindlichen aggressiven Strukturen zu einer angemessenen Autonomie und Separationstoleranz in den Beziehungen. Ich finde dabei den Gedanken wichtig, dass dieser Prozess nicht nur bei Herrn M. so ablief, sondern bei vielen Menschen, und man kann sagen, dass seine Geschichte in einem gewissen Sinne Aspekte psychischen Erlebens einer ganzen DDR-Generation enthält.

Mir scheint die innere Beziehung der Lebensgeschichte des Herrn M. zum Schicksal der Gefühlswelt vieler ehemaliger DDR-Bürger erhellend und weiterführend. Sie stehen im Prozess des Umbruchs und der Suche nach neuen stabilen Systemen, nachdem neben äußeren auch innere Sicherheiten verlorengingen. Es geht in diesem Prozess um die Aufarbeitung der Vergangenheit, die Anerkennung und Stärkung authentischer Subjektivität und um die Integration bisher abgespaltener totalitärer Strukturen und kollektiver Identitäten.

Aber darüber hinaus ist dieser Umbruchs- und Aufarbeitungsprozess auch für die gesamtdeutsche Gesellschaft der Gegenwart, die durchaus fragil und gefährdet ist, von Bedeutung. Ihre Krise ist mit der ostdeutschen Entwicklung komplementär verbunden, auch sie ist immer wieder auf soziale und geistig-seelische Befreiungsschübe angewiesen, auch sie bedarf zur Stärkung ihrer konstruktiven und kreativen Kräfte einer Aufarbeitung der Entwicklungsprozesse sowie einer Entmachtung und Integration abgespaltener totalitärer und vereinheitlichender Strukturen und vor allem einer ständigen Wiederentdeckung der Subjektivität des Einzelnen.

Literatur

Arendt, H. (1951): Elemente und Ursprünge totaler Herrschaft. München (Piper), 2000.

Bick, E. (1967): Das Hauterleben in frühen Objektbeziehungen. In: Spillius, E. B. (Hg.) (1995): Melanie Kleine heute. Stuttgart (Verlag Internationale Psychoanalyse).

Bohleber, W. (1998): Transgenerationelles Trauma, Identifizierung und Geschichtsbewusstsein. In: Rüsen, J., u. Staub, J. (Hg.) (1998): Die dunkle Spur der Vergangenheit. Psychoanalytische Zugänge zum Geschichtsbewusstsein. Frankfurt a. M. (Suhrkamp).

Henrich, R. (1989): Der vormundschaftliche Staat. Vom Versagen des real existierenden Sozialismus. Reinbek bei Hamburg (Rowohlt).
Kerz-Rühling, I., Plänkers, T., u. Fischer, R. (2000): Kontinuität und Wandel. Zur psychischen Verarbeitung der politischen Wende 1989. Eine empirisch-psychoanalytische Studie an Lehrern in Tschechien und Ostdeutschland. In: Kerz-Rühling, I., u. Plänkers, T. (Hg.) (2000): Sozialistische Diktatur und psychische Folgen. Psychoanalytisch psychologische Untersuchungen in Ostdeutschland und Tschechien. Tübingen (edition diskord).
Meltzer, D. (1968): Panik, Verfolgungsangst, Furcht. Zur Differenzierung paranoider Ängste. In: Spillius, E.B. (Hg.) (1995): Melanie Klein heute, Bd. 1. Stuttgart (Verlag Internat. Psychoanalyse).
Mentzos, S. (1976): Interpersonale und institutionalisierte Abwehr. Frankfurt a. M. (Suhrkamp).
Moser, T. (1996): Dämonische Figuren. Die Wiederkehr des Dritten Reiches in der Psychotherapie. Frankfurt a. M. (Suhrkamp), 2001.
Plänkers, T. (1997): Speaking in the claustrum: the psychodynamics of stuttering. International Journal of Psycho-Analysis, 1999, 2, S. 239-256.
Sebek, M. (2000), Das Schicksal der totalitären Objekte. Wo stehen wir mit unseren Patienten? In: Kerz-Rühling, I., u. Plänkers, T. (Hg.) (2000): Sozialistische Diktatur und psychische Folgen. Psychoanalytisch-psychologische Untersuchungen in Ostdeutschland und Tschechien. Tübingen (edition diskord 2000).
Simon, A. (1995): Versuch, mir und anderen die ostdeutsche Moral zu erklären. Gießen (Psychosozial-Verlag), 2000.
Steiner, J. (1993): Orte des seelischen Rückzugs. Pathologische Organisationen bei psychotischen, neurotischen und Borderline Patienten. Stuttgart (Klett-Cotta), 1998.

In der Krippe
Zu den psychischen Folgen gesellschaftlich organisierter Traumatisierung

Frau W. war ein so genanntes Krippenkind. Schon sechs Wochen nach ihrer Geburt begann ihre Mutter wieder zu arbeiten. Damit dies überhaupt möglich war, gab es die Kinderkrippen. In eine solche Einrichtung wurde auch Frau W. als Säugling für mindestens neun Stunden täglich gegeben. Dies geschah von heute auf morgen, weil es damals in der Regel weder ein öffentliches noch ein privates Bewusstsein dafür gab, dass es angemessen ist, ein Kind mit Hilfe der Eltern schrittweise und behutsam an eine völlig fremde Umgebung zu gewöhnen.

Um die Problematik insgesamt verständlicher werden zu lassen, möchte ich zunächst etwas auf die Realität dieser Seite des DDR-Lebens eingehen.

Am Ende der DDR existierten etwa 7.600 Kinderkrippen. Die meisten davon waren Tageskrippen. Es gab aber auch Wochenkrippen und Heime, in die Kinder bis zu drei Jahren von ihren Eltern abgegeben werden konnten, wenn diese zum Beispiel im Schichtdienst arbeiteten oder soziale Probleme hatten.

Bis zum Ende der achtziger Jahre betraf der Aufenthalt in einer Tageskrippe in der DDR schätzungsweise 81% aller Kinder bis zu drei Jahren (Kühn 1991). Es war ein erklärtes Anliegen des Staates, alle seine Bewohner dazu zu bringen, sich in ein vorgegebenes Normen- und Wertesystem zu fügen, dessen Ziel die Heranbildung und Entwicklung der so genannten sozialistischen Persönlichkeit war. Dieses genormte und idealisierte Bild einer nach den ideologischen Vorstellungen der DDR-Regierung funktionierenden Persönlichkeit, die an Huxleys »Schöne neue Welt«-Menschen erinnert, spiegelte sich vor allem in den Erziehungs- und Bildungsplänen der staatlich geführten Institutionen wider, wozu auch die Kinderkrippen gehörten. Es sollte erreicht werden, dass »der junge Staatsbürger seinen Platz und seine Stellung in der Gesellschaft frühzeitig bewusst erleben kann« (Schroeter 1974, S. 12). In der DDR-Literatur der damaligen Zeit, die sich mit den Erziehungsaufgaben der Kinderkrippen und Kindergärten befasst, findet man an sehr vielen Stellen ausdrückliche Hinweise darauf, dass alle erzieherischen Aktivitäten (bis hin zum kindlichen Spiel) darauf ausgerichtet sein sollten, dem Kind ein streng vorgegebenes Normenwissen zu vermitteln. Dieses Wissen musste »von den Kindern angeeignet werden« (ebd., S. 29f), damit ein Kind weiß, »wie es sich zu verhalten hat« und damit es »für das Leben im Kollektiv befähigt« ist (ebd., S. 28).

Diesem Ziel war alles untergeordnet. Deswegen fand das Leben der Kinder innerhalb von Krippe und Kindergarten auch vorwiegend in hierarchisch strukturierten Klein- und Großgruppen statt, die den Charakter von »gut organisierten Kinderkollektiven« haben sollten (Bildungs- und Erziehungsplan für den Kindergarten, 1967, S. 8). Von der Einzigartigkeit und den berechtigten narzisstischen Bedürfnissen jedes Kindes ist in diesen Vorgaben kaum oder nur am Rande die Rede. In der alltäglichen Praxis der staatlichen Erziehungseinrichtungen ging es mehr um ein äußeres Funktionieren und Anpassen bzw. sogar Unterordnen als um die inneren Befindlichkeiten des jeweiligen Kindes. Ein sorgsames Eingehen von Seiten der Erwachsenen auf die individuelle Emotionalität von Kindern und Jugendlichen ging im Streben nach einem einheitlichen Funktionieren eher unter.

Diese Erziehungsvorstellungen, die bis in das 19. Jahrhundert zurückreichen und strukturell an autoritäre pädagogische Modelle der Nazi-Zeit anknüpfen, übernahmen leider auch viele Eltern, so dass manches Kind sowohl in der Familie als auch in den Erziehungseinrichtungen einer repressiven und in jedem Falle überfordernden Atmosphäre durch die Erwachsenenwelt ausgeliefert war.

Der Alltag in einer Tageskrippe (und sehr wahrscheinlich noch verschärfter in einer Wochenkrippe und in einem Heim) war davon geprägt, dass sich die Kinder in den Kleingruppen, die nicht größer als acht sein sollten, in der Regel aber schon bis 20 Kinder je Gruppe ausmachen konnten, einem strengen Tagesregime mit festen Essens-, Topf-, Spiel- und Schlafzeiten unterwerfen mussten. Dabei hatten die Vorgaben im Erziehungsplan, der vor allem auf einen geregelten und durchorganisierten Tagesablauf, auf Hygiene sowie auf Ordnung und eine Führung im Spiel[1] Wert legte, eindeutig den Vorrang vor der Beziehungsgestaltung. Das war neben ideologischen Gründen auch deshalb so, weil die Erzieherinnen (in der Regel zwei in Früh- und Spätschicht für eine Gruppe) allein aus zeitlichen Gründen damit überfordert waren, sich einem Kind und seinen Bedürfnissen ausreichend zuwenden, abwarten und in einen Dialog mit ihm und seinem Konflikt kommen zu können.

---

[1] Zweckfreie und ziellose Spiele, die für die gesunde psychische Entwicklung eines Kindes wichtig sind, gab es faktisch in Krippe und Kindergarten nicht (siehe auch Kühn 1991).

Zu den psychischen Folgen gesellschaftlich organisierter Traumatisierung

Nicht nur die schwer traumatisierende frühe Trennung von der Mutter (oder einer anderen Bezugsperson) mit den für ein kleines Kind schier unerträglichen Gefühlen von Angst und Panik, von Schmerz und Ohnmacht musste ein Kind irgendwie ertragen und überstehen, wenn es als Baby in eine Krippe gegeben wurde. Es musste sich auch in einer Weise anpassen, die darauf angelegt war, dass es vom Wahrnehmen und Erleben seiner Gefühle und Bedürfnisse abgetrennt wurde.

Viele Kinder reagierten mit einem so genannten Anpassungssyndrom.[2] Sie wurden häufig krank (vor allem Atemwegserkrankungen), weinten sehr viel und zeigten andere Symptome. Auch spätere depressive Reaktionen von Krippenkindern als eine psychische Möglichkeit, sich an das Unvermeidbare anzupassen, konnten beobachtet werden.

Ich möchte auf Frau W. zurückkommen. Sie versuchte vermutlich schon sehr früh, sich anzupassen, schwer aushaltbare Gefühle abzuspalten und/oder durch Rückzüge in innere Traumwelten ihrem großen Kummer zu entfliehen.

Mit einer Art zwanghaften »Vorausdenkens« und einem detaillierten Planen aller möglichen funktionalen Abläufe in ihrem Alltag bemühte sie sich, ihr inneres Gefühlschaos zu ordnen. Auch mit heimlichem exzessiven Naschen während ihrer Rückzüge in eine paradiesisch fantasierte Innenwelt gelang es ihr nicht, sich ihre ungestillten heftigen Wünsche nach Geborgenheit und liebender Zuwendung zu erfüllen.

Mit dieser Symptomatik belastet und sehr daran leidend kam Frau W. 1996 in meine Praxis. Sie hatte sich für eine Psychotherapie entschieden, weil sie zunehmend Angst um sich bekam und sich nicht mehr zu helfen wusste. Nach ihren Essanfällen, während denen sie plötzlich große Mengen von Süßigkeiten in sich hineinstopfte, hungerte Frau W. aus panischer Angst, dick zu werden. Bei einer Körpergröße von 1,65 m hatte sie früher etwa 57 kg gewogen; jetzt waren es nur noch 45 kg. Trotzdem litt sie unter panischer Angst vor ihren »Fressanfällen«, wie sie es nannte, und fühlte sich danach immer sehr depressiv und unzufrieden.

Die Probleme hatten begonnen, nachdem Frau W. sich kurzzeitig von ihrem Mann getrennt hatte und in eine eigene Wohnung gezogen war, weil sie eine Beziehung zu einem ihr attraktiver erscheinenden (und ihre unbewussten Sehnsüchte befriedigend fantasierten) Mann aufgenommen hatte.

---

2 Der Begriff war zu DDR-Zeiten im medizinisch-psychologischen Vokabular üblich und bezeichnete u. a. die verschiedenen Reaktionen eines Kindes infolge der notwendigen Anpassung an die veränderte Umgebung der Krippe.

In der Krippe

Diese Beziehung endete jedoch mit einer Enttäuschung, und sie kehrte zu ihrem Ehemann zurück, der ihr offensichtlich ohne Vorwürfe verzeihen konnte.

Zudem stand zum Zeitpunkt unseres Erstgespräches der Umzug ihrer Mutter in eine weiter entfernte Stadt unmittelbar bevor, so dass abzusehen war, dass sie für Frau W. nicht mehr so leicht erreichbar sein würde. Schon damals litt sie unter dieser Trennung und vermisste in ihrer Fantasie bereits sehr schmerzlich die gemeinsame Kaffeerunde oder den Einkaufsbummel mit der Mutter als Erlebnisse, die für sie erstmals so etwas wie ein gemütliches Zusammensein mit ihrer Mutter gewesen waren. Das hatte sie in der früheren Beziehung mit ihr nicht gekannt.

Bei unserer ersten Begegnung, bei der Frau W. mir schräg gegenüber saß, sah ich eine junge Frau, die wie ein kleines Mädchen gekleidet und zurechtgemacht war. Sie hatte ihre halblangen Haare zu einem kleinen Pferdeschwanz gebunden und mit einer Art Haarschleife geschmückt. Ihre geweiteten blauen Augen schauten ängstlich, aber auch erwartungsvoll auf mich. In ihrer ganzen Körperhaltung wirkte sie eher verspannt und verkrampft. Alle Farben an Frau W. waren blass-pastell und erinnerten mich an ein Baby, das man gerade frisch angezogen hatte. Ich bemerkte, wie sie in mir unwillkürlich ein warmes und beinahe zärtliches Gefühl auslöste und hatte den Impuls, diesem offensichtlich traurigen und bedürftigen Menschen (-Kind) irgendwie behilflich sein zu wollen. Damit hatte sie den Kontakt und Hilfe suchenden Teil ihres Selbst in mich verlagert. Dem entsprach, dass ich im Verlaufe unseres ersten Gespräches neben dem Zerbrechlich-Zarten an Frau W. auch etwas Knochig-Hartes wahrnahm, das mich damals noch irritierte, auch weil es mehr zu spüren als sichtbar war (Frau W. verstand es relativ gut, ihren abgemagerten Körper mit entsprechenden Kleidungsstücken so zu umhüllen, dass ihre massive Untergewichtigkeit nicht gleich zu bemerken war).

Beeindruckend und damals für mich ebenfalls etwas verwirrend war ihre Aussage, dass sie zu den Essproblemen, die sie bereits vor einem Jahr bei sich gemerkt hatte, gar keine Erklärung und keine Idee hatte. »Ich hätte nie gedacht, dass ich magersüchtig werden könnte. Ich bin zwar nicht willensstark und nicht selbstbewusst, aber ich habe eine normal gute Erziehung genossen. Mein Essverhalten war immer normal. Zwar habe ich mich vom Jugendalter an zu dick gefühlt, obwohl es objektiv nie so war, aber ich verstehe nicht, wieso ich jetzt solche Probleme habe. Ich denke, dass ich nur eine richtige Einstellung zu meinem Körper kriegen müsste. Deshalb bin ich auch hier.«

Bereits nach wenigen Therapiestunden, die anfangs wegen Terminschwierigkeiten meinerseits nicht regelmäßig stattfinden konnten, verließ Frau W. mich wieder, indem sie in einen dreiwöchigen Urlaub ging. Unmittelbar danach teilte sie mir quasi »kurz und schmerzlos« mit, dass sie jetzt in eine dreimonatige stationäre Psychotherapie gehen werde, um die sie sich selbst (ohne vorherige Absprache mit mir) gekümmert hatte, »weil es mir hier bei Ihnen zu lange dauert. Ich will aber in jedem Falle wieder kommen und die ambulante Therapie fortsetzen«. Nach dieser Mitteilung fühlte ich mich wie vor den Kopf geschlagen und einigermaßen sprachlos. Die Zeitspanne, die Frau W. bei mir verbracht hatte, entsprach in etwa der Zeit, die sie als Baby mit der Mutter zusammen war, ehe diese sie – praktisch von heute auf morgen – in die Tageskrippe abgegeben hatte. Es schien, dass Frau W. mir unbewusst und agierend eine frühe Erinnerung ihres Mutter-Kind-Kontaktes mitgeteilt hatte, der, kaum angebahnt, jäh unterbrochen worden war. Offensichtlich ist dieses traumatische Trennungsereignis als etwas Katastrophales in ihrem frühen Leben völlig ins Unbewusste verdrängt worden, um das Trauma zu überleben und weiter funktionieren zu können.

Nach ihrer Rückkehr aus der stationären Therapie im Februar 1997 entschuldigte sich Frau W. bei mir: »Ich bin damals völlig am Ende gewesen und habe nicht mehr anders weiter gewusst. Jetzt geht es mir zwar noch nicht besser, aber ich habe irgendwie mehr verstanden, dass es hier ein langwieriger und allmählicher Prozess sein wird.«

Nachdem wir eine analytische Therapie vereinbart hatten, schien sie beruhigt und legte sich von da an auf die Couch. Mir kam der Gedanke, dass für Frau W. jede Art von Trennung und Wiederannäherung offensichtlich nicht anbahn- und besprechbar war, sondern nur abrupt hergestellt werden konnte.

Aus der Lebensgeschichte

Frau W. wurde als erstes Kind einer Facharbeiterin, die später immer als Verkäuferin arbeitete, und eines Schweißers in deren erster Ehe 1967 geboren. Beide Eltern waren bei der Geburt ihrer Tochter 20 Jahre alt. Sieben Jahre später kam ein Bruder zur Welt.

Die Eltern ließen sich scheiden als Frau W. 13 Jahre alt war. Schon vorher hatte es immer Streit zwischen ihnen gegeben, dann aber nahm der Vater sich eine andere Frau, die zudem verlangte, dass er nach der Trennung den Kontakt zu den Kindern abbrechen sollte. Dass er das auch »abrupt« tat, hat Frau W. tief verletzt und so wütend gemacht, dass sie ihn anfangs vor mir als »Weichei« entwerten musste. Später aber gestand sie mir, wie gern sie den Vater gehabt hat, weil er – im Gegensatz zur Mutter – schon mal geduldig mit ihr spielte und bei den Hausaufgaben half, wenn er denn Zeit hatte. Um nämlich das Familienbudget aufzubessern, ging der Vater »nebenbei schwarz arbeiten«. Durch seinen Weggang verschlechterte sich deshalb nicht nur die emotionale, sondern auch die finanzielle Situation der Familie erheblich.[3] Die Mutter wurde als einfache Angestellte im Handel weniger gut bezahlt und hatte offensichtlich trotz eines Nebenjobs (»Grünfläche pflegen«) ihre Not, sich und die Kinder ausreichend zu versorgen. Jedenfalls hatte Frau W. immer das Gefühl, dass die Mutter ihr »jeden Bissen im Munde gezählt« und den Kindern vorgeworfen hat, ihr »noch die Haare vom Kopf zu fressen«. Dabei fühlte Frau W. schon als Kind, wie sehr sie »nach Süßigkeiten gierte«, die es nur sehr selten und »abgezählt« gab. Und schon damals konnte sie ihre heimlichen »Naschorgien« trotz der drohenden Vorwürfe und Beschimpfungen durch die Mutter nicht verhindern. Überhaupt hat die offensichtlich sehr unzufriedene und wahrscheinlich auch angestrengte Mutter an Frau W. viel »herumgenörgelt und jede Freude vorgeworfen«. So musste Frau W. seit ihrem 13. Lebensjahr ihre Wäsche selbst mit der Hand waschen, obwohl es eine Waschmaschine gab. Sie sollte sehen, wie schwer es die Mutter hat.

Der Tages- und Wochenablauf ist von der Mutter streng geregelt gewesen. Es gab feste, unverrückbare Zeiten, wann im Haushalt und im Familienleben was und wie gemacht wurde. Dies entsprang sicher auch einer gewissen Notwendigkeit, weil die Mutter ganztägig mit einer relativ schweren körperlichen Arbeit als Verkäuferin zugange war und es deshalb wenig Spielraum gab. Aber selbst in der Freizeit, zum Beispiel beim gemeinsamen Fernsehen am Samstagabend, duldete die Mutter keine Abweichungen von ihrem Konzept. Frau W. konnte sich nicht erinnern, »dass man einfach mal so sitzen und miteinander erzählen konnte«.

Auch ihre Jugendweihe[4] wurde, angeblich aus Geldmangel, nicht so gefeiert, wie es Frau W. mit ihren Mitschülern tun wollte. Sie durfte auch nicht mit zur Abschlussklassenfahrt nach Moskau, so dass sich ihr ohnehin latentes Gefühl von Ausgeschlossensein und Mangel hier wieder bestätigt fand.

---

[3] Die Unterhaltszahlungen, zu denen der geschiedene Ehemann in der DDR verpflichtet war, waren vergleichsweise gering und konnten die finanziellen Einbußen der verbleibenden Familie in der Regel nicht wettmachen.

[4] Die Jugendweihe ist bis heute in den ostdeutschen Ländern ein beliebtes säkulares Pendant zur Konfirmation.

Der Bruder ist im Erleben von Frau W. immer verwöhnt worden. Nach seiner Geburt durfte sie nicht mehr an der Hand der Mutter gehen, was sie mit vielen Neidgefühlen registrierte. Auch den Vater, der sich ihr zwar mit mehr Geduld zuwandte, erlebte Frau W. nicht wirklich anwesend, weil er offensichtlich mit sich und seiner Unzufriedenheit beziehungsweise mit seinen häufigen Beziehungen zu anderen Frauen zu tun hatte. Nach der Scheidung der Eltern lebte der Vater noch zwei Jahre mit seiner neuen Freundin und jetzigen Ehefrau in der Drei-Zimmer-Wohnung der Familie in einer Plattenbausiedlung. Frau W. erinnert eine bedrückende Atmosphäre und eine verbitterte Mutter in dieser und der folgenden Zeit. Sechs Wochen nach der Entbindung[5] gab die Mutter Frau W. in eine Tageskrippe. Von ihrer Mutter erfuhr Frau W., dass sie die ersten Wochen in dieser Einrichtung »viel geweint« hat.

Den Besuch von Kindergarten und Schule erlebte sie dann relativ problemlos, weil vermutlich alles, was nach der traumatischen Trennungserfahrung kam, sich nicht mehr katastrophisch anfühlte und Frau W. bereits gelernt hatte, sich anzupassen und zu funktionieren.

Auch der Wechsel in eine neue Klasse und in eine viel größere Schule während des vierten Schuljahres, verbunden mit dem Umzug aus einer eher gemütlichen Kleinstadt in die Plattenbauwohnung einer Großstadt mit ganz anderer Atmosphäre, ist von Frau W. als »problemlos« erlebt worden. Später jedoch konnte sie davon sprechen, dass sie immer Angst hatte und hat, von anderen Menschen nicht gut auf- und angenommen zu werden. Auch die Angst vor etwas Neuem und vor Veränderung ist ihr geblieben.

Ihre schulischen Leistungen sind eher mittelmäßig gewesen. Von den Eltern gab es keinerlei Förderung. Nach einem befriedigenden Abschluss der zehnten Klasse absolvierte Frau W. eine zweijährige Berufsausbildung im Dienstleistungsgewerbe, allerdings in einem DDR-typischen Beruf, den es nach der Wiedervereinigung nicht mehr gab. Mittlerweile arbeitet Frau W., wie die Mutter, stundenweise als Verkäuferin.

Vor dreizehn Jahren hat sie geheiratet. Ihr Mann arbeitet noch zusätzlich in einem Nebenjob, um das Familienbudget aufzubessern und sich gemeinsam schöne Reisen zu gönnen. Sie war deshalb häufig abends allein. Das Warten auf ihren Mann erinnerte Frau W. lange Zeit an ihre heftigen Einsamkeitsgefühle als Kind während der Schulferien. Die Mutter hatte

---

[5] Dies war der übliche Mutterschaftsurlaub für berufstätige Frauen in der DDR der sechziger Jahre.

immer nur kurz mit den Kindern Urlaub gemacht, weil ihr das Geld fehlte. (Die Patientin berichtete gleichzeitig aber auch, dass die Mutter sich selbst im »Exquisit«[6] ausstaffierte, da ihr das Äußere wohl sehr wichtig war.) In der Erinnerung von Frau W. sind alle ihre Schulfreunde während der Ferien zu ihren Großeltern gefahren und nur sie blieb allein zurück. Die Möglichkeit, in die Ferienspiele zu gehen, mochte sie nicht annehmen, »weil mir da sowieso alle fremd waren«. Und Großeltern, die sie hätte besuchen können, hat es nicht gegeben. Zwar wohnte die Großmutter mütterlicherseits in derselben Stadt wie die Familie, »aber die ist selbst noch arbeiten gegangen und außerdem war sie ein Drache«.

Bei diesen Schilderungen musste ich oft an die Krippenzeit von Frau W. denken, und ich stellte mir die wenig einfühlsame und spielerische Atmosphäre vor, in der kein Raum für einen Dialog und Austausch war, sondern in der man funktionieren musste, in der nicht nur Frau W., sondern auch ihre Mutter aufgewachsen waren, wodurch beide viele Defizite zu kompensieren hatten und haben. Wie sich später herausstellte, war das eine Fantasie, die eine reale Basis hatte: »Meine Mutter musste als älteste von vier Geschwistern viel arbeiten und hat obendrein die Dresche für die anderen mitbekommen. Sie hat dann wohl später immer versucht, ihre Probleme über schicke Klamotten und andere Äußerlichkeiten zu lösen.«

Frau W. erinnerte sich, oftmals – und nicht nur während der Ferien – den ganzen Tag allein in ihrem Zimmer »gehockt« und in völligem Rückzug in ihre innere Welt auf die Mutter gewartet zu haben. Diese kam dann spät am Nachmittag »völlig entnervt und mit schweren Einkaufstaschen von der Arbeit«. Jedes Mal hatte Frau W. sich eine liebevolle Begrüßung und Begegnung mit der Mutter ausgemalt. In der Regel ist sie jedoch von einer (nachfühlbar) erschöpften Mutter »nur angeschnauzt« worden und hatte dann stets das heftige Gefühl, gerade nicht das Richtige zu tun. Das war »furchtbar beängstigend und enttäuschend« für ein Kind, das offensichtlich wenig Freundlich-Warmes verinnerlichen konnte und nicht gelernt hatte, liebevoll mit sich umzugehen und mit sich selbst zu spielen, sondern sich auch innerlich wie hospitalisiert in einem kalten Plattenbau zu fühlen.

Es überrascht daher nicht, dass bei Frau W. Anfang der neunziger Jahre eine eigene Schwangerschaft durch eine Fehlgeburt scheiterte. »Danach habe ich keinen Kinderwunsch mehr in mir verspürt. Jetzt denke ich manchmal an

---

[6] Läden mit in der DDR teuren Artikeln, in denen man »exquisitere« Kleidung kaufen konnte.

ein Kind, aber ich habe große Angst, ihm zu schaden, solange ich meine Probleme nicht besser lösen kann und so stark mit mir selbst beschäftigt bin.«

Aus der Behandlungsgeschichte

Zu den Stunden erschien Frau W. immer zehn Minuten früher. Anfangs vermittelte mir das ein Gefühl von Bedrängung. Dies milderte sich, nachdem sie mir sagte, wie wichtig es ihr ist, vor Beginn der Stunde eine Zeit in meinem Warteraum sein zu können, »weil ich mich da schon in Ihrer Nähe fühle und in Ruhe an die bevorstehende Stunde denken kann«. Mir kam außerdem der Gedanke, ob es sich dabei nicht auch um einen unbewussten Versuch handeln könnte, ihre traumatischen Erwartungen, die sie im Hinblick auf das Zusammensein mit mir hatte, zu managen und zu bewältigen. Zumindest waren die Stunden lange Zeit davon geprägt, dass sich Frau W. über ihre zwanghaft erlebten Gedanken an das Essen und über eine ungenügende Analytikerin beklagte, die ihr keine ausreichende Lebenshilfe in Form von Verhaltensanweisungen bot. Durch diese fast ununterbrochenen Anklagen und das fortgesetzte Reden konnte sie das Gefühl aufrechterhalten, den Ablauf der Stunden unter Kontrolle zu haben.

Das in der stationären Therapie erlernte katathyme Bilderleben regte sie dann offenbar an, mir immer wieder in Bildern ihre durch heftige Gefühle unkontrollierbar erscheinende Innenwelt und damit ihre Beziehung zu mir zu verdeutlichen. Sie sah sich allein (in meiner Wahrnehmung wie ein hospitalisiertes Kind) auf dem Boden vor ihrem Bett in ihrem Kinderzimmer »hocken«, die Beine an den Körper gezogen und die Arme um sich geschlungen und die ganze Zeit auf den grünen Teppich starrend, der vor ihr lag. Dabei fühlte sich Frau W. »wie ein Krüppel, wie ein Klumpen Dreck« oder »innerlich ganz leer, wie eine Wüste«. Der Gedanke an Essen beruhigte sie dann einerseits, andererseits erfüllte er sie mit mächtiger Angst, weil sie von der Fantasie besetzt war, sich »wie ein dicker Kloß aufzublähen«, wenn sie ihrer Gier nach Essen Raum geben würde (den Begriff »Bedürfnis« statt »Gier« kannte sie zum damaligen Zeitpunkt offensichtlich noch nicht). Dementsprechend ließ sie sich zur Strafe wieder hungern, um sich anschließend wiederum leer und doch voller Sehnsucht nach etwas Warmem und Weichem zu fühlen.

Frau W. erlebte ihre Gefühle wie mächtige Fremdkörper, denen sie sich ohnmächtig und ohne jede Kontrollmöglichkeit ausgeliefert sah. Sie reflektierte ihre zwanghaften Handlungen im Alltag als einen verzweifelten Versuch, eine fehlende innere Ordnung herzustellen, indem sie, wie die

Mutter, alle Gegenstände in ihrer Wohnung in bestimmter Weise zu platzieren und nach funktionalen Prinzipien auszurichten versuchte. Wenn es ihr dann doch nicht gelang, ihre mächtige Angst zu mildern, verfiel Frau W. in eine noch größere Panik und suchte ihr Heil im suchthaften Essen von Süßigkeiten, bis es ihr schlecht ging und sie Magenschmerzen bekam.

Lange Zeit schien unsere Beziehung davon gekennzeichnet, dass Frau W. mich als ein eher starres und nur äußerlich versorgendes Objekt erlebte, dem man zwar seine Gefühle und Beschwerden schildern konnte, das aber keinen inneren Raum besaß, diese aufzunehmen und im Austausch mit ihr über ihre Empfindungen und Gedanken zu reflektieren. Mir kam oft das Bild einer überforderten Mutter in den Sinn, die ihrem Kind wie mechanisch die Flasche (und nicht die Brust) gibt und dabei innerlich mit sich selbst und dem Gedanken daran beschäftigt ist, was sie als nächstes tun müsste. Diese wiederkehrende Fantasie während mancher irgendwie schwer wirkenden Stunden löste bei mir ein bleiernes Gefühl von Traurigkeit aus, das sich kaum ertragen ließ.

In einer Stunde kurz vor meinen Urlaub und der damit verbundenen Behandlungspause, die Frau W. als schwer erträgliche Trennung von mir erlebte, sprach sie von ihrer großen Angst, Gefühle in sich zu spüren und diese in meiner Anwesenheit zu erleben: »Ich glaube, ich habe furchtbare Angst vor meinen Gefühlen. Ich kann das gar nicht fassen, als wäre alles so viel und so schwer, als könnte ich das gar nicht aushalten. Bei meiner Mutter musste immer alles funktionieren, alles ging nur nach Plan und bei mir ist es jetzt genauso. Ich habe Angst, etwas aus mir fließen zu lassen, aber ich merke auch, dass ich mit diesem Plan, dass alles so und so zu funktionieren hat, mit mir und meinem Umfeld gar nicht zurechtkomme, weil sich ja auch immer was ändert und dazwischenkommen kann.«

Mir fiel wiederholt der starr festgelegte Tagesrhythmus der Mutter und der Krippe ein, dem Frau W. bereits als Baby ausgesetzt war. Dann kam mir der Gedanke, dass sie mich auch wie eine solche »Krippenmutter« erlebte, von der sie aber wenigstens erwartete, irgendwie versorgt zu werden. »Ja«, sagte sie bezüglich meiner dementsprechenden Deutung, »ich habe immer das Gefühl, es müsste alles nur schön sein und Sie und mein Mann sollen dafür sorgen, dass es so ist!«

Meine immer wieder unternommenen Deutungsversuche, Frau W. mit ihrer Enttäuschungswut über eine von ihr als wenig versorgende, uninteressierte und unempathisch erlebte Analytikerin in Berührung zu bringen, wischte sie über einen langen Zeitraum der Therapie mit heftigen rationalisierenden Abwehrbewegungen weg. Dies hatte wohl auch mit dem verfolgenden und bedrohlichen Über-Ich in ihr zu tun, das es Frau W. nicht erlaubte, ihre Gefühle wahrzunehmen und zu erleben, sondern danach strebte, alles, was sich in ihr bewegte, in eine bestimmte Richtung zwingen zu wollen und insgesamt zum Verzicht zu mahnen. Als ihr selbst allmählich deutlicher wurde, mit wie viel Angst sie erfüllt war, dass ihre heftigen aggressiven Impulse das Gute in unserer Beziehung und die Verbindung zwischen uns überhaupt zerstören könnten, gelang es ihr sehr langsam, ein Gefühl für ihre Spaltung zu entwickeln und die panischen Ängste in sich zu mildern. »Ich fühle da wie einen Spalt in mir. Ich fühle mich nicht als mich, nicht als eins, sondern als würde da eine fremde Person in mir stecken, die meine Gefühle zurückhält. Es fällt mir so schwer, meine Gefühle zu akzeptieren und zuzulassen. Das funktioniert nicht, höchstens wie ein Durchbruch und dann kann ich es nicht fassen und will es nicht haben. Warum bin ich nur so?«

Es wurde mehr und mehr deutlich, wie sehr sich die (frühen) Ohnmachtsgefühle und die damit verbundenen heftigen Ängste von Frau W. entfalteten, wenn sie sich zunehmend mit ihren Empfindungen von Traurigkeit und Schmerz konfrontiert sah. Denn sie erlebte diese starken Gefühle offensichtlich wie Fragmente, die sie ohne eine verständliche Verbindung und ohne Kontrollmöglichkeit in sich spürte.

Zudem hatten diese Gefühlsqualitäten einen offenbar sehr destruktiven Charakter. Wenn sich Frau W. von mir und ihrem Mann verlassen fühlte, sprach sie weniger von ihrer Angst und Trauer als mehr von ihrer Wut: »Da bin ich wie meine Mutter und denke, das kotzt mich schon wieder an, die ganze Woche alleine und keiner ist für mich da!... Ich habe oft das Gefühl, dass da wie so ein Fremdling in mir drin ist, wie ein gefräßiges und wütendes und ängstliches Kind, das immer an meinem Rock zuppelt.«

Andererseits hatte Frau W. auch viel »Angst, wenn ich nicht streng auf mich schaue, dass mich dann wieder das Böse einholt, dass ein Teil in mir sagt: so, wenn du mich allein lässt und nicht nach mir siehst, dann muss ich mich eben voll fressen und dann geht es mir danach schlecht!«

Wenn ich sie auf ihre bedürftigen und traurigen Gefühle ansprach, ging sie oftmals gar nicht darauf ein. Als ich dies immer deutlicher tat und ihr verweigerndes Schweigen klarer benannte, wurde sie ärgerlicher: »Ja, ich will das nicht mehr hören, sondern es mir gut gehen lassen und nicht nur immer traurig sein und in mir rumbohren müssen! Ich höre ja immer nur das Negative aus Ihren Worten und das auch noch verschärft. Alles, was Sie sagen, dringt immer so sehr in mich ein. Es hat dann so eine ungeheure Bedeutung und ist wie ein dicker fetter Strick, an den ich mich anklammere, bis ich nicht mehr kann und zusammenbreche.« Als ich ihr dann sagte, wie sehr ihr wohl

65

das Gefühl fehlt, innerlich etwas Eigenes zu haben, mit dem sie überprüfen könnte, was sie fühlt und was für sie stimmt von dem, was ich ihr sage, um das voneinander trennen zu können, bestätigte Frau W. das weinend.

Nachdem sie sich von ihrem Mann wegen einer Dienstreise über ein paar Tage verlassen fühlte, kam sie schon weinend in die Stunde. Sie schilderte zunächst ihre Sehnsucht nach ihm und der Mutter, zu der sie den Kontakt inzwischen stark reduziert hatte. Dann sprang sie plötzlich, wie von einem vernichtenden Schmerz getroffen, auf und setzte sich auf die Couch. Sie ergriff meine Hand, umklammerte sie fest und weinte dabei sehr heftig und in einer Art, als stoße sie ihre Gefühle aus sich heraus.

Meine unmittelbare Empfindung von Erschrecken und Angst in dieser Situation deutete ich als Ausdruck ihres unbewussten Versuches, ihre, für sie selbst unerträglichen Empfindungen, in mir unterzubringen. Es war dann möglich, gemeinsam zu verstehen, wie schwer es Frau W. fiel, ihre heftigen Verlassenheits- und Ohnmachtgefühle allein auszuhalten und wie groß ihre Sehnsucht war, mich ganz für sich zu haben, um sich gehalten und geborgen fühlen zu können. Nachdem sich diese Szene in den folgenden Stunden noch zweimal wiederholte, ohne dass Frau W. mich »angreifen« musste, konnte sie sich offensichtlich sicherer fühlen, dass ich sie nicht von hinten angreife, wenn sie sich wütend, traurig und/oder verlassen fühlte. Sie konnte ihre Tränen mehr und mehr fließen lassen, wenn sie einen inneren Raum betrat, in dem sie sich so fühlte, »als wäre ich ein kleines Kind, das ganz allein ist und mit dem sowieso keiner reden will. Ich fühle mich da auch so in mir gefangen und so allein. Wenigstens hier kann ich jetzt jammern und heulen, wenn mir so zumute ist. Das kann ich zu Hause nicht, aber das brauche ich, dass ich mich mal ausjammern kann, weil ich auch panische Angst vor jedem Gefühl habe und es manchmal gar nicht benennen, geschweige denn aushalten kann. Dann könnte ich manchmal vor mir selber wegrennen«.

Für mich wurde verständlich und damit deutbar, wie sehr sie sich in ihre zum Teil massiven Rückzugstendenzen verstrickt und wie ohnmächtig und hilflos sie sich in ihrer Sprachlosigkeit fühlte, wenn es um die Beschreibung ihrer inneren Befindlichkeiten ging. Zudem hatte Frau W. mich wohl lange Zeit nicht nur wie einen Verfolger erlebt, vor dessen unberechenbaren Reaktionen sie sich sehr fürchtete und deswegen glaubte, sich zurückziehen und schützen zu müssen. Sie hatte mich auch »einverleibt«, um sich ganz ungetrennt mit mir fühlen zu können und keine Empfindungen von Enttäuschung, schmerzlicher Verlassenheit und trauriger Ohnmacht spüren zu müssen. Deswegen war es ihr wohl auch zu Beginn der Therapie lange Zeit gelungen, über unsere Trennungen in den Behandlungspausen so hinwegzugehen, als wären sie gar nicht geschehen.

Im Laufe der Therapiezeit differenzierte sich unsere Beziehung deutlich. Neben ihren negativen Empfindungen, dass ich Frau W. wie jemand erschien, der sie bestimmen und ihr etwas Ungewolltes aufzwingen wollte (»Ich lasse alles ungehindert in mich eindringen was Sie sagen, und verwandle es in mir in was Schlechtes, und dann gibt es meine Meinung gar nicht mehr, die wird gleich zur Seite geschoben, und das macht mich dann eben so traurig, wenn ich das Gefühl habe, kein eigenes Ich zu haben«), entwickelte sich zunehmend ein Erleben von Sicherheit und Aufgehobensein.

Frau W. sprach später davon, wie sehr sie sich wünschte, ihren »eigenen Stil« zu finden. Sie schaute sich aufmerksam in ihrer Wohnung um und bemerkte, »wie sehr die voller Sachen ist, wie sie meine Mutter liebte. Jetzt habe ich aufgeräumt und alles ist nun einfacher und klarer. Ich habe jetzt viel mehr Platz, das genießt auch mein Mann. Ich will mich auch nicht mehr so kindlich kleiden und will mir ein paar neue Sachen zulegen, damit ich mich darin mehr als erwachsene Frau fühlen kann«.

Das alles war für sie zwar noch ein sehr unsicheres (und deswegen immer noch beängstigendes) Terrain, aber sie freute sich zunehmend darauf, mehr von ihren Bedürfnissen und Gefühlen zu entdecken und zu leben. »Woher soll das auch kommen, dass ich gut mit mir umgehen kann? Das habe ich erst bei Ihnen gelernt. Aber eigentlich kenne ich nur das, was meine Mutter mir gesagt hat und wie sie mit mir umgegangen ist. Das war wie ein feststehender Fahrplan, der abgearbeitet werden musste, ohne dass Gefühle oder etwa Spaß zu haben, eine Rolle spielten. Und trotzdem ist es jetzt so, dass ich merke, dass ich an dem Alten festhalte, denn was man kennt, dessen ist man sich sicher. Und ich weiß ja manchmal gar nicht, ob das oder das für mich gut ist. Da muss ich ja auch erst mal die Erfahrung machen. Jedenfalls habe ich mir jetzt ein Märchenbuch schenken lassen, weil ich nicht mal die gängigen Märchen kenne. Irgendwie will ich wohl etwas nachholen.«

Während Frau W. das erzählte, weinte sie ganz still. Ich fühlte mich dabei sehr berührt und hatte zunehmend den Eindruck, dass sie dabei war, mich mit meinem Körper und meinem Inneren abzutasten und kennen zu lernen, um sich auf diesem Hintergrund vielleicht selbst neu entdecken und definieren zu können. Mir war aber auch klar, dass dieser Prozess länger dauern würde, weil Frau W. noch immer einen sehr dominanten Teil in sich trug, der sich nichts Gutes (auch kein gutes Essen) gönnen wollte, sondern sie in eine Krippe und zu einer Mutter schickte, wo es streng, karg und emotional eher kalt zuging, weil es dort mehr auf das Funktionieren als auf das Fühlen ankam.

Abschließende Gedanken

Frau W. wurde in eine Familie hineingeboren, die ziemlich homogen in der Arbeiterschicht verwurzelt scheint. Offenbar hat kein Familienmitglied (trotz der in der ehemaligen DDR durchaus vorhandenen guten Möglichkeiten einer geförderten beruflichen Qualifikation) den Versuch gemacht, aus diesem Milieu irgendwie auszubrechen. Man gewinnt den Eindruck, als ob es innerhalb der Familienstrukturen eine unbewusste Abwehr gegeben hat, nichts Bestehendes ernsthaft und im Hinblick auf eigene Gestaltungsmöglichkeiten in Frage zu stellen.

Dagegen scheint ein verinnerlichtes Lebensmotto darin bestanden zu haben, handelnd zu funktionieren, um die Anforderungen der äußeren Realität unreflektiert zu bewältigen, ohne dabei aber die innere Realität ausreichend zu integrieren. Dies konnte nur durch eine spaltende Abwehr (nach dem Motto: entweder du bist für mich mit allen Konsequenzen oder du bist mein Feind) und durch Projektionen (immer die anderen werden als die Bösen ausgemacht) gelingen. Solche Abwehrmechanismen waren in der DDR durchaus gesellschaftsfähig und wurden sehr oft als eine Lebensmaxime aufrechterhalten.

Diese Weltsicht entsprang unbewusst einer psychisch ungetrennten Beziehung zur Mutter. Durch eine extrem frühe Trennung von der Mutter und dem in der Regel täglich neun- bis zehnstündigen Aufenthalt in einer Gruppe gleichaltriger Kinder und der eher funktionalen Versorgung durch die Erzieherinnen war Frau W. ohnmächtig und hilflos ihren massiven Trennungsängsten und anderen heftigen Gefühlen ausgeliefert, die sie in keiner Weise kontrollieren konnte. Nach diesen Tages-Erlebnissen traf Frau W. zudem auf Eltern (wobei sie offensichtlich nur die Mutter wirklich wahrgenommen hat), die selbst keinen ausreichend differenzierten und strukturierten Innenraum für ihre Gefühle und Bedürfnisse hatten, beziehungsweise diese nur über eine Art von zwanghaftem Funktionieren zu bewältigen versuchten.[7]

So blieb Frau W. innerlich sehr stark mit dem Bild einer triebfeindlichen Mutter verbunden, die regelmäßig für eine straffe äußere Ordnung gesorgt und sich in keiner Weise oder nur punktuell (zum Beispiel an Geburtstagen)

---

[7] Eine Kinderärztin aus der ehemaligen DDR (Kühn 1991) berichtet sehr eindrücklich über ihre Beobachtungen »der zunehmenden Verschüttung des Mutterseins« als mögliche Folge eigener Mutterentbehrung, besonders bei Müttern, die selbst Krippenkinder waren (ebd., S.22).

für das emotionale Innenleben ihres Kindes interessierte. Das führte dazu, dass die innere Objektszene bei Frau W. durch eine (destruktive) Atmosphäre von Sprachlosigkeit und Undifferenziertheit geprägt und von einfachen psychischen Prinzipien der Einverleibung und Ausstoßung beherrscht war. Darin gab es nur die Wahrheit der Mutter. Ein irgendwie vermittelnder Vater fehlte völlig, weil er entwertet war und die Ungetrenntheit mit der Mutter gestört hätte. Auf diesem Hintergrund, der mich sehr stark an die Staatsdoktrin der DDR erinnerte, in der das Individuum nicht wirklich geschützt war und keinen wirklichen Raum hatte, sondern quasi nach einem vorgegebenen Plan funktionieren sollte, hatte auch Frau W. einen vorgegebenen mütterlichen Plan internalisiert, nach dem sie auf der körperlichen (und in diesem Sinne äußeren) Ebene zu funktionieren versuchte und dabei zu verhungern drohte, weil sie keine Bewältigungsmöglichkeiten auf der psychischen (und in diesem Sinne inneren) Ebene hatte. Unbewusst reagierte sie mit massiven seelischen Rückzügen in eine allerdings chaotisch und beängstigend erlebte Innenwelt. Zwar war dieser Innenraum dauernd vom Bild einer verfolgenden Mutter bedroht; aber durch die mächtige Präsenz eines symbiotisch-idealisierten Mutterbildes konnte sich Frau W. auch immer wieder einigermaßen stabilisieren.

Im Laufe der Zeit wurde ihr der Gedanke zugänglicher und verständlicher, dass sie einerseits mit Hilfe ihrer zwanghaft anmutenden Gedanken an das Essen und dessen Zubereitung heftige Gefühle von tiefer Sehnsucht, Bedürftigkeit und trauriger Verlassenheit abzuwehren versuchte und andererseits mit ihrer hungernden Seite in eine trotzige Verweigerungshaltung verstrickt war, nicht so werden zu wollen wie die Mutter und diese zugleich, aber sozusagen »verhüllt«, um Hilfe zu rufen.

In meiner, ihr Selbst-Verständnis fördernden Begleitung konnte Frau W. langsam und in sehr kleinen Schritten ihre innere »Plattenbauwohnung« verlassen und neue Räume für sich entdecken. In der Beziehung zu ihrem Ehemann und zu Freunden gelang es ihr, sich im Hier und Jetzt anwesender zu fühlen und das, was ihr gut tat, zu genießen. In der Beziehung zu ihrer Mutter vermochte sie gegen Ende der Therapie, schon mal ihre »Tür« hinter sich zu schließen und somit Eigenes zu schützen. Ihr früher oft geäußertes Gefühl »eingemauert und zubetoniert« zu sein, hatte sich gemildert und der zaghaft wachsenden Empfindung »Ich selbst zu sein« einen Raum eröffnet.

Frau W. kam (nach den von ihrer Krankenkasse bezahlten Therapiestunden) noch regelmäßig bis Mai 2004 zu einer wöchentlichen Therapiesitzung, die sie selbst bezahlte. Ein Jahr zuvor war sie mit ihrem Mann aus der gemeinsamen Plattenbauwohnung in ein eigenes kleines Haus mit

Garten gezogen, was Frau W. (im Gegensatz zu ihrem Mann) nur sehr langsam, aber mit wachsender Freude über die neu gewonnenen Lebensräume und Lebensmöglichkeiten für sich entdecken und gestalten konnte. Lange Zeit fühlte sie sich nicht in der Lage, allein für sich oder für ein Kind, das sie sich inzwischen sehr wünschte, gut genug zu sorgen. Erst als Frau W. in Verbindung mit ihrem Entschluss, sich nach acht Jahren Therapie von mir zu trennen, ihre tiefe Traurigkeit spüren und die schmerzliche Einsicht zulassen konnte, dass es neben all dem Guten, was sie jetzt in ihrem Leben hat, das Paradiesische, was sie als Kind in der Beziehung zu ihrer Mutter so sehr vermisste und wovon sie vielleicht deshalb immer träumte, in ihrem Erwachsenenleben so nicht mehr geben wird, konnte sie sich vorstellen, selbst Mutter zu werden.

Literatur

Bildungs- und Erziehungsplan für den Kindergarten (1967). Berlin (Volk und Wissen, Volkseigener Verlag).

Huxley, A. (1978): Schöne neue Welt. Berlin (Das Neue Berlin).

Israel, A. (1992): Spezifische Konflikthaftigkeit sozialer Bedürfnisse in der Kindesentwicklung im Kontext der Sozialisationsbedingungen in der DDR. In: Gruppentherapie und Gruppendynamik, Band 28, Heft 3. Berlin.

Kühn, B. (1991): Gedanken zur Sozialgesetzgebung und der Krippenaufzucht in der DDR aus kinderärztlicher Sicht. In: Nyssen, F. (Hg.) (1991): Zur Diskussion über die Kinderkrippe. Frankfurt a. M. (Peter Lang), Europäische Hochschulschriften/11.

Ministerrat der DDR; Ministerium für Gesundheitswesen (Hg.) (1986): Programm für die Erziehungsarbeit in Kinderkrippen. Berlin (Volk und Gesundheit).

Schroeter, L. (1974): Kollektiverziehung im Spiel jüngerer Vorschulkinder. Berlin (Volk und Wissen).

Steiner, J. (1998): Orte des seelischen Rückzugs. Stuttgart (Klett-Cotta).

Szogas, P. (1991): Bericht über Besuche in Kinderkrippen in der ehemaligen DDR. In: Nyssen, F. (Hg.) (1991): Zur Diskussion über die Kinderkrippe. Frankfurt am Main (Peter Lang), Europäische Hochschulschriften/11.

Sicherheit für Selbst und Staat
Überlegungen zur Psychodynamik eines »Inoffiziellen Mitarbeiters«

Herr O. meldete sich 1997 nach einer abgebrochenen Gruppenpsychotherapie in meiner Praxis. Es stellte sich mir damals ein auffallend freundlicher, etwas verkrampft wirkender, gut aussehender 41-jähriger Mann vor, der durch sein zuvorkommendes und einsichtiges Verhalten versuchte, zu mir sofort einen dichten Kontakt herzustellen. Er klagte über ständige innere Unruhe- und Drangzustände, depressive Verstimmungen, fühlte sich angespannt, unter Druck und insgesamt labil und abhängig. Dadurch erlebte er sich in seinen Beziehungen sehr beeinträchtigt, fürchtete auch um den Bestand seiner Ehe. Das Ausmaß seiner inneren Anspannung und Beunruhigung registrierte ich damals am deutlichsten bei der Begrüßung an seinem eiskalten Händedruck. Sein Auftreten ließ in mir das Bild eines übereifrigen Kindes entstehen, das gewohnt war, mit vorauseilendem Gehorsam zu reagieren. Sein Bemühen, mich für sich einzunehmen, rief in mir zum einen so etwas wie Rührung hervor, zum anderen erlebte ich mich unangenehm vereinnahmt. Genauer beschrieben fühlte ich mich so, als raubte er mir meine Gedanken, indem er meine Worte regelrecht aufsaugte und sie wie die seinen wieder von sich gab. Ein klagender Unterton in der Stimme von Herrn O. erinnerte mich auch an ein sehr trauriges Kind, das Trost suchte. Zu der Frage, was er mit dieser Art seiner Kontaktaufnahme unbewusst bewirken wollte, kam mir in den Sinn, dass es ihm scheinbar ungemein wichtig war, von mir ohne wenn und aber sofort »aufgenommen« zu werden.

Diese Eindrücke versetzten mich in einen sehr zwiespältigen Zustand. Ich verspürte einen Druck, unverzüglich etwas für ihn tun zu müssen, einen Druck, der mich aber auch innerlich auf Abstand gehen ließ. In einer der darauf folgenden Sitzungen erwähnte Herr O. eher beiläufig den Grund seiner Krise. Er war 1991 wegen seiner früheren Tätigkeit als Inoffizieller Mitarbeiter (IM) bei der Staatssicherheit der DDR aus dem öffentlichen Dienst entlassen worden und anschließend in eine schwere depressive Krise geraten. Nachfolgende Therapien stabilisierten ihn nur vorübergehend. Meine anfänglich widersprüchlichen Gefühle erfuhren durch diese Information noch eine Verstärkung. Teils erlebte ich mich befremdet, teils bemerkte ich in mir aber auch ein wachsendes Interesse und Neugier. Ich verspürte den Impuls, genauer in Erfahrung bringen zu wollen, was ihn dazu gebracht haben könnte, mit dem Ministerium für Staatssicherheit

(MfS) zu kollaborieren, aber auch, wie er nach seiner Entlarvung weiter lebte und woran er jetzt litt. Gleichzeitig stiegen in mir Erinnerungen an meine eigene DDR-Vergangenheit auf. Mir fiel ein, wie sehr ich selbst aus Angst die Allgegenwart der Staatssicherheit in der DDR verdrängt hatte. Sogar nach der Wende verspürte ich zunächst den Drang, dieses Wissen bagatellisieren zu müssen.

Herr O. wurde während seines Hochschulstudiums, in dem er sich als besonders engagierter SED-Genosse hervortat, vom Staatssicherheitsdienst der DDR, den ich im Folgenden kurz charakterisieren möchte, geworben.

Das Ministerium für Staatssicherheit wurde im Februar 1950, vier Monate nach der DDR, gegründet. In Übereinstimmung mit den sowjetischen Beratern waren die Aktivitäten des MfS anfänglich überwiegend nach außen, vor allem nach Westberlin und Westdeutschland, ausgerichtet. 1957 trat Erich Mielke an die Spitze des MfS und bewirkte unter Anleitung von Walter Ulbricht einen Kurswechsel. Die staatssicherheitsdienstliche Aufmerksamkeit wurde nun betont auf das Landesinnere gerichtet. Dem lag die Vorstellung zugrunde, der Klassenfeind würde eine »Aufweichung und Zersetzung« der sozialistischen Staatengemeinschaft durch psychologisch ausgeklügelte Beeinflussung der Bevölkerung strategisch planen und betreiben. Jedes Denken und Handeln, das von den politischen, aber auch von den Normvorstellungen der SED-Führung abwich, wurde von 1957 an grundsätzlich in den Kontext »imperialistischer Feindtätigkeit« eingeordnet und somit zum Ziel der »konspirativen Abwehr« durch das MfS gemacht. 1979 waren nach den Unterlagen des Staatssicherheitsdienstes etwa 1,3% der 13,5 Millionen erwachsenen DDR-Bürger erfasste Inoffizielle Mitarbeiter. Weil das DDR-Regime offenbar davon irritiert war, dass es in Menschen etwas gibt, was sich einem kontrollierendem Zugriff entzieht, begann das MfS in den darauf folgenden Jahren auch Kenntnisse der »marxistisch-leninistischen Psychologie« unter dem Begriff der »Operativen Psychologie« einzusetzen. Die Stasi-Mitarbeiter sollten befähigt werden, den »Faktor Mensch« noch bewusster bei der Realisierung »operativer Prozesse« berücksichtigen und nutzen zu können. Ein Schwerpunkt der »Operativen Psychologie« war u. a. die Feststellung der Eignung von IM für bestimmte Aufgaben, aber auch die Überprüfung ihrer Ehrlichkeit und Zuverlässigkeit. Sie sollten weiterhin qualifiziert werden, zu anderen Personen vertrauensvolle Beziehungen herstellen und diese einschätzen zu können, um letztlich »staatsfeindliche Strebungen« möglichst früh unter Kontrolle zu bekommen. Der Einsatz solcher psychologischer Maßnahmen zielte auch darauf ab, die Bevölkerung zu verunsichern, vor allem kritische DDR-Bürger zu

Überlegungen zur Psychodynamik eines »Inoffiziellen Mitarbeiters«

diskreditieren, zu isolieren und zu disziplinieren. Das alles geschah verbunden mit der merkwürdigen Hoffnung, »gesellschaftsgemäße Einstellungsänderungen« zu bewirken. Mit diesen zersetzenden Maßnahmen wurde Druck ausgeübt und die Angst geschürt, man könnte gefährdet sein in seinen seelischen, sozialen und persönlichen Zusammenhängen. Wie schon erwähnt, liegt es im Charakter totalitärer Regime den inneren Feind bereits in Personen zu sehen, die das System nur kritisieren, ohne es abschaffen zu wollen. Jeder Kritik wird von solchen Systemen umstürzlerische Absicht unterstellt und damit Feindseligkeit. So musste kritisches Denken kriminalisiert, pathologisiert und wie für die DDR auch sehr charakteristisch, Fremdeinflüssen, also dem Klassenfeind, zugeschrieben werden. In dieser Haltung drückte sich natürlich auch die Panik eines von seinen Menschen nicht wirklich legitimierten Regierungssystems aus, das von seiner Bevölkerung eine fast hundertprozentige Zustimmung erwartete. Das paranoide Menschenbild der Stasi, das in einem Freund-Feind-Schema ausgelegt war, schloss aus, dass Kritik eine einfache menschliche Ursache, wie z. B. nur Unzufriedenheit haben könnte.

Das MfS schuf für die Bevölkerung der DDR, letztlich sogar für seine eigenen Mitarbeiter, eine eigenartig paranoide Situation, die Fuchs 1995 treffend beschrieb:

»Der IM sollte zum Stasi-Offizier ›volles Vertrauen‹ haben, der Mitarbeiter seinerseits soll im Vertrauen zum IM den Sicherheits- und Kontrollaspekt beachten, also ›wachsam‹ sein, ihm nicht voll vertrauen. Und der Bespitzelte oder ›Zersetzte‹ soll dem IM möglichst vertrauen, der IM soll sein Vertrauen aber bloß ›vertraulich‹ vortäuschen.« (Behnke und Fuchs 1995, S. 66)

Herr O. gab dem Werben der Staatssicherheit nach, weil er glaubte, damit die Entwicklung der sozialistischen Gesellschaft zu unterstützen. Er identifizierte sich mit den Zielen dieses Staates und hoffte durch seine Mitarbeit bei der Staatssicherheit anderen Menschen den »richtigen Weg« weisen zu können. Auf die Idee etwas Unrechtes zu tun, ist er nicht gekommen. Auch meinte er, nur Informationen weitergegeben zu haben, die niemandem wirklich schadeten. Gleichzeitig fühlte er sich durch das »Vertrauen«, das ihm durch die Stasi entgegengebracht wurde, herausgehoben und mächtig.

Herr O. hatte sich nach der Wende 1991 als IM geoutet und unterschied sich darin von der Masse der IM, die sich erst in der Konfrontation mit ihrer Täterakte zu erkennen gaben. Daraufhin war er aus dem öffentlichen Dienst entlassen worden. Für ihn brach eine Welt zusammen. Er hatte

Verständnis und Anerkennung dafür erhofft, dass er sein »unrechtes Handeln« zugab. Auch fühlte er sich verraten von den Menschen aus seiner Umgebung, wie z. B. von seinen Eltern und seinen Kollegen, die er selbst als Sympathisanten des DDR-Regimes erlebt hatte und die jetzt über ihn richteten oder sich von ihm abwandten.

Angst, Anpassung, Kollaboration und Denunziation – Aspekte einer Lebensgeschichte

Herr O. ist das jüngere von zwei Kindern. Nach seiner Geburt lag er mehr als zwei Monate wegen lebensbedrohlicher Ernährungsstörungen – er behielt keine Nahrung bei sich – im Krankenhaus. Seine Mutter war wenige Tage nach der Entbindung an einer Brustdrüsenentzündung erkrankt. Nach zwei Monaten drang die Mutter, weil er im Krankenhaus noch eine schwere Hauterkrankung entwickelt hatte und völlig wund war, auf Entlassung ihres Sohnes.

Der Zustand ihres Säuglings, der nur in geringen Mengen Nahrung zu sich nehmen konnte und deshalb sehr viele Mahlzeiten täglich benötigte, schien sie dann aber doch sehr zu ängstigen und physisch und emotional zu überfordern. Die Mutter, die für DDR-Verhältnisse untypisch drei Jahre zur Betreuung ihres Sohnes zu Hause blieb, arbeitete später als Hygieneinspektorin.

Herrn O.s 1995 verstorbener Vater war Zeichner und Pressegestalter bei einer Zeitung. Er stammte aus einer sozialdemokratischen Arbeiterfamilie, wurde 17-jährig noch als Flak-Helfer eingezogen und geriet in russische Kriegsgefangenschaft, aus der er jedoch seiner Jugend wegen nach drei Monaten entlassen wurde. Aus den Kriegserfahrungen heraus trat der Vater der SED bei. Weil er gut zeichnete, wurde der gelernte Maler Zeichner bei einer Zeitung. 1948 verhafteten ihn die russischen Besatzer wegen einer von ihm gezeichneten kritischen Karikatur. Durch die Fürsprache seiner Kollegen kam er wieder frei. Seit diesem Ereignis folgte er nur noch der von der Partei vorgegebenen Linie und meldete nie wieder offen Zweifel oder Kritik an. Sein Berufsleben gestaltete sich danach recht erfolgreich, so dass er später sogar mit dem »Vaterländischen Verdienstorden« ausgezeichnet wurde.

Die politische Gesinnung des Vaters war wohl auch dafür ausschlaggebend, dass Herr O. schon mit 18 Jahren der SED beitrat. Er tat sich aber auch schon vorher – gemäß dem Leitspruch des Vaters, dass man nicht nur Nutznießer sein dürfe, sondern sich im Sinne von Partei und Regierung einsetzen müsse – durch sein Engagement in Pionierorganisation und FDJ hervor. Den

Überlegungen zur Psychodynamik eines »Inoffiziellen Mitarbeiters«

Vater beschrieb der Patient als schwach, zwanghaft ordentlich und genau. Meist ordnete er sich der Mutter unter, grollte aber ewig und redete dem Patienten in alles hinein. Das verstärkte in dem Patienten Gefühle tiefer Verunsicherung, denen er versuchte dadurch zu entkommen, dass er sich mit den Haltungen und Ansichten des Vaters identifizierte. Nach Ansicht von Herrn O. dominierte zu Hause die Mutter, die er ebenfalls überaus ordnungsliebend beschrieb. Sie war diejenige, die ihn heraushob, aber auch streng und unnachgiebig reagierte, wenn er nicht ihren Erwartungen entsprach.

Als Herr O. etwa sieben Jahre alt war, ließen sich die Eltern scheiden. Diese Trennung war für ihn ein Schock, auch weil sie ihn völlig unvorbereitet traf. Der Vater erklärte ihm damals, er sei jetzt nicht mehr sein Vater. Die Eltern lebten dann ein Jahr mehr oder weniger getrennt. Aus dieser Zeit erinnert Herr O. Gefühle totaler Verwirrung und tiefster Einsamkeit, auch Suizidgedanken. Seine Schwester unternahm in dieser Zeit tatsächlich einen Suizidversuch. Er versuchte sich um die Mutter, die fast die gesamte Trennungszeit über krank war, zu kümmern. Der Vater ließ den Kontakt zu den Kindern fast abbrechen. Nach einem Jahr heirateten die Eltern genauso überraschend wieder, wie sie sich vorher getrennt hatten. Das Familienleben ging »normal« weiter, ohne dass je über die Trennung bzw. über den Suizidversuch der Schwester gesprochen wurde.

Die häusliche Atmosphäre war überwiegend von den Harmoniestrebungen der Eltern geprägt, die von ihren Kindern Unterordnung, Gehorsam und Anpassung erwarteten. Zwischen den Geschwistern kam es jedoch des Öfteren, auch weil die Schwester den Patienten bevorzugt erlebte, zu Spannungen. Die Eltern hielten ihren Sohn dazu an, die Schwester, die sich scheinbar mehr den Erwartungen der Eltern entzog, zu »denunzieren«. Er bekam z. B. den Auftrag, die Schwester, die ab und zu die Schule bummelte, Unterschriften der Eltern fälschte, schlechte Noten verheimlichte, ihr Essengeld für andere Dinge ausgab oder ihre Frühstücksbrote wegwarf, zu »überwachen« und den Eltern Mitteilung über ihre »Verfehlungen« zu machen. Diese Erwartung der Eltern wertete ihn zum einen auf und gab ihm ein Gefühl von Macht über die ältere Schwester, von der er sich dann auch ab und zu dafür bestechen ließ, sie nicht an die Eltern zu verraten. Zum anderen brachte ihn diese Erwartung der Eltern aber auch sehr unter Druck, denn er fühlte entweder ihnen gegenüber eine große Verpflichtung, sich angepasst und ohne Fehl und Tadel verhalten zu müssen oder er erlebte sich von Schuld erfüllt, wenn er nicht ihren Vorstellungen entsprach.

Die Harmoniewünsche der Eltern drückten sich auch darin aus, dass man viel miteinander sprach. Diese Gespräche erlebte Herr O. jedoch seltsam leer und der Oberfläche verhaftet. Somit existierte eine eigenartige »Sprachlosigkeit«, die eine tiefere Kontaktaufnahme erschwerte, vielleicht sogar verhinderte.

Drei Jahre ging er in den Kindergarten. Später in der Schule verhielt er sich überangepasst, war leistungsstark und Liebling der Lehrer. Er war ungemein bemüht, die Erwartungen der Lehrer zu erfüllen. Dafür wurde er von Klassenkameraden oft verspottet und abgelehnt.

Nach dem Abschluss der 10. Klasse machte Herr O. eine Berufsausbildung mit Abitur, das er, wie auch sein anschließendes sozialwissenschaftliches Hochschulstudium, überaus erfolgreich abschloss.

1979 warb ihn der Staatssicherheitsdienst. Er meinte damals eingesehen zu haben, dass die »Feinde der DDR« aufgespürt werden mussten und fühlte sich durch die Werbung geschmeichelt und wichtig. Bis drei Jahre über das Ende der DDR hinaus führte Herr O. noch ein Doppelleben, denn niemand wusste etwas von seiner IM-Tätigkeit. Als seine Frau davon erfuhr, geriet ihre Beziehung in eine schwere Krise. Sein bisher auf Sicherheit durch Anpassung aufgebautes Leben geriet völlig ins Wanken. Nach gescheiterter beruflicher Selbständigkeit und kurzer Arbeitslosigkeit arbeitete Herr O. als Sozialarbeiter in einer kirchlichen Einrichtung, die Straßenkinder betreut. Seit Kurzem bekleidet er eine Leitungsfunktion im sozialen Bereich.

Seine Frau, mit der er drei Kinder hat, von denen das erste bei der Geburt verstarb, lernte er während seines Studiums kennen. In seiner Erinnerung bemühte sie sich damals mehr um ihn als umgekehrt. Ihr Interesse schmeichelte ihm und wertete ihn auf. Der Tod ihres zu früh geborenen ersten Kindes belastete seine Frau und ihn sehr und erfüllte beide mit Schuld. Auch in seiner Ehe war Herr O. sehr um Harmonie bemüht. Obwohl er meinte, seine Frau immer sehr unterstützt zu haben, erlebte er sie häufig mit ihm unzufrieden. In seinem Wunsch, die Harmonie zu erhalten, steckte er viel ein und ignorierte eigene Bedürfnisse und Gefühle von Unzufriedenheit. Infolgedessen geriet er immer wieder psychisch stark unter Druck, der sich zeitweise in Form körperlicher Gewalt gegenüber seiner Frau entlud. Auf diese, von ihm sehr schuldhaft erlebten Ausschreitungen, reagierte er mit erneuter Überanpassung. Zu seinen Söhnen hat Herr O. ein sehr enges Verhältnis. Genau wie er es aus seiner Kindheit kannte, redete er viel mit ihnen, jedoch fühlte er sich auch ihnen gegenüber oft unfähig, Grenzen zu ziehen. Seit Ende 2001 lebt Herr O. getrennt von seiner Frau. Der ältere Sohn wohnt bei ihm, der jüngere bei seiner Frau.

Das Bündnis mit den Mächtigen oder wieso aus einem Verfolger ein Verfolgter wurde – Aspekte einer Behandlungsgeschichte

Die analytische Therapie des Patienten, die mit zwei Wochenstunden im Liegen stattfand, gestaltete sich anfangs schwierig: Herr O. redete in den Sitzungen viel, zeigte sich überaus aktiv und bemüht bzw. schien sehr rasch zu Einsichten zu kommen, die er dann auch versuchte, sofort umzusetzen. Bei all dem wirkte er jedoch unlebendig und unecht, wodurch in mir der Eindruck entstand, in Herrn O. einem Menschen zu begegnen, der kaum inneren Halt hatte. Schon die Begrüßung zeigte mir, dass es ihm nicht gelang, sich den Raum zu nehmen, mich zu begrüßen und dabei bei sich zu bleiben. Sobald ich das Wartezimmer betrat, schnellte er vom Stuhl hoch und streckte mir schon von weitem die Hand entgegen. Nicht allein diese Beobachtung verfestigte in mir den Eindruck, dass Herr O. sehr davon getrieben war, sich schnell mit mir zu identifizieren. Er hatte wohl die Vorstellung, als unterliege alles, was er tat, fühlte und sagte, meiner ständigen, übermäßig strengen Kontrolle und Bewertung. Mich schien er als eine Person wahrzunehmen, die von ihm Unterwerfung und Anpassung forderte.

Ich erlebte Herrn O. in einer Art »Kokon«, also in einer abgeschlossenen Welt, die mich einschließen sollte. Es schien ihm kaum möglich, sich und mich als getrennte Personen wahrzunehmen. Unterschiede in unseren Meinungen oder in unseren Gefühlen und Stimmungen waren für ihn extrem beunruhigend. So saß er mir regelrecht unter der Haut und wusste scheinbar immer schon, was ich wusste. Selten wagte er anfangs Gefühle und Ansichten zu äußern, die sich von den meinen unterschieden. Ich fühlte mich infolgedessen oft ausgeleert und vorübergehend meiner Fähigkeit zum Nachdenken beraubt. Diese »Kernlosigkeit« des Patienten, die sich in seinem absoluten Gehorsam und in seinem Mangel, eigenständig zu denken und zu handeln zeigte, schien auch im Zusammenhang mit dem Fehlen eines reifen Gewissens zu stehen. In der Beziehung zu mir zeigte sich das auch in seinem schon erwähnten Mangel an Lebendigkeit und in seinem pseudoautonomen Gebaren, hinter dem ich allmählich den von panikartigen Ängsten erfüllten »wimmernden Säugling«, der keine Nahrung aufnehmen und behalten konnte, zu vermuten begann. Im übertragenen Sinne schien es ihm mit der »analytischen Nahrung« ähnlich zu ergehen. Er konnte sie lange Zeit ebenso wenig »behalten« bzw. gab sie mir häufig »unverdaut« wieder.

Ich möchte dieses Phänomen noch etwas näher beschreiben. Jeden Deutungsversuch griff Herr O. ungemein bereitwillig auf. Aber es war lange Zeit so, als könne ich ihm nur Worthülsen bieten, die er, ohne sie mit Leben erfüllen zu können, einfach so benutzte, um sich vor seiner inneren Leere zu schützen. Da er anfänglich kein Erleben eines eigenen abgegrenzten Raumes hatte, in dem er Teile oder Eigenschaften anderer Personen in der Phantasie aufbewahren konnte, war er wohl häufig auf Imitation und das Sammeln meiner Wörter begrenzt, um für sich etwas von mir festzuhalten. Er stellte sofort eine Übereinstimmung mit mir mehr in der Oberfläche als in den Inhalten von Worten her (vgl. Staehle 1997). Damit verpuffte oft der Sinn meiner Deutungen. Zum einen führte das dazu, dass Herr O. sich immer wieder zu wenig beachtet fühlte, zum anderen erlebte ich mich dadurch zeitweise übermäßig angestrengt, wodurch er für mich dann schwierig und ermüdend wurde (ähnlich wie für die Mutter des Patienten, die sich scheinbar von seiner Existenz überfordert fühlte). Dadurch, dass dieser von Panik erfüllte, hilflose Säugling in ihm für mich allmählich wahrnehmbar wurde, fiel es mir nicht mehr so schwer, geduldig zu sein. Trotzdem musste ich immer wieder darauf Acht geben, mein Verstehen-Wollen nicht zugunsten des Handelns aufzugeben.

Die Sitzungen waren lange Zeit angefüllt von Berichten des Patienten über seine Kindheit. Ich verstand diese Berichte u. a. als seinen Versuch, meinen Erwartungen zu entsprechen, weil er die Vorstellung mitbrachte, dass das Inhalt einer analytischen Therapie wäre. In anderen Stunden beschrieb Herr O. sein berufliches Engagement für die von ihm betreuten Straßenkinder, die er alleingelassen und jeden Rechtes beraubt erlebte und die »der Staat am liebsten abschieben möchte«. Dies schien sein metaphorischer Hinweis darauf zu sein, dass sein wirkliches Ich wie ein »kleines Straßenkind« war, das sich nicht entfalten durfte, weil niemand an ihm interessiert schien. Er meinte gerechter, aufopferungsvoller und mitfühlender diesen Kindern gegenüber sein zu müssen als die sonstige Umwelt. Diese moralischen Forderungen an sich selbst setzen ihn aber auch immer wieder maßlos unter Druck und ließen ihn nicht richtig lebendig werden. Herr O. erinnerte, dass das moralische Bild, das die Eltern von sich und ihren Kindern aufrecht erhielten, durch ähnliche Forderungen geprägt war. »Wir waren eine Familie, die nicht aggressiv war, sondern uneigennützig, loyal und gerecht, eben besser als andere.« Unangenehmes, Ungerechtigkeiten bzw. Destruktives wurde allein der Umgebung zugeschrieben.

Zwar förderten die Stunden bei Herrn O. allmählich panikartige Angstgefühle und zerstörerische aggressive Impulse zu Tage, sie mussten aber von ihm, wie nachfolgend beschrieben, immer wieder abgewehrt werden. In vielen Sitzungen klagte er z. B. über außenstehende Personen (er erlebte oft, dass Frau, Mutter oder Kollegen über ihn verfügten, ihn klein machten oder anzweifelten). Diese »Anklage«, die ich als Kommentar zu unserer Beziehung verstand, durfte jedoch lange Zeit zwischen uns nicht direkt besprochen, noch viel weniger spürbar werden. Herr O. verlagerte immer wieder unerträgliche Spannungen nach außen. Er befreite sich von seinem Konfliktdruck, indem er versuchte, alles »Böse und Feindliche« aus unserer Beziehung herauszuhalten und damit eine Art Harmonie herzustellen. In einer der Sitzungen erzählte Herr O., dass er von einer westlichen Kollegin nach seiner Ansicht zur gerichtlichen Verurteilung von Egon Krenz befragt wurde. Er zögerte lange mir seine Meinung, dann müsste man ja die ganze DDR einsperren, mitzuteilen. Ich deutete ihm seine Angst, ich könnte seine Haltung nicht teilen und ihn schuldig sprechen. Daraufhin sprach er über seine Furcht, entweder ich oder er selbst – sage er seine Meinung – bewerfe ihn mit Dreck. Herr O. assoziierte im Zusammenhang damit auch sein Bündnis mit den Eltern gegen die »böse Welt«, gegen die rebellierende Schwester, aber auch mit der Stasi gegen die »Feinde der DDR«.

Seine Vorstellung, er habe sich für »das Gute gegen das Böse« engagiert, verdeutlichte sich auch in der folgenden Geschichte: Als eine Klassenkameradin, von der er wusste, dass sie der Kirche angehörte, einen Posten in der FDJ anstrebte, trug er das den Mitschülern und Lehrern zu. Daraufhin bekam das Mädchen den Posten nicht. Er erlebte damals keinerlei moralische Bedenken, weil es für ihn nur ein »dafür oder dagegen« gab.

Aber jetzt fühlte er sich offenbar mir gegenüber schuldig. Eine Reaktion darauf bestand darin, sich müde und lustlos in den Sitzungen zurückzuziehen. Dadurch aber geriet er massiv unter Druck. Angesprochen auf diesen Druck, registrierte er in sich die Angst, ich könnte wegen seines mangelnden Engagements und seiner Unzuverlässigkeit den Kontakt zu ihm abbrechen. »In der Therapie gibt es für mich nur ein dafür oder dagegen. Ich habe an mich die Erwartung, als ganzer Mensch hinter der Therapie zu stehen oder gar keine Therapie zu machen.«

Auch dem analytischen Setting, wie er es verstand, schmiegte Herr O. sich hundertprozentig an. Alle Regeln hielt er lange Zeit genauestens ein, kam nie zu spät, meldete Ausfallstunden immer schon frühzeitig an und bezahlte Rechnungen stets pünktlich. Auch auf diesem Wege versuchte er schuldlos zu bleiben, sowie Liebe und Anerkennung, aber auch immer wieder Anweisung zu bekommen. So setzte er anfangs alle Hebel in Bewegung, keine Sitzung ausfallen zu lassen, um keinerlei diskrepante Gefühle mir gegenüber, wie z. B. seinen Ärger über das Zahlen von Ausfallhonoraren, verspüren zu müssen. An einer anderen Stelle der Therapie machte er sich Vorwürfe darüber, dass er eine Sitzung nach einer schweren Zahnbehandlung kurzfristig absagen musste. »Ich habe mich wieder einmal überschätzt. Ich habe gedacht, etwas Ruhe und dann geht es schon wieder. Sonst hätte ich mir doch einen anderen Zahnbehandlungstermin geben lassen.« Immer wieder schilderte Herr O. auch Szenen aus seiner Kindheit, die ihn als einen übereifrigen und um Erwartungserfüllung bemühten Jungen zeigten. In der Schulzeit trug er anlässlich der Maidemonstration unaufgefordert ein von ihm selbst verfasstes Plakat mit der Aufschrift: »Für mehr Wettbewerb«. Er habe damit anspornen und gegen die verlogene Bequemlichkeit vorgehen wollen. Es traf ihn tief, dass er aber nur Kritik von den Lehrern wegen seiner Eigenmächtigkeit erhielt und Spott und ein mitleidiges Lächeln von seinen Mitschülern.

Gelegentlich kritisierte Herr O. sich selbst als faul und wenig anstrengungsbereit, ebenfalls Ausdruck seines übermäßig strengen, unreifen Gewissens. In diesem Sinne verstand er auch, was ein Arzt nach seiner Geburt auf die Fieberkurve geschrieben hatte: »Schreihals«. Nur allmählich wurde ihm bewusst, dass diese Gefühle die Folge seines Anspruches an sich selbst waren, moralischer und besser sein zu müssen als andere, um damit sein eigenes »Schreien« abwehren zu können. In der DDR verfolgte er dann andere »Schreihälse«.

Herr O. erlebte auch mich des Öfteren vorwurfsvoll bzw. sah in mir seine durch ein »du darfst nicht und du sollst nicht« geprägte mütterliche Welt. Vor allem in der »Stasi-Szene« verdeutlichte sich klar diese mütterliche Welt. Mich erlebte er als jemanden, der ihn ständig »überwachte oder bespitzelte« und mit dem er deshalb kollaborieren musste. Unbewusst war ich im übertragenen Sinne die Stasi und er der Klassenfeind, der sich gegen die DDR vergangen hat. Infolgedessen produzierte er häufig Pseudoeinsichten, die ihn anfänglich nicht wirklich wachsen und gedeihen ließen, sondern nur der Abwehr angstmachender, bedrohlicher Erfahrungen, die für ihn mit dem Getrenntsein aufkamen, dienten. Infolgedessen waren Trennungsgefühle lange Zeit im Übertragungsgeschehen direkt kaum zu beobachten. In einer der Sitzungen, in der Herr O. erstmals ausführlicher über seine Stasivergangenheit erzählte, äußerte er: »Ich kann nur die Sonnenseite des Lebens ertragen, alle unangenehmen Gefühle, schwierigen Erfahrungen und Anforderungen stellen mich total in Frage.« Er stellte im Zusammenhang damit dar, wie sehr er sich einerseits durch das Angebot der Stasi geschmeichelt und aufgewertet erlebte, andererseits aber auch Bedrohung empfand, der er versuchte dadurch zu entgehen, dass er mit der Stasi kollaborierte. Eine Ablehnung war für ihn mit existentieller Vernichtung gleichgesetzt.

Inzwischen erlebte Herr O. bewusster, mit wie viel Panik ihn die Kontaktaufnahme mit seinem inneren Erleben, vor allem mit der bedürftigen Seite seines Selbst (das verbunden ist mit existentiell bedrohlichen Angstgefühlen), erfüllte und dass er mir die Funktion zukommen lassen wollte, ihm seine Angst zu nehmen. Enttäuschte ich diese Erwartung, wurde ich lange Zeit zu seinem Verfolger.

An Hand von Ausschnitten aus zwei Behandlungsprotokollen vom Oktober 1999 und November 2000 möchte ich die Angst des Patienten vor Fühlungsnahme mit seinen traumatischen Erfahrungen und die damit zusammenhängende oben beschriebene Abwehr verdeutlichen.

Ausschnitte aus zwei Behandlungsstunden

Es handelte sich um die erste Sitzung in einem neuen Quartal. Herr O. bemerkte, dass er seine Versicherungskarte vergessen hatte, die er aber in der vorangegangenen Sitzung bei sich trug. Er erschien völlig irritiert und über die Maßen erschrocken, eine Reaktion, die in keinem Verhältnis zum Anlass stand.

Er berichtete sofort davon, dass er sich in den letzten Tagen »sehr schlecht, kalt und ohnmächtig« gefühlt hatte. Für ihn hing das auch mit der letzten Stunde zusammen, in der wir über seine Angst vor »unangenehmen Gefühlen« sprachen. »Und jetzt mit der Karte, dass ich so negativ eingestellt sein könnte, das stört mich. Ich will Sie nicht verletzen und will nicht, dass Sie Nachteile haben. Trotzdem will ich auch, dass Sie sich nach mir richten. Ich konnte ja auch meine Mutter ziemlich beeinflussen.«

Mit klagendem Unterton erzählte er rasch weiter, dass es Streit mit seiner Frau gegeben hatte. Sie war mit ihm unzufrieden gewesen, weil er, als er sie vom Bahnhof abholte, nicht auch noch die Tasche ihrer Kollegin trug. Er habe sich große Mühe gegeben, pünktlich am Bahnhof zu sein und dann erntete er eine solche Reaktion. »Ich kann machen was ich will, immer zerrt man an mir herum. Ich hatte nur Ruhe, wenn ich genau das machte, was die Eltern wollten. Ich habe manchmal so einen richtigen Rochus auf Frauen, z. B. auf meine Mutter.« Er erzählte dann davon, dass seine Mutter ihren jetzigen Freund nur ausnutzen würde und wie verwandt er sich solchen Männern fühlt (bei all diesen Äußerungen wirkte der Patient unlebendig, verkrampft und unecht, so als könnte er weder seine Furcht, noch seine Wut und seine Unzufriedenheit, die er ansprach, spüren). Herr O.

reihte ein Erlebnis an das andere ohne scheinbar den Wunsch zu verspüren, einzelnen Erfahrungen vertieft nachzugehen. Ich registrierte das als seinen Versuch, diese für ihn bedrohlichen Gefühle von Wut und Unzufriedenheit auch in unserer Beziehung abzuwehren. Ohne seine Verärgerung über mich wegen meiner anfänglichen Frage nach seiner Karte direkt anzusprechen, versuchte ich zunächst aufzugreifen, wie schwer es ihm fällt, kritischen oder trennenden Gedanken und Gefühlen überhaupt einen Raum zu geben. Daraufhin bemerkte Herr O. u. a.: »Ich vertrage ja auch keine Kritik, tue ich was Gutes, will ich auch der Gute sein. Ich werde dann egoistisch und kümmere mich nur noch um meine Sachen.« Er reagierte sofort selbstentwertend, um diese Gefühle mir gegenüber nicht spüren und leben zu müssen und wirkte dabei wie ein »gelernter Patient«, der für einen progressiven Therapieverlauf formelhaft Einsicht demonstrieren musste.

»Meist zeige ich ja meinen guten Willen und bekomme dann noch eine vor den Kopf. Ich merke schon, wie dann meine Aggressionen hoch kommen. Ich möchte dann keinen Menschen sehen, sonst würde ich explodieren. Ich ärgere mich so, wenn meine Wege gestört werden, dass die Dinge, die ich tue, nicht hingenommen und toleriert werden. Davon hängt der Frieden ab, ob ich angepasst bin oder nicht.« Seine Kritik an mir konnte er hier nur verschoben auf seine Frau äußern. Oft sei er sehr enttäuscht, weil er immer wieder versuche, seiner Frau zur Seite stehen, die das umgekehrt meist nicht für nötig halte. Vor allem jetzt, wo sein Arbeitsplatz gefährdet sein könnte, treffe ihn das tief.

»Ich wünsche mir ja nur, dass sie mir mal sagt, jetzt bin ich eben mal die Zuverlässige. Sie sagt dann aber, das geht nicht und dann wird mir kalt. Die Ratten verlassen das sinkende Schiff. Ich merke dann, wie ich mich aktiviere, um etwas gegen die Panik zu machen – z. B. übereifrig werde.«

Weil Herr O. eingangs einen unerträglichen Konflikt mit mir erlebte, in dem er eigene und von mir erwartete Feindseligkeit wegen der vergessenen Krankenversicherungskarte panisch fürchtete, versuchte er weiterhin diesen Konflikt auf die Beziehung zu seiner Frau zu verschieben. Damit war die Situation zwischen uns für ihn erträglich gestaltet.

Im Anschluss erinnerte er die Scheidungszeit der Eltern. Die Mutter, um die er sich kümmerte, »wälzte sich nur auf der Couch und der Vater war weg. Es war für mich alles wie hinter einem Schleier, die Räume waren tot«. Der Konflikt mit mir – so verstand ich seinen letzten Einfall – bedeutete für ihn auch das Zusammen-Sein mit einer bedrohlich depressiven Mutter bei Abwesenheit des Vaters. Am Ende der Stunde bemerkte er noch, dass er sich so unfrei und abhängig fühle und dass er das nicht wolle.

In einer Sitzung ein Jahr später berichtete Herr O., dass er schon die ganze Woche über Bauchschmerzen hatte und sie jetzt im Wartezimmer allmählich verschwunden waren. »Ich hatte so einen Hungerbauch, Luftbauch.« Er erinnerte sich jetzt, wie seine Mutter ihm, als, er vier oder fünf Jahre alt war, den Bauch massierte und die Schmerzen dann weggingen.

»Sie sind wohl dann auch so was, wie meine Mutter, jedenfalls fühle ich mich hier nicht so allein und dann wird es besser.« Herr O. interpretierte sich sofort, um Abstand zu einem guten Gefühl zu bekommen. Ich verspürte in diesem Augenblick gleichermaßen den Wunsch ihn ein Stück auf Abstand halten zu müssen und für ihn etwas tun zu wollen. Ohne Übergang berichtete er weiter von dem Gespräch mit seiner Mutter, die ihm erstmals erzählt hatte, dass seine Ernährungsstörungen lebensgefährlich und sie deshalb voller Sorge um ihn gewesen war. »Und irgendwie ist das noch heute so, ich denke vielleicht heute noch bei den Bauchschmerzen ans Sterben. Ich hatte wohl fürchterliche Angst (dabei wirkte er unruhig und angespannt). Es ist immer wie ein Überlebenskampf, ich rackere mich ab, als ob es mir immer ans Leben geht.« Wieder verhängte er ein Deutungsraster über seine unmittelbaren Erfahrungen, noch bevor ich etwas in dieser Richtung sagen konnte. Und wieder erlebte ich ihn wie ein übereifriges Kind. An die verschwundenen Bauchschmerzen denkend, deutete ich ihm, dass zwischen uns seine Angst und Panik nicht so recht spürbar werden soll, vielleicht weil das zu bedrohlich wäre. Daraufhin fing er heftig an zu weinen.

»Ja, sie (er meinte seine Mutter) hat mir sehr geholfen, (obwohl ich von seiner Situation in der Therapie sprach, ging er auf seine frühkindlichen Erfahrungen zurück). Aber es ist so, als gäbe es nur ein Überleben in ihrer Nähe und wenn ich mal ein paar Schritte allein mache, kommt gleich die Angst, es passiert etwas Bedrohliches oder ich werde bestraft. So nach dem Motto der Eltern: Wir haben es dir doch gleich gesagt, dass das nicht gut geht. Sie haben nie gesagt, dass es auch normal ist, Schwierigkeiten zu haben. Und das begegnet mir immer wieder, wie jetzt bei meinem Schritt in ein neues Berufsleben. Mit der Entscheidung bin ich allein, ich entscheide mich und muss mich von Dingen trennen und das ist ungemein schwer. Und dann mache ich mir viele Gedanken, was mich erwarten wird. Ich merke, wie wenig ich daraus schöpfen kann, was mir bisher gelang. Als ich vorhin weinte, da hat es richtig im Unterbauch gegluckert, nach oben wurde mir leichter (ich dachte auch gerade, dass der Patient eben lebendiger wirkte). Höre ich aber auf zu weinen, kommt der Bauschmerz allmählich wieder. Da ist wohl 'ne Menge Angst und Schmerz drinnen. Es ist für mich eine entsetzliche Vorstellung, dass ich fast gestorben wäre. Es wird so schwer, groß, so schwarz, unheimlich. Da ist so 'ne Stille und so eine große Angst davor.« Ich erlebte den Patienten zwar tief traurig, zugleich aber wieder in seinem »Kokon«, der in dieser Stunde aus einem narzisstischen Gedankengebäude bestand. Dieses nur auf sich selbst bezogene Gedankengebäude diente dazu, seine Bedürftigkeit unmittelbar in der Beziehung zu mir nicht zulassen zu müssen. Wir sprachen anschließend über seine Angst, die sich immer dann besonders heftig einstellte, wenn er sich allein gelassen fühlte. Er erzählte daraufhin, dass er damals im Krankenhaus auch noch Ausschlag bekam und man ihm Stulpen über die Hände zog, damit er sich nicht aufkratzte. Er schloss an: »Ich habe immer gedacht, man hätte mich damals gefesselt. Dieses, ich kann mich nicht anfassen, mich nicht berühren, das ist schrecklich für mich, eine fürchterliche Vorstellung.« Ich deutete ihm, dass er sich auch in der Beziehung zu mir immer wieder davor fürchtete, sich berühren zu lassen, als sei es zu schmerzhaft. Für einen Augenblick hielt er inne und schwieg.

Er setzte das Gespräch mit dem Gedanken fort, dass er auch heute nicht essen kann, wenn er sich hilflos und ängstlich fühlt. Manchmal denke er, dass das auch etwas Verweigerndes habe.

Wenn ihm aber was verweigert wird, bekommt er sofort Bauchschmerzen und denkt, er schafft es nicht. Wieder griff er meine Deutung nicht in ihrem unmittelbaren Inhalt auf. Er sprach zwar von seiner Verweigerung, nahm aber nicht wahr, dass das seine momentane Haltung in der Sitzung war. So versuchte er die früh erlebte, existentiell bedrohliche Verlassenheit, die ihm »unverträglich und unverdaubar« erschien, abzuwehren.

Dann beschrieb er nochmals seinen Blick auf sich als Baby. »Als ich dann voller Pusteln war, ein kodderiges, vollgeschissenes Baby, da wollte mich keiner hoch nehmen. Ich habe mich dann so hingequält. Bis die Mutter zu ihrem Geburtstag darauf drang, mich nach Hause zu nehmen. Sie sagte, sie habe sich ein Geburtstaggeschenk gemacht, na ja!... Ja, ich werde dann zum Kotzbrocken, fühle ich mich kodderig.«

Hier verdeutlichte sich, mit wie viel Abscheu er dieses Baby von damals beschrieb, worin sich seine unbewusste Absicht, sich auch von mir nicht aufnehmen lassen zu wollen, widerspiegelte. Gleichzeitig verdeutlichte auch diese Szene die unstillbare Sehnsucht des Patient nach liebevoller Geborgenheit.

Abschließende Überlegungen

Seine lebensbedrohlichen Ernährungsstörungen und die damit verbundene frühe Trennung von der Mutter hinterließen in Herrn O. ein Gefühl tödlicher Bedrohung, ein Gefühl »nicht da sein zu sollen«. Um diesem unerträglichen Empfinden, das diese frühe Traumatisierung mit sich brachte, entgehen zu können, legte sich der Patient eine »zweite Haut« zu (vgl. Bick 1995). Dieser Mechanismus der »Zweithaut-Bildung«, von mir als »Kokon« bezeichnet, sollte ihn vor wirklichem Kontakt schützen. Esther Bick stellte die These auf, dass Persönlichkeitsteile in ihrer primitivsten Form so empfunden werden, als gäbe es eine Kraft, die einen Zusammenhalt unter ihnen schafft. Diese innere Funktion des Kindes, Teile des Selbst aufzubewahren, ist nach Bick anfänglich von der Introjektion eines äußeren Objektes abhängig, das als fähig erlebt wird, diese Funktion zu erfüllen. Später löst die Identifikation mit dieser Funktion des Objektes diesen unintegrierten Zustand ab und lässt die Phantasie von inneren und äußeren Räumen entstehen. Dieses bewahrende Objekt wird nach Bick am Anfang des Lebens konkretistisch als eine Haut erfahren. Ein Misslingen des Prozesses dieser ursprünglichen Hauterfahrung ist das Ergebnis entweder einer mangelhaften Eignung des tatsächlichen Objektes oder eines phantasierten Angriffes auf das Objekt, das die Introjektion beeinträchtigt. Es leitet Operationen ein, die dazu führen, dass der betreffende Mensch zu einer »Zweithaut-Bildung« neigt, die durch den unangemessenen Gebrauch bestimmter geistiger Funktionen bestimmt sein kann – wozu vielleicht angeborene Begabungen benutzt werden – mit dem Ziel, einen Ersatz für diese bewahrende Funktion zu schaffen, die die Abhängigkeit von dem Objekt durch eine Pseudo-Unabhängigkeit ersetzt.

Man könnte auch sagen, dass ein solcher Mensch versucht, immer wieder über eine Form von Identifikation mit einem anderen Menschen eine Art Containment herzustellen. Mein Patient stellte seinen »Kokon« her, indem er z. B. meine Worte zu seinen eigenen machte bzw. narzisstische Gedankengebäude aufbaute, die Kontakt verhinderten. Auch seine lehrbuchartig anmutenden Selbstinterpretationen, in denen immer wieder das Pseudoartige seiner Sprache spürbar wurde, gaben ihm Halt bzw. einen Raum, in dem er sich einigermaßen sicher fühlen konnte. Sein »Kokon« sollte ihn vor realen Beziehungserfahrungen und damit vor Schmerz, Mangel, Frustration, vor allem aber vor panischen Ängsten der Desintegration schützen. So entstand das Bild eines übereifrigen Kindes, das sich bemühte, es anderen Menschen recht zu machen. Es war für Herrn O. schwierig, langsam in einen Erfahrungsbereich zu kommen, in dem er versuchte, eigene Worte für das, was er erlebte, zu finden und mit dieser Separation auch Trennung und die damit verbundenen Gefühle zu erfahren.

Herr O., der in Folge seiner frühen traumatischen Erfahrungen kein reifes Über-Ich entwickeln konnte, ging lange Zeit davon aus, einem

Objekt zu begegnen, das von ihm Anpassung, Harmonie und Funktionieren erwartete und dem man Mangel und Frustration nicht zumuten konnte. Das führte dazu, dass er in einer Art Vorwegnahme versuchte, sich an das von außen Erwartete anzupassen. Darin zeigte sich sein unbewusstes Streben, trennende Erfahrungen zu umgehen, die für ihn mit Gefühlen tödlicher Bedrohung assoziiert waren. Wie bereits beschrieben, gelang es ihm anfangs kaum, mir ein Gegenüber zu sein. Meine Deutungen verstand er oft als strenge Reglementierungen, auf die er nur mit der Möglichkeit von Identifizierung oder Spaltung reagieren konnte. Das war sein unbewusster Versuch, sich von seinem ausgeprägten Über-Ich-Druck zu entlasten, der auch eine Tendenz, sich selbst zu verfolgen, bedingte. Reaktionen und Bemerkungen anderer Personen (wie z. B. die weiter oben beschriebene Bemerkung des Arztes, der ihn entbunden hatte) richtete er in zerstörerischer Weise gegen sich selbst.

In Herrn O.s verinnerlichter Welt gab es nur ein »Dafür oder Dagegen« mit allen Konsequenzen, also eine spaltende Abwehr. In den Sitzungen wurde auch deutlich, wie sehr er seinen Halt und seine Sicherheit in äußeren Strukturen und Rahmen suchte und wie wenig Relevanz Inhalte für ihn hatten. Sein verfolgendes Über-Ich machte es ihm unmöglich, moralische Zweifel gegenüber dem Stasi-Angebot, andere zu bespitzeln, aufkommen zu lassen. Es führte dazu, dass Herr O. sich mit der Stasi, also mit einem äußeren verfolgenden Objekt, identifizierte. Sein Mutter-Stasi-Introjekt ließ ihn die DDR von den »Feinden des Sozialismus« bedroht erleben und in ihm die Verpflichtung entstehen, dagegen etwas tun zu müssen. Es fehlte Herrn O. einfach die Fähigkeit des reifen Über-Ichs, das in der Lage ist, zum Ich einen gewissen Abstand herzustellen, einen Abstand der nötig ist, damit es von ihm reflektiert werden kann.

Die spaltende und identifizierende Abwehr fand sich auch in der Weltsicht seiner Eltern, deren ungetrennte Existenz sich besonders in ihrer Scheidungszeit verdeutlichte. Für sie schien das Hinterfragen des Regimes mit existentieller Bedrohung verknüpft, so dass äußere Anpassung und Erwartungserfüllung für sie ein unreflektiertes Lebensprinzip wurden.

Der Vater erschien in der inneren Objektszene des Patienten als eine Person, die einerseits »seinen Frieden« mit der Mutter störte, andererseits als jemand, der für autonome und damit auch abweichende Strebungen des Patienten nicht zur Verfügung stand.

Das Gefühl existentieller Bedrohung wurde für Herrn O. in der Scheidungszeit seiner Eltern neu mobilisiert. Von ihnen völlig alleingelassen, erlebte er sich heftigen Verlassenheitsgefühlen ausgesetzt, die er in keiner

Weise kontrollieren, noch viel weniger integrieren konnte. Er reagierte mit verstärkter äußerer Anpassung, versuchte sich nützlich zu machen, wurde ein leistungsstarker Schüler, Liebling der Lehrer, der auch deren Erwartungen erfüllte. So stand später sein Beitritt und sein Engagement in der Partei auch außerhalb jeder Diskussion. Hatte er sich doch vorher auch schon engagiert in Pionierorganisation und FDJ hervor getan. Ähnlich eng, wie er sich mit der Mutter identifizierte, um Trennungserfahrungen abzuwehren, identifizierte er sich jetzt mit den Organisationen, die zum ideologischen Machtapparat des SED-Regimes gehörten. Im Bündnis mit den Mächtigen schuf er sich ein Gefühl eigener Mächtigkeit und spaltete damit Zweifel, Unsicherheit, vor allem aber seine existenziellen Ängste und die damit verbundene Ohnmacht ab. Der Spaltung seiner Objektwelt entsprach auch die in der DDR angebotene Spaltung gesellschaftlicher Gruppen, nämlich zwischen den »guten Kräften«, repräsentiert durch die SED-Führung und »bösen, subversiven, vom Klassenfeind gesteuerten, Kräften«. Herrn O.s Zugehörigkeit zu diesen »guten Kräften« ermöglichte ihm auch eigene zerstörerische Impulse abzuwehren.

Auf dem Hintergrund dieser Entwicklung des Patienten war es für die Staatssicherheit ein leichtes, ihn für die Bespitzelung anderer Menschen zu werben. Die Werbepraktiken der Stasi kamen auch seinem Bedürfnis nach freundlich-aggressionsfreien Begegnungen entgegen. Er erlebte sich durch das Interesse, das ihm da entgegengebracht wurde, beachtet und aufgewertet.

Jede Form von Bespitzelung ist ein heimliches Eindringen und die Nichtanerkennung der Grenzen anderer. Das Ich entsteht jedoch erst aus der Anerkennung solcher Grenzen. Die ungetrennte Beziehung des Patienten zur Mutter, die sich darin zeigte, dass er kaum eigene Gedanken entwickelte, wenig in sich ruhte und damit auch kaum stabile Beziehungen herstellen konnte, in denen wirklich Berührung zustande kam, ließ solche Ich-Grenzen, die Voraussetzung dafür sind, sich mit anderen auseinandersetzen zu können, nicht zu. Herr O., der sich in Folge seiner frühen traumatischen Erfahrungen als ein lästiges und schwieriges Kind fühlte, versuchte, den damit verknüpften Gefühlen des Alleinseins zu entgehen.

Mit seiner Stasizugehörigkeit ging er Auseinandersetzungen und damit diskrepanten Gefühlen aus dem Weg. Der Zusammenbruch der DDR, aber auch die Erfahrung, dass seine Selbstanzeige ihn in den Augen der anderen nicht von Schuld freisprach und ihm seine bedrohliche Angst vor Verlassenwerden nicht abnahm, ließ seine Form der psychischen Abwehr zusammenbrechen. Er reagierte mit einer völligen psychischen Dekompensation.

Es verdeutlichte sich an diesem Patienten, dass das Stasiunternehmen in dem Sinne auch unbewusst seine inzestuösen Wünsche bediente, indem er sich zum Partner der »Großen« (Mächtigen) gemacht fühlte. So bewahrte ihn ein Pakt mit dem System der DDR auch vor seinen depressiven Erfahrungen.

Das DDR-Regime postulierte, wie eingangs beschrieben, die Gruppennorm, dass zum Erhalt des Staates unliebsame Feinde rechtzeitig aufgespürt und eliminiert werden müssen bzw. dass jede Form von Opposition, ja schon widersprüchliche Gedanken und Meinungen eine Gefährdung des Staates bedeuteten. Mit dieser Gruppennorm brauchte Herr O. keine diskrepanten Erfahrungen zwischen sich, seinem Handeln und dem seiner Umgebung zu erleben, die für einen psychischen Reifungsprozess aber erforderlich sind.

Literatur

Bick, E. (1968): Das Hauterleben in frühen Objektbeziehungen. In: Spillius, E. B. (Hg.) (1990): Melanie Klein heute. Band 1, München (Verlag Internationale Psychoanalyse), S. 236-240.

Behnke, K., u. Fuchs, J. (Hg.) (1995): Zersetzung der Seele. Psychiatrie und Psychologie im Dienste der Stasi. Hamburg (Rotbuch).

Cremerius, J. (1977a): Übertragung und Gegenübertragung bei Patienten mit schweren Über-Ich-Störungen. Psyche 31, S. 879-896.

Cremerius, J. (1977b): Über-Ich-Störungen und ihre Therapie. Psyche 31, S. 593-636.

Staehle, A. (1997): Erste und Zweite Haut. Einige Überlegungen zur Analyse einer Patientin mit Zweithautbildung und adhäsiver Identifizierung. Zeitschrift für psychoanalytische Theorie und Praxis, 1997, 12, 4, S. 347-377.

Süß, S. (1998): Politisch missbraucht? Psychiatrie und Staatssicherheit in der DDR. Berlin (Links-Verlag), 1999.

Hinter dem Eisernen Vorhang
Die DDR im Spiegel eines Gewaltopfers

Frau B. litt seit Jahren an einer Magersucht und führte ein sehr reduziertes, eingeengtes, isoliertes und kindliches Leben. Sie kam aus einer Familie, in der eine außerordentliche Enge herrschte, Unterordnung gefordert wurde und die von einem Klima direkter und indirekter Gewalt geprägt war. Bereits bei dem ersten Gespräch mit ihr wurde ich auf ihren Vater aufmerksam, der in der Nationalen Volksarmee (NVA) an der Macht- und Gewaltausübung der DDR beteiligt war und auch in der Familie der Patientin besonders auffallend indoktrinäre, militarisierte Machtstrukturen, gepaart mit Bedrohung, Zwang, Geheimhaltung, Übergriffigkeit und mit der Verhinderung von Separation, Autonomie und Entwicklung verkörperte.

Frau B. hatte nach einer stationären Psychotherapie einzelne ambulante Kontakte in größeren Abständen bei mir. Als sie mich immer wieder bat, zu einer regelmäßigen ambulanten Psychotherapie kommen zu dürfen, dachte ich zunächst daran, dass sie zwar wie alle Patienten mit Magersucht zäh und rigide an ihren Symptomen festhalten wird, viele infantile Einstellungen hat, dass also die Behandlung recht mühselig verlaufen wird, aber dass sie ansonsten eigentlich ganz freundlich, vertrauenswürdig und auch zuverlässig war. Die meisten äußeren biografischen Details aus ihrem Leben kannte ich bereits, aber ich hatte sie bis dahin in der Übertragung nicht so erlebt, wie ich sie jetzt in der dichteren Frequenz von zwei Stunden pro Woche erfuhr. Ich versuchte sie zu verstehen und empfand manchmal Trauer, aber auch Entsetzen über die Weitergabe und Fortsetzung von Gewalt in ihrer Familie, so wie es sich mir jetzt zeigte.

Sie hatte in ihrer frühen Kindheit ständige Grenzüberschreitungen, d. h. Gewaltanwendung, Übergriffigkeit, Nichtachtung ihrer Grenzen und ihrer kindlichen Bedürfnisse erlebt und war in einem Klima aufgewachsen, in dem sie sich nur unterordnen konnte. In den Therapiestunden wiederholten sich die Gefühle der massiven, existentiellen Bedrohung der Patientin von ihren Eltern ausgestoßen zu werden oder völlig – bis zur Aufgabe von eigenen Gedanken – vereinnahmt bzw. verschlungen zu werden. Manchmal in besonderer Bedrängnis gab es offensichtlich nur einen Ausweg für sie und zwar die Passivität, die Frau B. als Totstell-Reflex beschrieb, in Aktivität zu verwandeln, d. h. mit den Drohungen zu agieren, die sie selbst erfahren hat.

Sie wagte nicht den Vater, wie die Schwester das teilweise konnte, anzugreifen oder ihre Wut gegen den Nächstschwächeren zu richten, sondern sie wandte diese identifikatorisch gegen sich selbst. Sie reagierte mit Symptomen von Entwicklungsverweigerung im Sinne einer Magersucht. Oft wird Anorexie auch als Protest der jungen Mädchen auf der Körperebene gegen die an sie gerichteten Erwartungen der Gesellschaft bezeichnet, gewissermaßen als ein Frei-Sein-Wollen von Zwängen. Der Beginn war bei ihr sicher auch ein ähnlicher Protest, aber letztlich ist die Symptomatik im Verlauf der vielen Jahre ihres Bestehens kein Schutz mehr für sie, sondern eher eine Kette von Selbstbestrafungen und Gefangensein in der Erkrankung. Über eine zunächst in Gang gesetzte Fremdzerstörung war eine Selbstzerstörung eingetreten. Sie war gewissermaßen vom Sieger zum Verlierer geworden. Andere Begriffe dafür sind Opfer- und Täterrollen, wobei es in beiden Rollen immer wieder zu Grenzüberschreitungen kommt.

Gegenüber der sozialen Umgebung und besonders gegenüber dem Westen war die Familie abgeschottet. Frau B. hatte in der Kindheit kein Westfernsehen sehen dürfen und hatte sich auch später immer daran gehalten. Sie dachte bis zur Wende, dass »alle Westdeutschen unsere Feinde« seien. Eine erste Westreise kommentierte sie mit: »Ich habe hier eine Aufgabe und dann schnell wieder zurück.« Noch 1995 bei der Fahrt nach Süddeutschland zu den Eltern habe sie, allein in ihrem Auto sitzend, gedacht: »Oh Gott, ich fahre durch Feindesland.« Überraschend war für mich, wie Frau B. die Wende erlebte. Als sie mit ihrer Sportgruppe nach 1989 am Rhein und auch in Frankreich war, merkte ich, dass sie so sehr in ihrer Welt gefangen war, dass sie ein Erleben des Fremden und Anderen gar nicht zulassen konnte. Sie berichtete nach der Rückkehr wie immer von ihrem Nicht-Essen-Können in der Gemeinschaft, sie berichtete in schelmisch-neckendem Ton von ihrem Sich-Verstecken vor dem Trainer, von all den bereits bekannten inneren Nöten und Zwängen. Sie nahm die Außenwelt und die enormen Unterschiede gar nicht auf.

Aus der Lebensgeschichte

Frau B. wuchs als ältestes Kind der Familie auf. Knapp ein Jahr nach ihr wurde der Bruder geboren und ein weiteres Jahr später die Schwester. Weitere acht Jahre später wurde ein Bruder geboren, von allen beneidet, weil sich die Eltern ihm zugewendet hätten.

Sie lachte und kicherte viel, wenn sie über die Eltern sprach und schilderte sie mir als absonderliche und etwas schrullige Menschen, fast wie Karikaturen, wohl um ihre sadistischen Erfahrungen mit ihnen überhaupt aussprechen zu können. So berichtete sie auch in einem possenhaften Stil von schlimmen Erlebnissen, zum Beispiel von den häufigen Schlägen, die der Bruder erhielt. Sie und die Schwester mussten dabei zusehen, sie würden sich heute noch dafür schämen, dass sie ihm nicht helfen konnten. Dieser Bruder hat später mehrere Suizidversuche unternommen und lebt allein, wie die Patientin. Sie wurde nicht geschlagen, da sie der Liebling des Vaters war, wurde aber sehr streng von ihm behandelt. Der Vater war körperlich sehr klein, sprach nur im Befehlston wie auf einem Kasernenhof und neigte rasch zu jähzornigen Ausbrüchen. Die Patientin nahm an, dass sie als Kind nie andere Kinder mit nach Hause bringen durfte, weil der Vater seine Jähzorn-Attacken geheimhalten wollte. Möglicherweise spielte aber auch etwas die Geheimhaltungsatmosphäre, die zum Beruf des Vaters gehörte, eine Rolle.

Frau B. brauchte nach wenigen Tagen den Kindergarten nicht mehr zu besuchen, weil sie dort sehr laut geweint hätte. Die jüngeren Geschwister gingen beide in den Kindergarten. Sie erinnerte sich daran, dass sie im Kinderzimmer der Wohnung alleine spielte, die Tür war geschlossen. Die Mutter wäre nie zu sehen gewesen, und sie hatte auch das Gefühl, ihre Mutter sei gar nicht da.

Um die Zeit der Einschulung bis zum 12. Lebensjahr sorgte der Vater sich um das abendliche Baden der Mädchen. Sie selbst hat keine Erinnerung daran, meint nur, sich tot gestellt und nichts gedacht zu haben. Die Schwester hätte ihr immer wieder gesagt: »Geh nicht mit ihm ins Bad!« Die zwei Jahre jüngere Schwester, nachdem sie sich vor ihm einschloss, wäre von da an ganz schlecht behandelt und mit ganz abfälligen und groben Worten beschimpft worden, und das wäre bis heute so geblieben. Frau B. dachte sich damals, dass sie nie in eine solche Ungnade fallen wollte, eher wollte sie sterben. Und sie habe damals oft ans Sterben gedacht. Sie hatte über Jahre entsetzliche Bauchschmerzen. Die Mutter fragte immer mal: »Müssten wir nicht zum Arzt gehen?« Der Vater habe das aber stets abgetan. Die Mutter wäre nie da gewesen, meinte Frau B., obwohl sie in der Wohnung war. »Was weiß ich, wo sie war, wahrscheinlich lag sie auf dem Sofa und hatte Migräne.«

Am Abend erfolgte dann auch das Schlagen des älteren Bruders. Die Mutter berichtete dem Vater, und er schlug. Der Bruder durfte wegen der vielen blauen Stellen an seinem Körper oft nicht am Schulschwimmen oder an Wandertagen teilnehmen. So haben es die Geschwister in Erinnerung. Kein Lehrer hätte sich je gewundert. Die Mutter habe ihn nie vor dem Vater geschützt.

Frau B. entkam mit 12 Jahren der abendlichen Horrorszene durch den Leistungssport. Sport gefiel dem militanten Vater, also durfte sie gehen, und in der Turnhalle war sie glücklich. Sie war sehr klein und leicht und fastete dann auch noch bei allgemeinen Bemerkungen der Trainer über die Figur. Sie hörte auch zu Hause, dass der Vater die Schwester zu dick fand und sie als Hure beschimpfte. Er verhöhnte sie mit seinen sexualisierten, abwertenden Bemerkungen. Die Patientin hoffte damals durch das Fasten ihm besser zu gefallen. Sie hörte seine dahinter liegende Botschaft, für ihn klein und knabenhaft zu bleiben.

In der Schule war sie außerordentlich fleißig und schrieb zu Hause alles noch einmal ab. Sie entwickelte keine eigene Schrift, sondern imitierte die Schrift ihres Vaters. In der Pubertät entfernte sie sich von den Gleichaltrigen in der Klasse. Sie wusste mit deren Themen wie Mode oder erste Freundschaften nichts anzufangen.

Sie schloss die 10. Klasse mit besten Noten ab. Kein Mensch hatte ihr geraten zur erweiterten Oberschule zu gehen, so folgte eine Lehre. Die Berufsschule delegierte sie zu einem Studium. Der Vater riet ihr heftig davon ab, sie sollte seine Sekretärin werden. Ein Psychologe hätte ihr damals sehr geholfen, weshalb sie dann studierte. Sie verstand den Widerstand des Vaters als Erpressung: »Entweder das Studium oder wir!« Als sie sich für das Studium entschied, durfte sie nicht mehr nach Hause kommen, so wörtlich hatte sie ihren Vater verstanden. Sie lebte im Internat und blieb dort, wenn die anderen nach Hause fuhren. In der gleichen Zeit zogen die Eltern um und planten die drei ältesten Kinder, die zwischen 16 und 18 Jahren alt waren und in Lehrlingswohnheimen wohnten, nicht mehr in ihre Wohnung ein. Während die Schwester und der Bruder empört waren, reagierte Frau B. mit einer psychosomatischen Erkrankung, mit schwerem Asthma. Sie kam bei einer Bronchoskopie beinahe nicht mehr zu sich, sie hätte sich vorher sehr gewünscht, zu sterben.

Trotzdem konnte sie ihr Studium abschließen und begann als Lehrerin in der Schule, die sie zuvor als Schülerin besuchte. Von ihren ehemaligen Lehrerinnen fühlte sie sich wie ein Kind behandelt. Die gleiche Behandlung von den Männern, besonders von dem Direktor, der mit dem Vater über die SED gut bekannt war, hatte sie dagegen als väterlich-wohlwollend und unterstützend erlebt. Im Verlauf der Jahre wurde immer deutlicher, dass die Schüler älter und entwickelter wirkten, als Frau B. Sie selbst konnte die Ursache nicht erkennen, reagierte mit Angst und gab schlechte Zensuren als Disziplinarmaßnahme. Es ergaben sich zahlreiche Konflikte, weil sie sich im Lehrerkollegium isolierte, nichts sagte oder häufig durch Asthma und Sportverletzungen ausfiel.

In all den Jahren nahm sie aktiv am Leistungssport teil, trainierte und bildete Kinder aus. Für sie war die Turnhalle »ihre Familie«. Sie schätzte es, dort mit niemandem »schwatzen« zu müssen. Vielmehr genügte ihr die bloße Anwesenheit der anderen, der »lose Kontakt«.

Frau B. empfand das strengere, konzentrierte, reglementierte Training vor der Wende und die Beachtung und Förderung durch den Staat als sinnvoll und gut. Sie hatte sich sehr mit der DDR und ihren Methoden im Leistungssport identifiziert. Da sie zu ihrem Körper eine mechanistische Beziehung hatte, war er für sie zu einem Erfüllungsinstrument geworden. In den stärker anorektischen Phasen hörte sie erst dann mit dem Training auf, wenn sie vor Schwäche nicht mehr konnte oder umfiel. Als sich nach der Wende die Trainingsmethoden änderten, fühlte sie sich emotional nicht mehr aufgehoben.

Der Behandlungsverlauf und die therapeutische Beziehung

Die Begegnungen mit Frau B. liefen stets sehr ähnlich ab. Trotz ihrer 39 Jahre wirkte sie sehr klein, zierlich und kindlich, mied meistens den Blickkontakt, gab mir nur die Fingerspitzen zur Begrüßung und lief dann sehr schnell an mir vorbei. So als ob ich für sie ein gefährlicher Mensch sei. Der Körper wirkte wie der einer 12- bis 14-Jährigen. Sie kleidete sich gepflegt, aber keineswegs modisch. Sie hatte in dem mageren, sehr schmalen, etwas kantigen Gesicht große dunkle Augen, die rasch und unsicher immer mal zu mir herüber huschten, so, als ob sie erraten wollte, wie ich sie beurteile. Außer einigen ganz winzigen Falten um die Augen hatte sie sich in ihrer Figur und Kleidung in all den Jahren kaum verändert.

Im ersten dreiviertel Jahr bevorzugte sie zu sitzen, dann wollte sie die Couch ausprobieren. Sie war beruhigt, dass ich nicht hinter ihr, sondern seitlich neben ihr saß. Sie brauchte den Blickkontakt. Mitten in der Stunde sagte sie dann plötzlich: »Ich fühle mich ruhiger im Liegen, mein Atem geht ruhiger, es ist schöner, das hätte ich mir nicht so gedacht.« In einer anderen Stunde bemerkte sie, dass sie jetzt immer mal weinen müsse beim Liegen, im Sitzen hätte sie sich mehr unter Kontrolle. Sie fühle sich ihren Gefühlen mehr ausgeliefert, alles ginge tiefer. Sie meinte, wenn ihr eine Frage von mir zu weh tue, drehe sie sich einfach zur Wand, dann sehe sie mich nicht mehr und habe die Vorstellung, ich sei nicht mehr da. Manchmal nahm sie die Decke, zog sie fast über das Gesicht, rollte sich in eine gekrümmte Seitenlage und steckte einen Daumen in den Mund. Dies trat in der Zeit einer Krankenhausaufnahme wegen der zu diesem Zeitpunkt verstärkt auftretenden Magersucht ein. Sie lag dabei auf einer internistischen Station und kam in der gleichen Zeit wie sonst auch zweimal in der Woche zu mir.

Die Krankenhaussituation bewirkte offensichtlich eine stärkere Regression. Sie schien mich damals nicht als tröstendes und wärmendes Objekt annehmen zu können und schloss mich aus wie die abwesende Mutter ihrer Kindheit.

Dennoch reagierte sie deutlich auf Trennungen in der Behandlung. Kündigte ich ihr meinen Urlaub an, reagierte sie mit einer diffusen Angst. Nach dem Urlaub erschien sie desorientiert, wusste den ersten Termin nicht mehr so recht und war sich unsicher, ob sie wieder kommen dürfe, ob ich sie auch erwarte. Sie war sich nicht nur der Konstanz unserer Beziehung unsicher, sondern auch ihrer Grenzen. Als sie z. B. einmal Besuch von ihren Eltern erhielt, war sie in der Stunde auffallend unruhig. Sie zerrte und zog an ihren Pulloverärmeln herum und sagte sehr lange nichts. Nur mühsam konnte sie dann von ihrem Gefühl sprechen: »Ich kann nicht sprechen. Ich denke, der Vater kann alles hören. Jedes Wort ist Verrat. Die Mutter ist mir egal, aber der Vater nicht.« Um diesen engen Kontakt zu ihrer Familie aufrecht erhalten zu können, unternahm sie häufig die weite Reise zu ihnen am Wochenende.

Diese Ungetrenntheit agierte Frau B. auch außerhalb unserer Stunden. So hatte der Vater auf ihrem Schreibtisch Projektarbeiten ihrer Schüler liegen sehen, darin geblättert und sie gefragt, ob es ihr recht sei, wenn er seine Meinung für jeden Schüler schriftlich dazu niederlege. Sie fand, dass dies eine gute Idee sei und brachte tatsächlich jedem ihrer Schüler seine schriftlichen Aufzeichnungen mit. Als dies in der Schule publik wurde, fühlte sich Frau B. nur missverstanden. Sie konnte weder die Übergriffigkeit des Vaters noch ihre Einladung dazu wahrnehmen.

Weil sie derartig intensiv mit ihrem Vater verbunden war, blieb für mich zumeist die Position der Zuhörerin und Zeugin übrig. Ich erlebte sie oft wie tot und starr, in den Stunden dominierten gleichförmiges Einerlei und Leblosigkeit. Sehr häufig wirkte Frau B. wie ein Kind, das noch gar nicht geboren ist, nicht leben oder nur in einem eng umgrenzten Bereich funktionieren darf. Manchmal fühlte ich mich angerührt von ihrer kindlichen Art, denn die Bedürftigkeit und das Suchen nach Trost und Wärme waren sehr spürbar. Ich sah aber auch ihre Angst, dass tatsächlich eine Beziehung zwischen uns entstehen und mein Verstehen sie erreichen könnte. Dann lächelte sie, ihre Wangen bekamen Farbe, sie wirkte plötzlich sehr scheu und fast unschuldig. Deutungen ihrer Abhängigkeit vom Vater beantwortete sie häufig verlegen schweigend.

Ihr Verhalten hatte mir schon seit Längerem den Gedanken an einen in der Kindheit erfahrenen sexuellen Missbrauch nahegelegt. Sie machte auch gelegentlich diesbezügliche Andeutungen und erzählte öfter von den Erinnerungen der Schwester. Wenn ich sie aber nach konkreten Vorkommnissen fragte, schwieg sie beharrlich. Sie stöhnte dann mitunter oder nuckelte intensiv an ihrem Daumen und sagte: »Ich habe meinen Vater dafür jahrelang gehasst, und jetzt bin ich froh, dass ich mit ihm zurecht komme.« Die massive Idealisierung, die so offenkundig Abwehrzwecken diente, ließ Frau B. oft sehr fremd wirken und in eine unbestimmte Ferne rücken. Es war, als ob sie gar nicht die normale, teils schmerzhafte und teils vertraute Generationenfolge kennen würde.

Zunehmend gewann ich den Eindruck, dass sie sich wie in einem Kokon befand, der für sie eine Welt des schützenden Rückzugs war, in dem sie auf bessere Eltern warten kann, um noch einmal geboren zu werden. Jede Kritik am Vater schien für sie mörderische Qualitäten zu haben. In naiver, kindlich anmutender Weise teilte sie mir mit: »Der Vater ist der Vater und man muss ihn doch lieben, er hat doch alles für uns getan. Ich will lieber vor ihm sterben. Wenn man sich von den Eltern im Streit trennt, dann ist es doch so, als ob sie schon tot wären.« Manifest begründete sie ihre Zuneigung zum Vater damit, dass er selber unter unglücklichen Bedingungen aufgewachsen sei. Seine Großmutter sei eine Prostituierte gewesen, er selbst stamme aus einer Inzestbeziehung. Von seinem Vater wurde er als Kind häufig geschlagen. Damit schien für Frau B. alles entschuldigt: Er könne halt nicht anders.

Die Eltern zogen nach der Wende nach Westdeutschland. Für Frau B. war der Umzug sehr beängstigend, obwohl sie damals schon nicht mehr in der gleichen Stadt wie die Eltern lebte. Bei einem Erbschaftsstreit ging der Vater gerichtlich gegen eine der im Westen lebenden Tanten und gegen seine Tochter, die Schwester der Patientin, vor. Frau B. war über das Ende dieser gerichtlichen Auseinandersetzungen sehr erleichtert, denn sie hatte befürchtet, dass dabei ihre Misshandlungen aus der Kindheit ans Licht kommen könnten. In dieser Zeit ging es ihr sehr schlecht. Sie nahm stark an Gewicht ab und war ständig erkältet. Sie wirkte äußerst unruhig, nestelte in den Stunden mit den Händen an ihren Sachen, ihre Beine zuckten im Liegen, als ob sie weglaufen wollte. Sie flüsterte leise, dass sie sich bei diesem Rechtsstreit, falls sie hätte aussagen müssen, auf jeden Fall für ihn entschieden und nicht gegen ihn ausgesagt hätte. Eine andere Entscheidung wäre ihr Tod. Frau B. schien den Vater, dessen Opfer sie einerseits war, andererseits zur Stabilisierung ihres psychischen Gleichgewichtes dringend zu benötigen. Für sie war er zugleich das einzige Objekt, von dem sie meinte »Liebe« erfahren zu haben. Zugleich schützte sich Frau B. damit auch vor der Kontaktaufnahme mit mir. Ich bemerkte, wie ich beim Zuhören zu frieren begann. Trotz aller Bemühungen, sie zu erreichen, fühlte ich mich in ihrer Gegenwart allein und ohne Kontakt zu ihr.

Von ihrer Mutter konnte ich mir kaum ein Bild machen. Frau B. sprach selten von ihr und wenn, dann negativ. Sie schien zunächst keine Erinnerung an sie zu haben. Dieser Nicht-Wahrnehmung der Mutter entsprach auch ihre Empfindung ihrerseits von der Mutter nicht richtig wahrgenommen worden zu sein. So berichtete sie mir z. B. wiederholt, dass die Mutter ihre Magersucht nicht sehen würde, dass sie fände, ihre Figur wäre in Ordnung. Frau B. geriet dann in Zweifel, meinte die anderen, die Ärzte, die Waage hätten vielleicht doch Unrecht und übernahm dann mehr und mehr die Meinung der Mutter. So identifizierte sie sich eher mit einem unempathischen, aber auch destruktiven Objekt. Sie sah z. B. die Mutter für die Schläge verantwortlich, die der Bruder abends nach den mütterlichen Berichten vom Vater erhielt.

Die Mutter war für sie primär die Erfüllungsgehilfin des Vaters. Die Eltern bildeten für sie in negativer Hinsicht eine Einheit, der sie sich wiederum unterzuordnen hatte. Tat sie dies nicht, war sie für die Eltern »erledigt«. Es gab offensichtlich in dieser Familie nur ein Entweder-Oder. Anlässlich sich zuspitzender Auseinandersetzungen in der Familie um die Schwester weinte Frau B. häufig herzerschütternd, wurde krank, nahm immer mehr ab und musste schließlich stationär behandelt werden. Sie wog nur noch 39 kg. Sie bekam dabei einen Atemwegsinfekt nach dem anderen.

Im Verlauf der Behandlung differenzierte sich für Frau B. dieses Einheits-Bild der Eltern. Dachte sie anfangs, die Mutter habe immer die gleiche Meinung wie der Vater und es lohne sich nicht, mit ihr zu sprechen, bemerkte sie zunehmend, dass die Mutter noch härter sei als der Vater. Während z. B. der Vater mit dem älteren der Brüder nach dessen Suizidversuchen doch wieder das Gespräch suchte, blockte die Mutter ab und schwieg, wenn der Bruder im Raum war. Langsam gewann Frau B. eine kritischere Sicht ihrer Mutter.

Frau B. hatte noch nie einen Freund. Jedesmal wenn sie über mögliche Begegnungen sprach, lachte sie verschämt und mädchenhaft. Sie sagte bereits Einladungen zu Spaziergängen oder zu einem Essen ab. In ihrer Phantasie drängten sich dann sofort übermächtige sexuelle Inhalte auf. Ein Vorfall mit einem jungen Mann aus ihrem Haus war der Anlass dazu, dass sie mich um eine regelmäßige Therapie gebeten hatte. Sie war auf seine Einladung hin in seine Wohnung gefolgt, wo er sie versuchte »zu packen«. Sie war wie gelähmt und hatte Angst um ihr Leben. Während Sexualität für

Frau B. identisch war mit traumatischen Erfahrungen, war sie doch in der Lage, da, wo Sexualität mit großer Wahrscheinlichkeit ausgeklammert war, eine Beziehung zu unterhalten. So hat sie bis heute eine platonische Beziehung zu einem jüngeren Trainer, von dem sie in kindlicher Weise sagt: »Er ist ein ganz Lieber.«

Im Hintergrund dieser so »lieben« Tändelei stand jedoch in dieser wie auch in unserer Beziehung ein erbarmungslos strenges inneres Objekt. Dies äußerte sich auch in selbstschädigenden Tendenzen im Bereich des Leistungssports. Sie straft ihren Körper gnadenlos indem sie mit Schmerzen und Verletzungen weiter trainierte. Zugleich erlebte sie dabei ein Hochgefühl: Sie schwebe so leicht, so körperlos, wenn sie deutliches Untergewicht habe. Sie brauche gar nicht so viel zu trainieren wie sonst. Die Bewertungsrichter würden den dünnen, sehr zierlichen Turnerinnen bei der gleichen Leistung mehr Punkte geben, als den schlanken mit fraulichen Figuren. Mit diesem Kommentar demonstrierte sie mir ihre inneren »Bewertungsrichter«, welche die lebensfeindliche Selbstkasteiung ständig beschönigten als scheinbar lebensfreundliche Erfolgslinie. Auch in unserer Beziehung wollte sie derartige »Trainingsbedingungen« realisieren, weshalb ich nicht zu jemandem für sie werden durfte, von der sie etwas Gutes annehmen und inkorporieren durfte. So machte sie mich oft zu einer abwesenden Mutter, indem sie sich selbstgenügsam in der Stunde zur Wand umdrehte, nuckelte oder sehr lange schwieg. Ich musste mich in solchen Situationen darauf beschränken, ihr lediglich meine Anwesenheit und mein Interesse zu zeigen.

Allmählich begann sie mehr Kontakt zu mir aufzunehmen, die Schweigepausen verringerten sich, und sie sprach öfter mit mir. Die Zeiten der Unerreichbarkeit wurden deutlich kürzer. Diese Rückzüge in ihren Kokon wurden langsam für sie selber wahrnehmbar, damit aber auch das Ausmaß ihres Festhaltens an dem familiär Erworbenen. Frau B. sagte manchmal, dass sie sich fürchte, mich zu enttäuschen, weil sie sich nicht ändern könne. Aber allein die kontinuierliche Aufrechterhaltung unserer therapeutischen Beziehung war für sie bereits ein bedeutsames Stück Veränderung, denn der geographischen Entfernung von der Familie folgte nun – wenn auch in sehr kleinen Schritten – eine psychische. Dies zeigte sich auch in äußeren Veränderungen: Sie absolvierte erfolgreich eine Fahrschule und konnte nun regelmäßig zu mir kommen. Sie zog in eine größere Wohnung mit einem Zimmer mehr und empfand es für sich als wohltuend bei einem Besuch der Eltern, nicht mehr mit ihnen im gleichen kleinen Raum Tag und Nacht zusammenleben zu müssen. Sie hatte offensichtlich auch innerlich mehr an Raum gewonnen. Ihre Wohnung richtete sie nun nach ihren eigenen

Vorstellungen und nicht nach denen des Vaters ein. Sie wurde auch vermehrt fähig, Trennungsgefühle zu erleben, so z. B. wenn Schulklassen gingen, was sie traurig stimmte. Jetzt konnte sie sagen: »Früher war das anders, da konnte ich die Schüler wenig wahrnehmen, da hatte ich mit mir zu tun. Jetzt bin ich nicht nur wie ein Roboter, jetzt bin ich mehr ein Mensch, es ist einfach schöner in der Klasse, aber auch schmerzhafter beim Abschied der Schüler.«

Als ihr nach einem schweren Sportunfall in Aussicht gestellt wurde, dass sie auf keinen Fall mehr trainieren könne und eventuell auch die berufliche Wiedereingliederung in Frage gestellt sei, bekam sie in der Zeit der langen Krankschreibung einen kleinen Kater in ihre Wohnung gebracht. Vor dessen Lebendigkeit und Energie hatte sie zunächst über einige Wochen große Angst. Dann holte sie sich selbst eine noch sehr kleine Katze, die durch einen Unfall von ihrer Mutter getrennt worden war. Diese auffallend zierliche, kleine Katze, die in ihrer körperlichen Konstitution Frau B. so ähnlich war, brachte sie mehrere Male mit in die Stunden. Sie meinte, sie könne sie noch nicht so lange allein lassen. Sie gab ihr mitten im Gespräch eine Flasche und ließ sie bei sich im Schoß einschlafen. So zeigte sie in einer mich anrührenden Weise den auch in unserer Beziehung wiedergefundenen Wunsch nach Kontakt zu einer »guten Mutter«, der sie ihren abhängigen Selbstanteil anvertrauen konnte. Zugleich musste sie diese Beziehung noch in eigener Regie mit einer Katze agieren. Sich mir in dieser Weise anzuvertrauen war ein langsamer, aber stetiger Prozess. Damit erschloss sich ihr eine »neue Musik« in unserem Kontakt, was sie auch äußerlich zum Ausdruck brachte, indem sie mit einer Kollegin zum ersten Mal in ihrem Leben eine Oper besuchte und sich von der Musik dort berühren und verzaubern ließ. Dem schlossen sich dann vermehrt Besuche in der Oper, in Konzerten, von Ausstellungseröffnungen und Ballettaufführungen an. Es war, als ob eine Tür aufgestoßen war zu einer anderen Welt, die sie zaghaft und staunend betrat.

Überlegungen zur Psychodynamik von familiärer Isolation, Inzest und Gewalt

Die Familie von Frau B. zeichnete sich durch ihren festungsartigen Charakter aus (vgl. Richter 1976). Nach außen sorgte vor allen Dingen der Vater für eine Abschottung. Er unterband sozial wichtige Außenkontakte und damit wichtige Entwicklungsschritte für Frau B. in Richtung Autonomie und sexueller Identität. Selbst in den Wohnblöcken der Armee-Angehörigen lebte die Familie zurückgezogen und ohne Kontakte eingeschlossen wie in einer Festung. Im Gegensatz zur sozialen Isolierung und Abgeschlossenheit nach außen fehlten im Inneren gleichsam Türen und Wände. Durch die ständige Verletzung des privaten Raumes entstand eine Atmosphäre der Dauerkontrolle und Ungetrenntheit. Jeder Versuch von Separation wurde mit harten Strafen sanktioniert. Die Schwester traf sich heimlich mit Freundinnen, was Frau B. mit Angst und Entsetzen beobachtete. Gleichzeitig empfand sie dies als eine ungeheuerliche Auflehnung gegen den Vater. In der Familie wurde auch immer viel von Feinden außerhalb der Familie geredet. Frau B. glaubte noch lange an eine völlig feindselige Außenwelt. Offenbar war ein rigides, paranoides Familienglaubenssystem entstanden mit einer Unfähigkeit, Autonomiebestrebungen der heranwachsenden Kinder zu fördern.

In der Folge entwickelte Frau B. extreme Trennungsängste. Sie bewahrte sich eine auffallende Kindlichkeit und ein infantiles Verhalten. Viele Reifungs- und Entwicklungsschritte fehlten, besonders die Fähigkeit, sich anderen Menschen zuzuwenden und Beziehungen einzugehen, wurde massiv gestört. Sie wurde arretiert auf einer Ebene der kindlichen Bedürftigkeit, die eine echte und tragende Beziehungsfähigkeit ausschloss. Statt eine eigene Identität zu entwickeln, hat sie sich aus ihren inneren Nöten heraus mit dem Vater identifiziert und seine Gedankenwelt übernommen. Die Hinwendung zur eigenen Weiblichkeit konnte ihr nicht gelingen, da sie zum einen ein negatives Mutterbild entwickelte und zum anderen noch zu ungetrennt von der Familie und besonders vom Vater war. Sie erlebte Trennungsschritte, die sie unternommen hatte, immer wieder als tödliche Bedrohung.

Der Festungscharakter dieser Familie im Zusammenhang mit innerem Strukturverlust bildete den Hintergrund für deren inzestuöses Klima. Da Frau B. zwar immer wieder Inzesthandlungen andeutete, aber nie explizit beschrieb, handelt es sich vermutlich um einen *strukturellen Inzest*, um eine *inzestuöse Familienstruktur*. Diese zeichnet sich im Unterschied zu einer Inzestfamilie durch das Fehlen von manifesten Übergriffen aus. Vielmehr findet der Inzest symbolisch in einer Vielzahl von alltäglichen Verhaltensweisen statt, wie z. B. in den abendlichen Schlagritualen, die dem Bruder galten. Der strukturelle Inzest bewegt sich in einem Übergangsbereich von Fantasie und konkreten Interaktionen und schafft dadurch eine pathogene Wirklichkeit. Es musste für mich bisher offen bleiben, inwiefern für Frau B. neben dem strukturellen auch ein manifester Inzest wirksam wurde. Dies ändert aber nichts an den für sie bestimmend gewordenen traumatischen inzestuösen Erfahrungen.

Wie viele Inzestopfer klagte auch Frau B. darüber, dass die Mutter nichts gemerkt und sie nicht beschützt habe. Auch bei ihr dominierte das Bild einer unempathischen, für das Leid von Frau B. unempfänglichen Mutter. In der diesbezüglichen Fachliteratur wird ebenfalls darauf hingewiesen, dass die Töchter, wie Frau B., eher bereit sind, dem Vater zu vergeben. Frau B. idealisierte ihn nach wie vor. Matthias Hirsch (1999) wies darauf hin, dass der Vater in der Regel idealisiert wird, als wäre er tatsächlich der Retter vor der bösen Mutter. Die Anklage der Tochter gegen die Mutter hat somit eine tiefere unbewusste Dimension und bezieht sich auf eine Entgleisung der frühen Einstimmungsprozesse zwischen Mutter und Kind. In der Folge wendet sich die Tochter dem Vater zu, um wenigstens von ihm kindgemäße Liebe und Zärtlichkeit zu erhalten, um ihr Defizit an mütterlicher Fürsorge zu kompensieren. Der Vater wurde in der Folge überbesetzt. Was die Entwicklung von Frau B. besonders kompliziert machte war die Tatsache, dass ihre von der Mutter auf den Vater verschobenen Wünsche dort auf jemanden trafen, der aufgrund seiner eigenen pathogenen Konflikthaftigkeit wiederum nicht empfänglich für die Bedürfnisse seines Kindes war, sondern eine Form von perverser Antwort gab. Die gewünschte mütterliche Funktion des Vaters ging in die inzestuöse über. Nicht nur für Inzestfamilien, sondern auch für Familien von Anorexie-Patientinnen wurde eine Dynamik beobachtet, in welcher der Vater eine eher verdeckte, aber wichtige Funktion im Sinne des strukturellen Inzests hat. Auch hier wendet sich das Kind aufgrund des frühen Mangels an mütterlicher Fürsorge dem Vater zu, um bei ihm die primäre Mütterlichkeit zu suchen. Vater und Tochter verbünden sich gegen die von beiden gefürchtete Mutter-Imago (vgl. Rohde-Dachser 1987).

Dieser strukturelle Inzest war für Frau B. gleichbedeutend mit langjährigen, kumulativen traumatischen Erfahrungen, denen sie – was besonders in unserer therapeutischen Beziehung zu beobachten war – mit einer Blockierung ihrer Wahrnehmungen zu begegnen versuchte. Sie beschrieb für die Badezimmerszenen mit dem Vater ein psychisches Abschalten, ein Gefühllos-Werden, einen Totstell-Reflex, um der Überschwemmung mit Angst zu entgehen. In ähnlicher Weise verhielt sie sich oft in den Stunden. Ferenczi (1933, S. 308f) sprach in diesem Zusammenhang von einer »traumatischen Trance« verbunden mit einem mechanisch-gehorsamen Wesen, die zugleich das Gefühl für die eigene Identität zerstört. Auch die Entwicklung ihrer weiblichen Identität wurde behindert, indem an der Stelle einer normalen ödipalen Entwicklung eine inzestuöse Realität einbrach, auf die das Kind in keiner Weise vorbereitet war (A. Freud 1981, zit. bei Hirsch 1999, S. 212). Anstelle einer ödipalen

Beziehung zum Vater entwickelte sich ein dual-narzisstisches, intrusives und chronisch traumatisierendes Verhältnis.

Eigene Wünsche nach adäquater mütterlicher Versorgung hatte Frau B. schon früh auf ihren jüngeren Bruder verschoben, um den sie sich wie eine Ersatzmutter kümmerte. Mitunter bezeichnete sie ihn als ihr Baby. In ihr war das Lebensgefühl eines unerwünschten Kindes tief verankert. Wie mir Frau B. berichtete, habe der Vater die Mutter wohl nur wegen der Schwangerschaft geheiratet, eigentlich sei sie damals unerwünscht gewesen und überhaupt hätte sie wenigstens ein Sohn sein sollen. Es fiel mir immer wieder auf, dass es gerade die unwillkommenen Kinder sind, die für den späteren Missbrauch prädestiniert sind, die sich schuldig fühlen müssen, geboren worden zu sein. Sie empfinden dann auch die Pflicht der Wiedergutmachung, sie passen sich an und sind scheinbar pflegeleicht. Die etwas selbstbewusstere Schwester von Frau B. grenzte sich dagegen eher ab. So wurden Autonomiewünsche und identitätsstiftende Entwicklungsschritte behindert und mit schweren Schuldgefühlen verbunden, die sich gegen jede Form psychischer Separierung richten.

Auch an der Geschichte von Frau B. wird deutlich, dass der Hintergrund des strukturellen Inzests durch die Psychopathologie ihrer Eltern gebildet wird. Damit wiederholen die Eltern an ihren Kindern das, was Resultat eigener Missbrauchserfahrungen ist. Bei diesen Eltern wie auch bei vielen anderen Missbrauchsfamilien fällt die spezifische Unfähigkeit auf, die psychischen und körperlichen Grenzen der Kinder, ihren individuellen Raum, zu achten. In der Familie übernimmt das Kind die inneren Bilder der Erwachsenen und wiederholt möglicherweise ein Leben lang die Szenen der Gewalt, denen es ausgeliefert war, so oder in ähnlicher, veränderter Weise. Thea Bauriedl (1992) sagte dazu, dass sich die Gewalt fortpflanzend wiederholen kann in der vertikalen zeitlichen Wiederkehr von Generation zu Generation und horizontal, wie der sich fortpflanzende Anstoß in einer Reihe von aufgestellten Dominosteinen, sozusagen als Ansteckung von Mensch zu Mensch.

Die vertikale Kettenreaktion läuft von Generation zu Generation weiter und trägt andererseits die ständige Wiederholung der Gewaltszenen innerhalb des Lebens eines einzelnen Menschen. Diese Kettenreaktion beginnt in der frühen Kindheit. Wer als Kind psychisch geschädigt wurde, schädigt später sich selbst und andere. Nicht nur der offensichtliche Missbrauch oder die direkte Misshandlung schädigen, sondern auch die inneren einengenden regressiven Maßnahmen, Strenge, Lieblosigkeit und Nichtbeachtung der kindlichen Bedürfnisse

H.-E. Richter (1994, S. 67) fordert hier mit Nachdruck, den Zusammenhang mit dem gesellschaftlichen Nährboden nicht zu verleugnen. Im Fall von Frau B. ergaben sich Verbindungen zum Berufsfeld des Vaters in der NVA. Bei ihm schlossen die Defizite und Traumata seiner Familiengeschichte mit Inzest und Gewalt und der Armee-Geist der DDR eine Allianz. Es gab in seiner Familie und in der Armee der DDR Übereinstimmungen, die bei seiner Vorschädigung eine Potenzierung der intrusiven Aspekte des ideologischen Denkens, des absoluten Gehorsams, der destruktiven Gewalt, der Bespitzelung, der Übergriffigkeit, der Geheimhaltung, der diffusen Bedrohung, der Einkerkerung durch Mauerbau, durch Kontaktverbote und Entindividualisierung besonders bei den von ihm Abhängigen bewirkte.

Die DDR sah sich als friedliebendes Land und als ›der deutsche Friedensstaat‹. In deutlichem Kontrast zu dieser Selbsteinschätzung stand ihr hoher Grad der militärischen Rüstung. Darüber hinaus war sie durch eine »nahezu alle staatlichen und gesellschaftlichen Bereiche umfassenden Militarisierung« gekennzeichnet (Diedrich und Wenzke 1998, S. 9). Mit einer Fülle von »bewaffneten Organen« sollte der Staat nach außen und vor allem nach innen gesichert werden, um die Macht der führenden Partei zu gewährleisten. Es war der SED nicht nur gelungen, ein flächendeckendes Netzwerk von bewaffneten Organen und wehrideologischer Indoktrination zu spannen, dem sich der einzelne Bürger kaum entziehen konnte, sondern auch die überzogenen Sicherheits- und Verteidigungsanstrengungen mittels eines übertriebenen Bildes der äußeren und inneren Bedrohung zu legitimieren. In der NVA gehörten nahezu 100% der Offiziere der SED an. Nach Diedrich zählte der Komplex der Militär- und Sicherheitspolitik zu den unbekanntesten Bereichen der DDR-Wirklichkeit und war für die Forschung der Bundesrepublik fast nur über offizielle Publikationen erreichbar. »Der Anteil des militärischen und paramilitärischen Personals an der Gesamtbevölkerung lag in den Staaten des Warschauer Paktes durchgängig etwa doppelt so hoch wie in den NATO-Staaten« (ebd., S. 1). Bei den sozialistischen Staaten war die DDR mit ihrem Militärapparat führend. Die SED kontrollierte und dominierte mit ihrer von der sowjetischen Besatzungsmacht verliehenen, demokratisch niemals legitimierten Herrschaft (ebd.) alle Bereiche des staatlichen Lebens. »Die NVA war zugleich eine Parteiarmee« (ebd., S. 423). Eine parlamentarische Kontrolle und demokratische Mitgestaltungsmöglichkeiten der Soldaten gab es nicht. Sie wurden vielmehr in ihrer Dienstzeit mit rigiden Verhältnissen und einer permanenten politisch-ideologischen Indoktrination konfrontiert. Deshalb gingen von der NVA in besonderem Maße ein obrigkeitsstaatliches Denken und dogmatisch-konservatives Verhalten aus.

Nach der Wende erschienen erstmals Veröffentlichungen, in denen die Rede war von dem übergroßen Polizei-, Sicherheits- und Armeeapparat, den die verhältnismäßig kleine DDR unterhielt. Der Polizeiapparat war geeignet gewesen die zehnfache Anzahl von Straftaten zu bekämpfen (Henrich 1990). Das kasernierte Gewaltpotential war von Jahr zu Jahr größer geworden. Die alltägliche Funktion dieser vielen Gewaltträger war keinesfalls die Vollstreckung polizeilicher Gewalt gewesen, sondern es ging eher um die Verbreitung einer diffusen Atmosphäre der Ohnmacht und Angst. Damit wuchs aber auch die Angstabwehr und die Bereitschaft vieler Menschen, besonders jener, die in ihrer Kindheit Isolations- und Hilflosigkeitsgefühlen besonders stark ausgesetzt waren, an der Ausübung von Gewalt und Unterdrückung teilzuhaben, anstatt sie zu erleiden. Die Parteimitgliedschaft förderte dies, indem sie den Einzelnen von der Last der Verantwortung befreite.

Entgegen anders lautenden offiziellen Verkündungen waren die Lebensbedingungen in der Truppe – Verpflegung, medizinische Betreuung, hygienische Bedingungen, Versorgung, Bekleidung, Ausrüstung, Unterbringung und Freizeitangebot – schlecht. Die Persönlichkeit des Soldaten und seine privaten Probleme fanden kaum Gehör bei den Vorgesetzten. Die Vorgesetzten entsprachen selten den Vorstellungen einer »sozialistischen Persönlichkeit«. Das stets und ständig geforderte Maß an Geheimhaltung und Wachsamkeit war überzogen. Es bestand ein absolutes Kontaktverbot mit Bürgern westlicher Staaten und besonders der Bundesrepublik. Offiziere mussten jede westliche Beziehung im familiären Bereich abbrechen. Es gab ein strenges Verbot für westlichen Rundfunk- und Fernsehempfang. So ergab sich eine Affinität vom geschlossenen Raum der DDR, ihrer Armee und der Familie von Frau B. Dieser Raum hinter einem »eisernen Vorhang« wurde zum Sicherheit vermittelnden Rückzugsort, von dem aus unerträgliche Eigenanteile in die Außenwelt projiziert und dort als Außenfeinde bekämpft wurden. Um so rigider war dann der Wunsch nach konfliktloser Übereinstimmung im Innern, der Zwang zum Gehorsam, das Misstrauen, die Missachtung der Individualität und die beständige Verletzung persönlicher Grenzen. Dies kennzeichnete die psychisch regressive Verfassung des Sozialsystems DDR ebenso wie die hier diskutierte inzestuöse Familie.

Literatur

Bauriedl, Th. (1992): Zur Psycho-Ökologie der Gewalt. In: Rohde-Dachser, C. (Hg.): Beschädigungen. Psychoanalytische Zeitdiagnosen. Göttingen (Vandenhoeck & Ruprecht), S. 165-189.

Diedrich, D., u. Wenzke, R. (1998): Im Dienste der Partei: Handbuch der bewaffneten Organe der DDR. Berlin (Links-Verlag).

Ferenczi, S. (1933): Sprachverwirrung zwischen den Erwachsenen und dem Kind. In: Schriften zur Psychoanalyse. Frankfurt (Fischer), 1982, Bd. II, S. 303-313.

Henrich, R. (1990): Der vormundschaftliche Staat. Leipzig und Weimar (Gustav Kiepenheuer).

Hirsch, M. (1999): Realer Inzest. Gießen (Psychosozial-Verlag).

Richter, H.-E. (1976): The role of the family life in child development. International Journal of Psycho-Analysis 57, S. 385-395.

Richter, H.-E. (1994): Achte das Leben – verhüte Gewalt. In: Strauß, B., u. Meyer, A. E. (Hg.): Psychoanalytische Psychosomatik. Stuttgart und New York (Schattauer), S. 65-69.

Rohde-Dachser, C. (1992): Vorwort. In: Beschädigungen. Psychoanalytische Zeitdiagnosen. Göttingen (Vandenhoeck & Ruprecht), S. 7-12.

Überleben in der Nische
Über die Identifizierung mit deutschen Familientraditionen

Anhand der psychotherapeutischen Behandlung des Herrn G. sollen bestimmte Eigenheiten der Verflechtung von gesellschaftlichen und individuellen Faktoren deutlich gemacht werden, die mit Angst vor Individuation, Heterogenität und psychischer Trennung zu tun haben und auf politischer Ebene mit Demokratiefähigkeit korrespondieren.

Die Behandlung von Herrn G. begann im Sommer 1997, verlief in mehrfacher Hinsicht ungewöhnlich und gab mir dadurch Anlass zu besonderer Reflexion. Ungewöhnlich waren insbesondere der vereinbarte Behandlungsrahmen und die Art der Beendigung nach $1^1/_2$ Jahren: Herr G. brach scheinbar aus beruflichen Gründen die Behandlung ab, in größeren Abständen sah ich ihn danach noch zwei Mal. Ich möchte auch zeigen, warum trotz Symptomheilung eine längere, intensivere Therapie wünschenswert gewesen wäre.

Herr G. hatte sich auf Anraten seines ihn behandelnden Psychiaters telefonisch bei mir angemeldet. Ich traf auf einen etwa 35-jährigen, mittelgroßen, kräftigen Mann mit großen braunen Augen und dichtem Haar. Der sympathische erste Eindruck wurde gebrochen durch eine mich befremdende Geste, als er mir die Hand gab: Zu meinem großen Erstaunen machte er mit dem Kopf einen großen Diener, wie ich ihn so nur aus historischen Filmen kenne.

Die anschließende Kontaktaufnahme gestaltete sich umständlich und kompliziert: Nach einer längeren Einleitung, bei der Herr G. Wert darauf legte, detailgenau zu beschreiben und viele Erklärungen abzugeben, berichtete er, dass er bis nach seinem Studium keine Probleme hatte, nun aber sehr starke Ängste vor seinen aggressiven Gedanken habe: z. B. zuzustechen, wenn er ein Messer sehe. Auch befürchte er, einen Autounfall zu machen und sich und andere zu gefährden. Ein Jahr lang habe er deshalb nicht hinter dem Steuer gesessen. Vor einiger Zeit habe er mit einem Bekannten Fliesen verlegt und da sei ihm ganz plötzlich der Gedanke gekommen, ihm »eins über den Schädel zu hauen«. Er habe erst versucht, den Impuls zu unterdrücken und sei schließlich aus dem Raum geflüchtet. Immer wieder kämen ihm solche Gedanken, so dass er sich irgendwie ablenken müsse – z. B. beginne er dann zu laufen. Manchmal reiche es auch, das Zimmer zu wechseln. Durch die Medikamente, die er jetzt von seinem Psychiater bekomme, sei es etwas besser und er könne arbeiten. Das Angewiesensein darauf mache ihn aber auch unzufrieden, nicht nur, weil dadurch auch seine sexuelle Lust vermindert sei. »Ich spüre überhaupt eine allgemeine Lebensunzufriedenheit, da ich mir nichts aufgebaut habe: keine Familie, kein Haus, alles ist irgendwie provisorisch.«

Bei diesen Beschreibungen nahm Herr G. keinen Blickkontakt zu mir auf und wirkte so in sich verfangen. Sich selbst beschrieb er als »gründlich, korrekt, genau, ausdauernd, opferbereit und zuvorkommend« – und dieser Eindruck war auch bei mir entstanden: Herr G. konnte vieles von dem, was ihn beschäftigte, gründlich und genau beschreiben, ohne damit verbundene Gefühle benannt oder deutlich gemacht zu haben. Die Bedeutung all dessen für ihn ganz persönlich wurde so kaum spürbar. Nur die allgemeine Unzufriedenheit übertrug sich in diesem ersten Gespräch auf mich. Sie fand in der durch die Lebensgeschichte später verständlich werdenden Formulierung ihren Ausdruck: »Ich bin in Verankerungen drinnen wie eine Puppe«, womit ich eher etwas Unlebendig-Marionettenhaftes als ein Schmetterlingsstadium assoziierte.

Als Herr G. ein zweites Mal kam, berichtete er, das Erstgespräch mit mir habe ihn unruhig gemacht und aufgewühlt. Er habe sich gefühlt wie »vor einem großen Problem, wie vor einer großer Anstrengung«. Auf meine Nachfrage hin erläuterte er, dass ihn mein Hinweis, seine Problematik mache eine Therapie von mindestens zwei Terminen pro Woche notwendig, beunruhigt hat: Er komme von der Arbeit nicht weg. Mit einem bedrückten Unterton sagte er: »Ich bin der Einzige in der Firma, den Arbeit überhaupt nicht stört. Ich habe das ganze Privatleben auf das Wochenende verschoben.« Er fahre jeden Tag gegen 6 Uhr von zu Hause los und komme zwischen 19 und 20 Uhr zurück. Er habe es bisher nie geschafft, sich einen Termin pro Woche freizuhalten. Und er fühle sich so doppelt in die Zange genommen: Einmal die Arbeit so gut wie möglich zu machen und dann hier Termine einzurichten. Aber dass er mehr für sich tun müsse, habe er sich auch schon gesagt. Er hänge »doch im Grunde noch am Rockzipfel von zu Hause«.

Ich fragte nach, ob es vielleicht nicht nur diese Umstände sein könnten, weshalb ihm Bedenken kommen, sondern auch die Art unseres Gespräches. Dem stimmte er zu: Diese eine Stunde habe ihn schon so aufgewühlt, dass er denke, eine Stunde pro Woche »schaffe« er nur. Eigentlich wolle er seine Zwangsgedanken »in eine Kiste packen«. Andererseits sei er dabei zu akzeptieren, dass sie ein Teil von ihm sind. Er habe auch schon überlegt, seine Arbeit zu kündigen. Dann könne er ganz die Therapie machen.

Die Geschichte der Geschichte

Herr G. wuchs auf einem Anwesen eines Dorfes in einer großfamiliären Atmosphäre auf: Als Erwachsene waren da der Vater, die Mutter und deren Mutter, auch die Großmutter väterlicherseits, zwei Tanten väterlicherseits mit ihren Männern. Dazu gehörten sechs Kinder: Zwei seien schon da gewesen. Ein Cousin, eine Cousine und seine Schwester kamen nach ihm.

Der Vater, 37 Jahre bei seiner Geburt, war im Krieg an der Ostfront und verlor dort mit 19 Jahren sein rechtes Bein. Trotzdem habe er nach dem Krieg mit viel Härte gegen sich selbst den Meister gemacht und damit den in einem seitlichen Unstruttal gelegenen landwirtschaftlichen Familienbetrieb nach dem Tod des Großvaters 1958 übernehmen können. »Der Vater war mein Ansprechpartner (*so nennt er seinen Vater*) in der Kindheit, zu ihm hatte ich einen besseren Kontakt als zur Mutter.« Er sei dessen Wunschkind gewesen, wohl deshalb, weil er ein Junge war. »Mein Vater ist sehr stark, er kneift nicht. Seine Haltung ist: »Wir müssen da durch und werden es schaffen, Bein gebrochen ist schlimmer« (!). Er leistet genauso viel als wäre er nicht behindert. Wenn aber etwas schiefgeht, wird er ausfällig und jähzornig. Er schmeißt dann auch mal die Krücken durch die Gegend und schimpft über seinen »Scheiß-Fuß«. Vor allem ist er aber einhundertzehnprozentig mit dem Hof identifiziert: Das ist sein Leben. Ich habe den Vater immer bewundert und erst am Ende der Schulzeit kritischer gesehen, weil er Entscheidungen traf, die nicht realistisch waren. Jetzt bin ich ihm gegenüber überkritisch.«

Die Mutter, 13 Jahre jünger als der Vater, sei zierlich und ein »artiges Mädchen aus Schlesien« gewesen. Sie habe es schwer gehabt, in der väterlich geprägten Großfamilie Anerkennung zu finden. So hatte sie sich gegenüber der Schwiegermutter und den Schwägerinnen untergeordnet. Streit zwischen den Eltern habe er deshalb auch nicht erlebt. »Ich habe guten Kontakt gehabt zur Tante und mit der Großmutter das Zimmer geteilt. Meine Mutter war eine graue Maus.« Die Beziehung zu ihr wäre erst besser geworden, seitdem die zum Vater schwieriger wurde.

»Die meiste Zeit habe ich mit der Großmutter verbracht. Wir sind zusammen zu Bett gegangen und gemeinsam aufgestanden, wir haben im Doppelbett geschlafen wie ein Ehepaar« bis zum Ende der 10. Klasse.

»Sie konnte nicht sehen, wenn jemand herumstand: Sie war ein kleiner Arbeitsverteiler.« Alle hätten Rücksicht nehmen müssen, und sie wurde von allen respektiert. »Sie war auch sehr sparsam und genauso ein Dickkopf wie Vater. Sie hat lange nicht eingesehen, dass die Familie einen Kühlschrank benötigt. Sparsamkeit war ihr Lebenswerk: Der Hof ohne Schulden. Sie hat so sparsam gekocht, dass es bei uns meistens nicht geschmeckt hat.« Bei dieser die Großfamilie beherrschenden Großmutter sei er der Lieblingsenkel gewesen.

Vor der Schulzeit sei er vor allem mit den anderen fünf Kindern des Hauses zusammen gewesen, er besonders mit seiner Cousine. Die jüngere Schwester habe er als solche erst in der Schulzeit bemerkt. Er sei ein artiger, gehorsamer Schüler gewesen »was die Lehrer gesagt haben, war richtig.« So sei er erzogen worden.

Das Abitur zu machen, kam für ihn zunächst nicht in Betracht. Er habe den Wunsch der Eltern erfüllen wollen, den landwirtschaftlichen Betrieb zu übernehmen. »Das war mit meiner Geburt beschlossen.« So begann er nach der 10. Klasse die landwirtschaftliche Lehre beim Vater und war erstmals durch den dazugehörigen Unterricht längere Zeit von zu Hause fort. Dabei habe er guten Kontakt gefunden, sei aber politisch vorsichtig gewesen, da der Vater als »Kapitalist« galt. Mit 19 Jahren schloss er seine Lehre ab und fing an, mit auf dem Hof zu arbeiten.

Bald darauf war er für die üblichen 18 Monate bei der Armee. »Männer waren immer bei der Armee.« Nachdem er erlebt habe, wie manche dort schikaniert worden seien, habe er sich innerlich »von diesem Staat noch mehr distanziert«. Nach der Armee nahm er ein Fachstudium für Pflanzenproduktion auf und schloss dieses nach drei Jahren mit sehr guten Leistungen ab. Man habe damals häufig den Versuch gemacht, ihn zum Parteieintritt zu bewegen. Dies habe er abgelehnt und sich überhaupt allem Politischen verweigert.

In dieser Zeit habe er auch seine erste Freundin gehabt. Zwar hätte auch schon früher Interesse an Mädchen bestanden, aber »ich habe etwas gewollt, was auf lange Sicht hält«. Mit dieser ersten Freundin habe er aber bald unter großen Schmerzen Schluss gemacht, da er die Befürchtung bekam »nicht mehr weg zu kommen«. Er habe dann nur noch Bekanntschaften gepflegt und sich innerlich mehr als künftiger Besitzer mit dem Hof verbunden gefühlt.

Herr G. erzählte mir, dass er von 1985 an beim Vater mitarbeitete und das Ziel hatte, »den Hof in Schuss zu bringen. Ich habe fast nur gearbeitet, und wie ich mich dabei gefühlt habe, habe ich mich nie gefragt«. Damals traten erstmals Symptome auf, z. B. panische Angst, mit Vaters Auto einen Unfall zu machen. Ein von ihm aufgesuchter Nervenarzt habe ihm größere Distanz zu den Eltern empfohlen. Er habe sich aber vorgenommen, den damals begonnenen Anbau fertig zu stellen. »Ich war wie getrieben.« Er berichtete, dass er eine Partnerin hatte, mit der eine Wochenendbeziehung bestand. Wenn er bei ihr gewesen sei, habe er sich ohne Symptome gefühlt. Nach der Maueröffnung wollte sie mit ihm in den Westen gehen. »Ich habe mich nicht stark genug gefühlt. Ich bin lieber vertraut zu Hause geblieben.« Schließlich trennte sie sich von ihm, was furchtbar für ihn gewesen sei.

Er habe sich wieder in die Arbeit gestürzt und den Anbau fertig stellen wollen. Die neuen ökonomischen Gegebenheiten jetzt in der Bundesrepublik hätten ihm aber gezeigt, dass der kleine landwirtschaftliche Familienbetrieb keine Zukunft hat. »Vater dagegen wollte an der Bewirtschaftung festhalten. Das gab immer neue Konflikte.« Schließlich habe er 1992 »einen Schlussstrich gezogen« und neue Berufsversuche unternommen: als Klempner, im Gaststättenwesen, bei Versicherungen. Er war dann ein halbes Jahr arbeitslos und begann 1994 einen zweijährigen Lehrgang zum Außendiensttechniker. Das ganze sei ein langwieriger Prozess in ihm gewesen: »Ich kann nicht alles hinwerfen, wo Vater und Großvater gearbeitet haben, nur weil die Wende kam.«

Herr G. war zum Zeitpunkt dieser Schilderungen ohne Partnerin und wohnte bei den Eltern im Haus auf einer separaten Etage. Er arbeitete täglich etwa 12-14 Stunden im Außendienst. Am Wochenende war er überwiegend mit Arbeiten auf dem Grundstück beschäftigt.

Diese Lebensgeschichte löste bei mir Traurigkeit aus, aber auch ein Aufbegehren gegen das Gefängnishafte, was Herr G. in sich trägt, in einer Spannung zwischen ohnmächtiger Schicksalsergebenheit und Rütteln an inneren Gitterstäben. Damit spüre ich Gefühle, die von Herrn G. nicht wahrgenommen werden, die er so vorläufig bei mir »unterbringt«, die aber zu spüren Voraussetzung sind für eine autonome Entwicklung.

Was mir besonders auffällt, ist die starke Abhängigkeit von der großfamiliären Struktur und der in ihr geltenden Leistungs-Ideologie: Der vor seiner Geburt verstorbene Großvater und die Großmutter, deren »Lieblingsenkel« er war, waren die »Herrscher des Hofes« und haben ihn inthronisiert: Die großmütterliche Hervorhebung als »Kronenkel« speiste ein Größengefühl und wirkt doch wie ein fesselnder Fluch, in gravierender Weise verstärkt durch das beschriebene inzestuöse Doppelbett-Verhältnis bis zum 16. Lebensjahr! Wo war da die Mutter? Wo der Schutz des Vaters?

In der gesamten Beschreibung drängt sich mir eine inzestuös-ungetrennte Atmosphäre auf. Ich bekomme eher den Eindruck einer »Sippschaft« als den einer Großfamilie mit voneinander abgegrenzten Personen. Der Vater ist »mit dem Hof verheiratet«, offenbar mehr als mit seiner Frau (die auch der Patient abwertend beschreibt). In mir entsteht das Bild von einer enklavischen Welt getriebener Geschäftigkeit, in der Sinnlichkeit und Muße, Zärtlichkeit und Genuss als ablenkender Luxus gelten und in der die Konturen zwischen den dort Lebenden verschwimmen. An Herrn G. ging seit dessen Kindheit die Botschaft, dieses – äußere und innere – Familienerbe zu übernehmen.

Bei all diesen Eindrücken ist mir bewusst, dass ich die wirkliche Familie nicht kenne, sondern dass sich in mir verarbeitet, wie die Familie in Herrn G. repräsentiert ist. Man kann vermuten, dass mehrere Generationen der Familie bereits lange vor der Nazi- und DDR-Zeit viel von ihrer Lebenskraft in das Anwesen investierten. Offen bleibt für mich, unter welchen Schwierigkeiten und welchen Opfern der landwirtschaftliche Betrieb vor einer sozialistischen Enteignung und genossenschaftlichen Vereinnahmung hatte bewahrt werden können. Ob besondere Charakterzüge des Vaters oder seine Behinderung in diesem Widerstand eine Rolle spielten, kann ich nur vermuten. Gut vorstellbar jedoch ist, wie diese Familie in der Zeit der Bedrohung durch die Zwangskollektivierung zum trotzigen gegenideologischen Bollwerk ausgebaut wurde: Der Hof, eine von der Nachbarschaft möglicherweise dafür bewunderte Enklave in einer sie umgebenden kollektiven Planwirtschaft – eine äußere und innere Trutzburg.

In meinem Verständnis von Herrn G. bleiben nach dessen bisherigen Schilderungen die Abwesenheit der Mutter irritierend und die hochbedeutsame Großmutter-Identifikation untergründig. Vordergründig dagegen wirkt Herr G. auf mich zunächst einmal mit diesem beinamputierten Vater identifiziert, aber auch »trotzig« mit ihm konkurrierend. Er machte die entsprechende Ausbildung, erlebte aber, dass der Vater offensichtlich den Platz nicht räumte und Unterwerfung unter seine Vorstellungen forderte, als Herr G. nach seinem Studium auf den Hof zurückkehrte. Eine tiefere Bindung an eine Frau mit einer damit einhergehenden Herauslösung aus dem mütterlich (-großmütterlichen) Raum gelingt nicht und wird vermieden. Als er sich symbolisch, mit dem Auto fahrend, vom Hof entfernte, entstand Panik: Der Wunsch nach einem eigenen Leben als Erbfolger oder getrennt vom Familienbetrieb, wird als schuldhafter Verrat mit Symptomen bestraft und gebändigt. Der nervenärztliche Rat, zu den Eltern auf Distanz zu gehen, ist gut gemeint, aber wenig nützlich, da er »im Auto des Vaters sitzt« und es zu zerstören ihn selber umbrächte. So greift er zu dem, was immer half: Wie getrieben zu arbeiten.

Ich erinnere mich zurück: 1990 ließ Leonard Bernstein in Berlin den Chor der 9. Sinfonie von Beethoven mit einer der Situation entsprechenden Nuance ertönen:

»FREIHEIT *schöner Götterfunken ...« Mit ihrem Sieg über die staatssozialistische Einigung und Unterdrückung hatten die gegenideologischen Überlebenswelten der »Nischengesellschaft« gleichfalls ihren Sinn verloren: Auch der familiär-trotzige Zusammenhalt und Herr G.s ›Mission‹ wurden nicht mehr durch staatliche Repression gerechtfertigt und unterstützt – darüber hinaus lud das gesellschaftliche Klima zur Individuation ein.*

Herr G. konnte die gravierenden politischen und ökonomischen Umbrüche nach 1989 nicht zur Lösung seines inneren Loyalitätskonfliktes nutzen: Trotz der ökonomisch sinnlos gewordenen Situation, den Landwirtschaftsbetrieb weiter aufrechtzuerhalten, meinte er noch bis 1994 gewissermaßen das verlorene zweite Bein des Vaters ersetzen zu müssen und zwar mehr noch als zuvor, weil die individuelle Abwehr keine soziale Verstärkung mehr fand. Er wurde krank und opferte dem inneren Auftrag seine Liebesbeziehung und schließlich auch seine Impulse, eine Partnerschaft zu leben.

Immerhin, so denke ich, ist ihm 1994 eine Kompromissbildung in dem Sinne gelungen, dass er nun einem Beruf außerhalb des Hofes nachgeht, anderseits aber weiter im Hause der Großfamilie wohnt und am Wochenende dort zur Verfügung steht. Aber auch als Angestellter in seinem Betrieb verhält er sich musterschülerartig und übermäßig an die Interessen der Firma angepasst.

Als das Lebendigste an ihm erlebe ich deshalb seine Symptome: In diesen Impulsen aggressiver Art drückt sich seine Vitalität aus, kommen seine verdrängten eigenen Bedürfnisse nach einem abgelösten, eigenständigen Leben zum Ausdruck, wenngleich in ängstigender Form, so dass sie gleich wieder bekämpft werden müssen. Sie erscheinen mir so als »Bündnispartner« für die Therapie: Über die Wahrnehmung eigener Bedürfnisse zu einer eigenen Identität und Autonomie zu finden, also die vollzogenen Fremdidentifikationen aufzulösen.

Im analen Gefängnis

Der Behandlungsbeginn war wegen der Schwierigkeiten, sich auf einen Behandlungsrahmen zu verständigen, problematisch. Nach vier vorbereitenden Stunden, in denen er mir seine Biographie geschildert hatte, erschien er nicht zum vereinbarten fünften Termin und meldete sich erst vier Wochen später telefonisch: Er würde gern kommen, könne es aber nur einmal in der Woche einrichten, am späten Nachmittag.

Da mir klar war, dass ein Termin pro Woche bei dieser schwerwiegenden inneren Verfestigung nicht ausreicht, Herrn G. aber ein anderer Zugang offenbar nicht möglich war, ließ ich mich mit einem zwiespältigen Gefühl darauf ein. Als »Kompromiss« vereinbarte ich mit ihm wenigstens eine Doppelstunde und merkte dabei nicht sogleich, wie er mich so bereits am Anfang in seine Überstunden-Leistungswelt einband.

In der Folge kam er pünktlich und regelmäßig zu den vereinbarten Terminen. Dabei zeigten sich seine spezifischen psychischen Schwierigkeiten schon an jedem Stundenanfang:

Herr G. liegt auf der Couch und sagt, es sei schwer für ihn, darüber zu sprechen, was ihn im Moment beschäftigen würde. »Es fällt mir schwer, mich über mich zu äußern. Das Einfachste ist immer, über die Woche zu reden. Ich versuche es laxer zu nehmen, einfach her zu kommen und zu sprechen, aber es ist so in mir drin.« Es wäre ihm lieber, er würde »Stichpunkte« von mir bekommen. Er sei aber froh, dass er es pünktlich zur vereinbarten Zeit geschafft habe, hier zu sein. Dann berichtet er, dass er sich eine Liste gemacht habe für seine Aufgaben am Wochenende. Wichtig sei ihm, sich nicht mehr zu viel vorzunehmen. Immer wieder habe er bemerkt, dass er sich Aufgaben vorgenommen habe, die »den Rahmen gesprengt« hätten.

Herr G., nun regelmäßig zu mir kommend, wetteifert beiden Normansprüchen gerecht zu werden, denen der Firma und denen der Therapie, was für ihn vor allem hieß: Zum vereinbarten Zeitpunkt hier zu sein. Er kommt lachend herein, irgendwie stolz, die Arbeit »einfach abgebrochen« zu haben, um jetzt hier zu sein.

Ich spreche ihn auf seine angestrengte Pünktlichkeit an und auf seinen Stolz. Dies wischt er weg: »Wichtig ist, dass ich es geschafft habe.«

Meinen Hinweis auf dieses »Wegwischen« macht ihn nur wenig nachdenklich, nur schwach bekommt er eine Ahnung davon, wie er sich instrumentalisiert hat und einfach funktioniert. Aber mir wird deutlicher, wie stark er eine Beziehung zu mir abwehrt, die Einfühlung beinhaltet. Erneut werde ich so aufmerksam auf einen Mangel an ursprünglicher Mütterlichkeit, so als sei dieser basale, verständnisvolle Teil in ihm gar nicht ausgebildet.

Statt dessen geht es in diesen ersten Stunden oft um seine gespannte Beziehung zu seinem Vater: »Ich bin in stiller Konfrontation mit meinem Vater. Da ist kein Streit, aber wir sind uns uneinig. Er hat wieder Geld verplempert, und das ärgert mich so, dass ich gar nichts sage. (Es handelt sich um das Geld des Vaters.) Ich muss einen Weg finden, wie ich noch weiter Abstand gewinne. Ich denke, dass ich mit meinem Vater zu eng zusammen bin – dass ich mein und dein nicht unterscheide und von *uns* spreche. Ich komme aus dieser Verflechtung schwer heraus.«

Damit kommt erneut seine psychische Ungetrenntheit zum Ausdruck. Vor allem aber wird in diesen und den folgenden Bemerkungen deutlich, mit welch einem aggressiven Potential Herr G. zu kämpfen hat, wenn er mir begegnet: Er beschreibt eine Innenwelt, in der das vorherrschende Lebensgefühl von Wut, Bedrohung und Verfolgung, Kontrolle und Kontrolliert-Werden, Herrschaft und Unterwerfung bestimmt wird – Beziehungsattribute einer ›analen Welt‹, in der die anderen als potentiell feindselig erlebt werden. So ist sein unterwürfiges Verhalten auch mir gegenüber zu verstehen, und so müssen seine Bemerkungen auch als Hinweis darauf verstanden werden, dass er mich als übermächtig und sich mir ausgeliefert erlebt.

Herr G. meint, er habe durch die Gespräche hier gemerkt, dass er »einen Vaterkonflikt« hat, dass er sich nicht ernst genommen fühlt, weil Absprachen vom Vater nicht eingehalten würden. »Er macht das so, wie er es sich denkt. Dann könnte ich alles hinschmeißen – das wirft mich dann so zurück.« Mit dem Vater komme es ihm vor, wie bei einem alten Ehepaar: »Man kennt gegenseitig seine Macken, streitet sich über Dinge, die sich nicht lohnen und bleibt trotzdem zusammen. Kinder haben nur dann eine gute Beziehung mit den Eltern, wenn sie Abstand haben.« Er habe schon überlegt, ob er ausziehen solle – aber das wäre ein Kurzschluss.

Oder er spricht über seine Arbeit: Gestern habe er sich geärgert. Er sei gegen acht abends aus der Firma raus. Er habe einen Anfänger gehabt. Die Anfänger würde immer er bekommen, weil er am meisten Geduld habe, aber dann werde er nicht fertig. »Wenn es mehr wird mit der Arbeit, werde ich schneller. Dann baut sich Stress und Ärger auf. Ich hetze von Marathon zu Marathon. Und gut muss es sein – ich muss selber zufrieden sein.«

Ich spreche von der Unerbittlichkeit seines »inneren Richters« und denke, dass er ihn teilweise auf seinen Chef, teilweise auf mich projiziert, also mit diesem Richter bei mir und durch mich zusammentrifft.

In den Stunden fühle ich mich manchmal müde, wenn er ausführlich-umständlich erklärt und erörtert, statt mitzuteilen: Er habe eine Spannung in sich, wenn ihm die Arbeit über den Kopf wachse. Der Lärm reize dann mehr, der Puls gehe schneller. Aber er habe über den »inneren Richter« nachgedacht und sage sich jetzt in solchen Situationen: Du hast dein Bestes getan. Gewöhnlich suche er zu 90% die Fehler bei sich. Obwohl er sich eigentlich sagen müsste, dass er keine Schuld hat, wenn ihm so viel Arbeit aufgeladen wird, die nicht zu bewältigen ist. Irgendwann werde sich das zuspitzen. Dann werde er den Mut haben, dem Chef zu sagen, dass es so nicht weitergeht. Die Arbeit sei aber auch etwas wie eine Droge: »Die Arbeit am Wochenende macht zufriedener, als wenn ich etwas anderes tue – aber die Gesamtsituation, immer zu arbeiten, macht unzufrieden. Vor Jahren hatte ich immer ein schlechtes Gewissen, wenn ich am Wochenende nicht gearbeitet habe. Vater hat mich das spüren lassen, wenn ich mit der Freundin weg war. Das hat meine Freundin auch empfunden. Meine Priorität war zwar der Betrieb und die Arbeit, für Vater war es aber nie ausreichend.«

Nach etwa 15 Stunden fasst er für sich zusammen: »Ja, ich habe immer wieder Vater beim Wickel oder die Firma. So habe ich es mir gedacht, als ich her kam: Er kann mich ja nicht umkrempeln, man kann ja nur immer über die Dinge sprechen, die hoch kommen. Zum Schluss geht es immer um einen Konflikt: Vater-Sohn-Konflikt, das habe ich früher nicht als Konflikt gesehen. Lösen von der Familie. Das Sich-Unterordnen im Arbeitsprozess, statt an sich zu denken. Das Motto: Erst die Arbeit, dann das Vergnügen.«

In diesen Stunden bleibt das Zusammensein für mich oft langweilig und anstrengend, mitunter quälend. Darin äußert sich seine Form des Angriffs auf mein Beziehungsangebot. Auch wenn der Patient sich dem therapeutischen Sprachstil anpasst, scheinbar Einsichten von sich entfaltet oder in Form ›flotter Sprüche‹ parat hat – durch den Mangel an Affekten gerät alles zu einem Als-ob-Verstehen. Dieses zwischen uns gestellte Pseudo-Wissen dient seinem spezifischen Widerstand, die Kontrolle zu behalten, um nicht wirklich mit sich und mit mir in Berührung zu kommen.

»Sie legen Wert darauf, wie ich mich gefühlt habe. Das habe ich schon gemerkt. Aber das ist für mich schwer zu sagen. Entweder habe ich wenig Gefühle oder ich kann es nicht so sagen.« Er spricht dann von einem Verwandten, mit dem er bei einer Feier gewitzelt habe. Das habe ihm gut getan, so hätte er es gern auch mit seinen Eltern gehabt. Bei seinem Vater spüre er nur Ansprüche. Davon wolle er sich distanzieren. »Ich muss Distanz schaffen: Mache mit deinem Hof, was du willst. Wenn ich einen Vorschlag mache, bin ich wieder ein Rad im Getriebe und laufe wie geölt.«

»Ich bedauere, dass der Sommer schon wieder zu Ende geht. Auch ein Teil meines Lebens ist schon vergangen – ich möchte aber noch mal was anderes erleben. Ich stehe im Nebel und habe den Faden verloren. Früher wollte ich eine Weltreise machen. – Ich habe noch so viel Urlaub. Aber faulenzen – ob mir das überhaupt bekommt? Mir fehlt eine Partnerin für den Urlaub. Ich kann mich hinter der Arbeit wunderbar verstecken. Bei den Frauen bin ich aus der Übung gekommen. Ich müsste von vorn anfangen. Wenn ich arbeite, fühle ich mich sicher und bin zufrieden.«

Diese Sätze höre ich erneut auch als Aussagen über uns und seine Arbeit hier: Er leistet »Redearbeit«, um sich zu verstecken und sicher zu fühlen, gerade dann, wenn ein Ansatz depressiver Fühlungnahme auftaucht.

An der Oberfläche ist er um freundliche Kooperation bemüht, ich erlebe ihn dabei aber unecht-unterwürfig und entnehme dem einen Hinweis auf seine Angst, dass ich seine untergründige Feindseligkeit gegen mich entdecken bzw. er mit seiner Destruktivität die Beziehung zu mir zerstören könnte.

Einmal kommt er auf einen Aspekt seiner männlichen Identifikation zu sprechen: »Obwohl ich nie ein Kommunist war und nie an die Idee geglaubt habe, weiß ich ganz genau, dass ich nie gezögert habe, zur Armee zu gehen. Ich war anfangs so enttäuscht, dass ich nicht zur kämpfenden Truppe kam. Großvater war im Krieg, Vater war im Krieg – du musst da auf alle Fälle hin.« Mit dem Vater habe er nie über den Krieg gesprochen. Als er zum Wehrdienst einberufen wurde, sei er dann so schockiert gewesen, weil so in seine Persönlichkeit eingegriffen wurde.

Zunächst bin ich schockiert von der mit dem Vater geteilten Verleugnung, der bei der »kämpfenden Truppe« sein Bein verlor, denke dann auch an die selbst erlebten Ein- und Übergriffe während meiner Monate bei der »Nationalen Volksarmee«. Und ich denke an meinen Vater, aber auch an Väter meiner Freunde: Krieg, Gefangenschaft, Gesundheitsschäden, und dann die seinerzeit mich irritierende Begeisterung meines Vaters über den »Stechschritt« der Wehrmacht im Fernsehen... Aber warum fällt dem Patienten und dann mir jetzt der Krieg ein? Ich denke deshalb, weil Herr G. ein kriegerisches Potential in sich trägt, und weil er auch »im Krieg« mit mir ist.

Inhaltlich wird in diesen ersten 15 Stunden die Dominanz des Vaters für Herrn G. überdeutlich, während die Mutter scheinbar unbedeutend bleibt, so, als hätte er »mit der nie etwas gehabt«. Obwohl er $1^1/_2$ Jahrzehnte nach dem Krieg geboren wurde, ist durch die Beinlosigkeit des Vaters die Kriegsnähe spürbar. Insofern ist der Patient ein »Nachkriegskind«. Der Vater hat in »manischer Abwehr« getriebenen Tätigseins und im Kampf gegen die »kommunistischen Enteigner« gegen seine Depressivität angekämpft, gewissermaßen als Workaholic sein Leid nicht spüren müssen. Wenn Herr G. über die Armee spricht, übernimmt er in erschreckender Weise diese völlige Verleugnung. Mir wird immer einsichtiger, wie stark der Patient mit dieser Seite des Vaters identifiziert ist: Er ist genauso rastlos in seiner Lebensgestaltung, und ebenso lässt er in den Stunden bei mir Nachdenklichkeit und Fühlungnahme kaum zu.

Und auch mir »geht er an die Beine«, greift meinen analytischen Standort an: Mit seinem zähen-grüblerischen Sprechen fordert er mich subtil auf, immer wieder etwas zu tun, etwas zu sagen, Schweigen zu verhindern, »Leben hereinzubringen«, um ihm so zu ersparen, traurig zu werden, seine Lücken zu sehen. So wie er das fehlende Bein des Vaters durch unbewusste Schuldgefühle und heimliche Grandiosität zu ersetzen versucht, soll auch ich ihm gewissermaßen das fehlende Bein ersetzen. So entsteht zwischen uns die dargestellte »konstruktive Arbeitsatmosphäre« mit Vermeidung depressiver Gefühle als Konsequenz. Und wenn etwas Depressives anklingt, z. B. die Sehnsucht »etwas anderes zu erleben«, wird auch diese zur grandios verzerrten »Weltreise«.

Noch ist der Patient unterwürfig, gestattet sich an mir keine Kritik. Es fehlt ihm Zutrauen dazu zu erleben, dass aggressive Impulse seinerseits mich unversehrt lassen und dass die analytische Situation stärker ist als seine von ihm wie eine Zeitbombe befürchtete Wut.

Ich denke, ich müsste ihn enttäuschen, indem ich nicht »mitarbeite« und immer wieder darauf hinweisen, wie er nicht zulässt und dagegen arbeitet, Gefühle zu erleben. Für den Behandlungsrahmen ziehe ich aus diesen Überlegungen den Schluss, die vereinbarte Doppelstunde »abzuschaffen«, d. h. mich nicht der arbeitswütigen Manie des Patienten unterzuordnen. Von nun an machen wir zwischen den beiden Stunden eine Pause.

Ich versuche den Sinn dieser Veränderung mit dem Patienten zu besprechen. Wie immer nimmt Herr G. meine Gedanken eher autoritätshörig hin, als dass sie ein heilsames Stutzen auslösen: Er versteht die Veränderung äußerlich, verhaltensbezogen, – und »verordnet« sich an seinen Wochenenden »Erholungsinseln«, z. B. Fahrten mit dem Fahrrad, die er zwischen »Arbeitseinheiten« schiebt.

Pseudo-Freundlichkeit und Destruktivität

Ich komme zu spät zur Stunde. Ich sage ihm, dass er immer freundlich zu mir ist, auch wenn er sich angegriffen fühlen könnte, auch wenn ich zu spät komme. Er meint, ich werde gute Gründe haben und wenn ich ihn angreife, wolle ich ja nur helfen. Ich sage ihm, dass ich dieses meine: dass er so unkritisch und ohne Ärger mir gegenüber ist und dass ich machen könnte, was ich wollte, immer würde er mich in Schutz nehmen.

Daraufhin kommt er auf seine »gutmütige Art« zu sprechen und darauf, wie er sich oft habe ausnutzen lassen. Und dass er auch anderswo Konflikte vermeidet, Missbilligungen nicht ausspricht. Ich spreche ihn weiter auf seine Freundlichkeit, seine Höflichkeit, seine verbindlichen Floskeln an und darauf, dass er wegen sehr aggressiver Impulse in Behandlung gekommen ist. Er mag das nicht hören, wischt die Bemerkung weg, meint: »Mein Ich ist meine Freundlichkeit« – und wir haben den Streit in unserer Beziehung.

Wir kommen auf Selbstbeherrschung, Streitvermeidung, die Beschwichtigung in der Familie zu sprechen: »Es war zwar schön, dass sich die Eltern

Über die Identifizierung mit deutschen Familientraditionen

nie gestritten haben, aber irgendwie ist es auch traurig. Mein Vater kann mit verschiedenen Meinungen nicht umgehen – entweder es wird so gemacht, wie er es will oder er spielt die beleidigte Leberwurst – und irgendwie war auch die Großmutter so. Die Meinung der anderen mitbeleuchten, das war in der Familie nicht üblich. »Das ist nicht so schwer.« »Das werden wir schaffen, wir haben alles geschafft bisher.« Solche Durchhalteparolen waren das Motto. Damit kann ich nichts mehr anfangen und will es auch nicht mehr.« Früher habe er immer Schuldgefühle gehabt, wenn er ärgerlich mit dem Vater gewesen sei.

Ich sage ihm: Wenn man Freundlichkeit nicht unterlassen kann, ist es ein Zwang. Er will dagegen andiskutieren, was ich nicht mitmache, ich schweige.

In der nächsten Stunde kommentiert er mich indirekt, indem er über den Streit mit einem Arbeitskollegen berichtet, der so faul sei, kein Interesse an der Arbeit habe, nur Ausreden gebrauche, ein »Parasit« sei. Er habe ihn immer wieder entschuldigt. Aber das sei nicht mehr auszuhalten, und in den nächsten 14 Tagen (!) werde er ihm die Meinung sagen. Er wolle sie sich zurechtlegen und nicht »herausplatzen«.

Wir sprechen über seinen Umgang mit Ärger: Sein höflich-angepasstes Verhalten und seine Furcht vor Impulsdurchbrüchen. In diesem Zusammenhang erwähnt er seine Identifikation mit ökologischen Grundsätzen und dass ihn »der Umweltfrevel vor Wut fast krank« mache.

Ansatzweise gelingt es, dieses Thema auch auf uns zu lenken. Herr G. sagt: »Die Beziehung zwischen uns ist auch im Begriff, sich zu verändern. Ich habe immer versucht, es Ihnen leicht zu machen, so zu sprechen, dass Sie es unbedingt verstehen – jetzt habe ich gemerkt, dass Sie nachfragen. Ich war der Meinung, Gespräche sollten harmonisch-fröhlich anfangen und enden. Dass kein Konflikt offen bleibt. Das ist jetzt gar nicht mehr so zwischen uns. Ich nehme auch was mit, was halb erledigt ist.« Ich sage: Als hätte sie es gestört, als es so unerledigt blieb.

»Es hat mich gestört, dass Sie meine Floskeln angesprochen haben. – Aber ich habe auch gemerkt, dass die Themen nicht abgeschlossen sind und weitergehen. Aber Angst, dass ich nichts mehr sagen kann, ist immer noch da.«

Die Stunden haben nach wie vor etwas Zähflüssiges. Manchmal fühle ich mich angestrengt, so als würde ich ihm etwas zeigen wollen vom Leben, wofür er gar nicht offen ist. Er interessiert sich mehr für meine Erwartungen als für sich selbst und ist ein Hausaufgaben machender Schüler.

So hat er nun drei Väter: Seinen Vater, seinen Chef und mich. Alle werden streng erlebt, ich, wenn er nicht genügend »locker« war. Das Strenge beherrscht ihn tief. Das angenehme Sich-Vergnügen darf nicht stattfinden:

Darin äußert sich aber nicht nur eine Hemmung, sondern ein aktiv-sadistischer Teil in ihm, der das Lebendige in ihm und in der Beziehung zu mir sabotiert.

Wie kann es gelingen, diese strenge Herrschaft über sich selbst wenigstens in den Stunden bei mir aufzulockern? Wie kann es gelingen, dass er sieht, dass ich ihm hier tatsächlich erlaube, sich im Wasser treiben zu lassen oder »mit dem Fahrrad durch die Stunde« zu fahren?

Basaler Mangel

Immer wieder bringt mich Herr G. bei seinen Schilderungen dazu, ihn nach seinen damit verbundenen Gefühlen zu fragen, damit ich mir überhaupt ein Bild seines Erlebens machen kann. Anpassungsgewohnt versucht er deshalb, seine Gefühle zu schildern.

»Ich suche nach Gefühlen. Über Gefühle habe ich mir nie Gedanken gemacht. Was ich erinnere, sind nur tiefe Gefühle: Wo die Tante verstorben ist oder die Freundin mich verlassen hat oder als die Grenze aufging.« Er erinnere sich an ein spontanes Glücksgefühl, das habe ihn beunruhigt. Alles, was er nicht erklären könne, erzeuge Unsicherheit.

Deutlicher werden seine Gefühle, wenn er sich über andere äußert. Beispielsweise spricht Herr G. von einer »hübschen, netten, kleinen Praktikantin« – die Arbeit gehe schneller voran. Er habe Spaß mit dieser Praktikantin, die sei so »respektlos«.

Solche indirekten Gefühlsanklänge zeigen mir, dass er den »respektlosen« Selbstanteil langsam anzunehmen beginnt. Ich denke, dass dies auch ein Weg ist, wie ihm der Zusammenhang zwischen der Wahrnehmung seiner Gefühle und seiner zwanghaften Leistungshaltung etwas bewusster wird.

Was unbewusst bleibt ist, mit welcher Macht er alles Gefühlshafte, Lebendig-Expansive in sich und zwischen uns, und damit <u>seine</u> »Respektlosigkeit«, unter Kontrolle halten will.

Diese vorsichtige Fühlungnahme mit den bisher abgespaltenen, aggressiven Beziehungsanteilen bringt es mit sich, dass er andererseits keine wirkliche Entspannung in den Stunden finden kann. In unbewusster Anspielung darauf meint er: »Wenn ich im Urlaub bin, wenn ich zwei Tage am Strand liege, fühle ich mich missgelaunt. Auf den Kanaren, da habe ich mich ausgeschlafen, aber zufrieden bin ich nicht gewesen... Einfach dazuliegen und nichts zu leisten, fällt schwer. Bis heute ist es wichtig, dass ich mir einen Plan gebe.«

Ich spreche den Leistungsaspekt in unserer Beziehung an, weil er die Funktion hat, wirkliche Fühlungnahme zu verhindern. Ich sage, dass er mich als jemanden erlebt, der etwas von ihm erwartet und für den er gedanklich die Stunde vorstrukturiert.

Sich »einen Plan zu geben« und sich damit unter Kontrolle zu halten, muss er schon früh gelernt haben. Aufschlussreich war hier seine Reaktion auf Kleinkinder, als er Freunde mit deren Kindern traf.

»Die sind so lebendig, ich kriege das nicht auf die Reihe. Diese quälenden Fragen an die Eltern. Das regt mich auf. So tolerant – das kann ich mir nicht vorstellen. Ich schlucke es runter oder ich werde laut. Als ich früher diese Zwangsgedanken hatte, hatte ich auch Aggressionen gegen kleine Kinder, Säuglinge, Kleinkinder. Gegen dieses laute Schreien. Da musste ich einfach weggehen.«

Je mehr er unbewusst bei mir »schreien« will, umso mehr muss er dagegen angehen. Darüber hinaus frage ich mich, inwieweit die ausgeprägte Selbstkontrolle eine Eigentümlichkeit seiner Herkunftsfamilie war: Zur Zeit der Vertreibung aus Schlesien war seine Mutter ungefähr sieben Jahre alt. Was hat sie dabei erlebt? Was wurde aus der Flüchtlingsfamilie hier in Mitteldeutschland? Wieso heiratete sie schließlich einen 13 Jahre älteren, behinderten Mann?

Über all das mag ich nicht spekulieren, aber deutlich vermisse ich jede Stunde im Kontakt mit meinem Patienten eine basale Lebendigkeit. Deshalb vermute ich, dass zwischen Mutter und Säugling keine empathische Beziehung bestand und ihm eine Mutter fehlte, welche seine Lebendigkeit einfühlsam und freudig aufnahm und auch Spaß hatte an ihm als wildem Schreihals.

In die gleiche Richtung deuten Erinnerungen an die Großmutter, die ihn in den ersten Jahren erzogen hatte. Wenn er gespielt habe, hätte sie gesagt: Du hättest ja dies und dies machen können. »Und mein Vater hat trotz Schmerzen und Behinderung kaum Schwäche gezeigt. Keine Schwäche zeigen – das ist so ein Spruch von ihm. Oder: So wie man ist, ist man nicht in Ordnung – man muss besser sein.« Er sei Vaters Liebling gewesen, wenn er ihm die Werkzeugkiste hinterher trug. Als Kind habe er sich mit seinen Gefühlen einsam erlebt. Von der Mutter sei er kaum in den Arm genommen worden. Und Vater sei nicht tröstend gewesen, sondern vorwurfsvoll, wenn er sich verletzte.

Alle diese Erinnerungen zeigen wenig Spielerisches in der Familie, aber viel von Kindern geforderte »Vernünftigkeit« und Anpassung, welche den lebendigen, impulsiven und »unvernünftigen« Selbstanteil aus seinen Beziehungen ausklammerte.

In unseren Stunden konnte Herr G. aufgrund dieser Vorerfahrungen erst allmählich positive Seiten in unserer Beziehung erleben. »Dass an mich hier keine Anforderungen gestellt werden, dass ich einfach hier liege und erzähle, ich nichts machen muss, das ist Neuland für mich.« Deshalb sei er manchmal richtig gern hier: Das sei, wie aus der Hektik auf eine Insel zu kommen, einen Ort innerer Ruhe, wie in eine spanische Kirche. Da sei ein wenig von der Zufriedenheit ohne Leistung. »Nicht diese Geräusche, die auf die Nerven gehen auf dem Bau.« Draußen komme seine Denk- und Arbeitsmühle nie zur Ruhe. Mitunter ertappe er sich auch in der Woche bei der Frage: Wie geht es dir? Was wäre gut für dich? Er wäre z. B. zwei Stunden (!) baden gewesen ohne schlechtes Gewissen.

Spanische Kirche? Bewusst meint er damit die vor Lärm schützenden dicken Mauern, aber vielleicht verwendet er die Metapher auch im Sinne eines Schutzraumes vor einer unerträglichen »spanischen Hitze«, die ihm Angst macht und vor der er Sicherheit und Beruhigung sucht.

Sehnsucht nach der einheitlichen Welt

Das Festhalten am Familienerbe schien bei Herrn G. vordergründig mitbedingt durch den großen Kraftaufwand, mit dem der Hof gegen die sozialistischen Machthaber vor der Enteignung bewahrt wurde. Durch die Schilderungen erschließt sich aber zunehmend die dahinterliegende, tradierte Nazi-Ideologie. Manche markigen Sprüche, die in der Familie geherrscht hatten, das Asketische, die Härte gegen sich selbst, hatten mich schon früher aufmerken lassen. Oder auch die abwertenden Äußerungen zur Mutter, zu Frauen und zu Gefühlen und die Geringschätzung des Individuellen. All dies ist Teil seines »inneren Erbfolgehofs«. Und ich denke an den Nazi-Deutschen aus Filmen über die dreißiger Jahre, der anderen »eins über den Schädel haut« und einen exakten »Diener« macht – so wie Herr G. vor mir in der ersten Stunde.

In neuer Weise, teilweise entwertend, unbarmherzig oder spöttisch setzt er sich mit seinem Vater auseinander: »Vater lebt seine Jugend noch mal nach: Im Bücherregal findet sich der Zweite Weltkrieg, den man dort zu Wasser, zu Lande und zur Luft nacherleben kann.« Und er kommentiere nationalistische Zeitdokumente, benehme sich patriarchalisch – Mutter sei die Dienstmagd wie früher. Ihm gegenüber empfinde er kein Mitleid. »Der entwickelt sich nach rechts. Hat kein Verständnis für Ausländer. Er konnte die Kommunisten nie leiden, hat aber früher auch nichts mit den Braunen gehabt. Was mich befremdet ist, dass er sich verstärkt nach der Wende mit der braunen Soße beschäftigt und den Zweiten Weltkrieg jetzt bei uns zu Hause in Leinen gebunden stehen hat. Manchmal ist er mit Bekannten zusammen, läßt platte Sprüche los, die unter meiner Würde sind. Gestern lag ein Buch bei ihm: *Die KZ-Lüge.* Da haben wir uns gestritten. Auch wenn die Alliierten Einzelheiten verfälscht haben, das kann ja sein. – Er fängt dann mit dem Geld an, das die Russen bekommen haben. Ich sage ihm dann: Hast du denn gar nichts aus der Vergangenheit gelernt? Er sieht die Schuldigen nicht in den Nazis, sondern in den Amerikanern, Engländern, Russen. Ich denke, dass das aus seiner Erziehung herrührt. Ich habe noch keinen erlebt, der gesagt hat, er habe mitgemacht. Das habe ich bei den Alten nie erlebt, dass sie sich von der braunen Geschichte abwenden. Vater sagt, er sei nicht braun, sondern Deutscher. Er wünscht den Russen und Amerikanern die Pest an den Hals.

Aber er ist nicht in der Lage, den Müll zu trennen! Überhaupt habe ich Schwierigkeiten, in der Familie grüne Gedanken umzusetzen. *Diese über den Affekt verbundene Verknüpfung lässt mich situativ seinen Hass spüren und fortfahrend sogleich wieder verbergen:*
»Im Grunde sind beide Eltern deutsch-national: Immer Marschmusik. Vater hat nie akzeptiert, dass er ein Krüppel ist. Er hat immer versucht, auf Fotos seine Krücken zu verstecken.«

Herr G. ist nun aber auch in der Lage, seine damit verbundene Identifizierung wahrzunehmen: »Manchmal denke ich, dass ich davon was eingeimpft bekommen habe, Schwäche zeigen – erst wenn es nicht mehr geht. Wenn er als Behinderter so durchhält – dann darfst du dich doch in keiner Weise gehen lassen.«

Die manifeste Kooperation des Patienten und seine positive Einstellung zu mir sind begleitet von einer Darstellung des Vaters als eines »Einheitsideologen«, der früher die Kommunisten verachtete und sich selbst in seinem Mini-Sozialsystem überlegen-gut fühlen konnte: Die kollektive Mentalität der »Einheits-Partei« wurde zwar abgelehnt, das eigene Kollektiv aber dagegen gehalten.

Diese Aufspaltung hat der Vater jetzt auf Deutschland übertragen: Er wertet sich auf, indem er die Ausländer abwertet. Eine komplexe, nicht auf Schwarz-Weiß-Schemata beruhende Sicht der Realität ist ihm nicht möglich, eine heterogene Gesellschaft im nationalen Raum unerträglich, er will eine »saubere«, rassenreine, arische Umwelt. Sein Sohn empört sich zwar über diese Nazi-Orientierung, verteufelt aber, den Vater übertrumpfend, den »globalen Umweltfrevel«. Strukturell gesehen geht es ihm bei der von ihm ersehnten »Welt ohne Schmutz« um das Gleiche: Die Herstellung jenes homogenen Raumes, aus dem schon immer je nach der leitenden Projektion »Hexen«, Juden, »Volksschädlinge«, »Klassenfeinde«, Kommunisten, Ausländer, Umweltfrevler usw. »ausgesondert« wurden. Wie sein

Vater lebt Herr G. psychisch in einer unintegrierten, gespaltenen Welt. Mir fällt sein hasserfülltes und entwertendes Reden über den »arbeitsscheuen Parasiten«, ein, mit dem er sich – als ungelebtem, weil entwerteten Teil von sich selbst – nicht hatte anfreunden können, und der wohl, hätte er die soziale Macht dafür »in ein Arbeitserziehungslager separiert« worden wäre.

Herr G. ist mit dieser Familienideologie identifiziert und versucht an ihr festzuhalten: »Ich bin in der vierten Generation dort geboren – jetzt soll ich das alles über den Haufen werfen? Jede Generation hat daran gebaut. Früher haben wir alles gemeinsam gemacht: Kartoffeln lesen, Schweine schlachten. Aber jetzt haben alle Sechs was eigenes, eine eigene Individualität. Nur ich hänge noch so an der Gemeinschaft. Ich bin enttäuscht, dass sich das nicht festhalten lässt. – Was mache ich im Urlaub? Ich vermisse ein Gruppengefühl, so den Kameradschaftsgedanken – das vermisse ich, auf Arbeit und unter den Verwandten – das liegt an dieser Gesellschaft. Jeder kümmert sich nur um sich.«

Dies lässt mich an sozialistische Propagandafilme von FDJ-Ernteeinsätzen und nationalsozialistische vom Reichsarbeitsdienst sowie seine Identifikation mit der »Sippe« denken. Erneut wird deutlich, wie stark Herr G. noch einer kollektiven Identität verhaftet ist und wie sehr er in einer psychisch frühen Ungetrenntheit lebt, die er auch mit mir herstellen möchte: Eine kameradschaftliche, konfliktfreie therapeutische Beziehung mit einheitlichen Empfindungen.

Dementsprechend macht er Urlaub in den Alpen, um in einer Gruppe ökologisch Interessierter in einem Bergwald zu arbeiten. Als er wieder kommt ist er etwas enttäuscht: Gemeinsam zu arbeiten habe ihn an seine Kindheit erinnert, das wäre gut gewesen. Aber es hätten »Dank und Aufmunterung gefehlt«.

Auf diese Weise bringt er sowohl seinen Wunsch nach einer »ökologischen Einheit« mit mir, d. h. Ungetrenntheit von mir, zum Ausdruck, wie auch seine Enttäuschung darüber, dass er zunehmend Getrenntheit erlebt: Durch Ferien, aber auch in den Stunden. Er scheint sich stärker als früher mit Differenzen zwischen uns zu befassen, z. B. damit, dass ich »nicht behindert« bin. So ärgert er sich darüber, dass sein Vater sich einen »neuen Mercedes« kauft und ich deute ihm seine Angst, dass auch ich keinen Mercedes, kein »potentes« Auto haben soll, mit dem ich davonfahren und mich von ihm abwenden könnte. So steht jetzt in den Stunden ein Vater im Mittelpunkt, der mit einer Frau zusammenlebt, ein sexuelles Leben führt und sich die Erlaubnis zum Luxus gibt. Diesen Vater erlebt er fremd und kaum erreichbar. Er erklärt ihn deshalb zu einem Verräter an der Familientradition und deren einheitlicher

Welt. *Schon früher hatte er dem Vater vorgeworfen, dieser würde (sein eigenes!) Geld verschwenden.*
Herr G. ist tatsächlich am stärksten mit der Großmutter identifiziert, hält ihr unbewusst die Treue auch gegen den Vater. Mehr noch: So wie nicht die Mutter, sondern die Großmutter die eigentliche Frau auf dem Hof war, fühlt er sich – als ihr Kronenkel – dort als der eigentliche Mann. Er hält die Fahne hoch. Dass der Vater »desertieren« könnte, macht ihm Angst.
So werde ich erneut auf diese hochbedeutsame Mutter des Vaters verwiesen, bei der merkwürdigerweise »das Essen nicht geschmeckt hat« und die meinen Patienten zum Hoferben machte. Wieso? Weil der eigene Sohn ein Krüppel war? Einer, der mit einem irrsinnigen Fleiß zeigen musste, dass er nicht »lebensunwert« aus dem Krieg zurück kam?
Und die Mutter, diese »Magd aus Schlesien«? Hat sie vielleicht dieser Großmutter ihren gesunden, zweibeinigen, männlichen Erstgeborenen geopfert, ihn ihr sozusagen als Ersatz ins Doppelbett gelegt, eine späte Abfindung für die Aufnahme der schlesischen Flüchtlinge nach dem Krieg? Zu sagen, Herr G. wäre von den Eltern nicht genug vor dem inzestuösen Missbrauch durch die Großmutter geschützt worden, ist dann zu harmlos: Er wurde geopfert. Das Gespinst der Sippschaft hat so das Netz gewoben, in dem er sich Hamsterrad tretend nur weiter verfängt. So kann ihm keine wirkliche Verbindung zum Vater gelingen. Mit einem »Mercedes« könnte er ins Leben hinausfahren, gefangen im großmütterlichen Raum bleibt ihm nur der triumphierend-einsame Blick eines siegreichen Ödipus über den vermeintlich kastrierten Vater. Wenn er aber dann bei mir etwas Mercedeshaftes entdeckt, ist diese ödipale Abwehrfantasie gefährdet, wird Trennungsangst mobilisiert, und er bemüht sich um die Wiederherstellung einer »Einheitsbeziehung«.
Deshalb beschäftigt ihn in diesen Stunden die Frage, wie er mit oder ohne »Hof« leben könnte, innerhalb oder außerhalb einer Einheitsfantasie mit mir.
Er spricht von seiner Verantwortung für den Hof, die er auf sich lasten spüre. Er nennt dies »Familienerblast«. Diesen Betrieb loszulassen, den man durch die DDR-Zeit gerettet habe, fiele ihm schwer. Er werde so »wie ein Klotz am Bein«. »Da ist eine Sperre drin – zu denken, ein Leben ohne Hof. Das geht nicht. Ich habe sehr starke Gefühle der Verpflichtung gegenüber den Eltern und Großeltern. Ich denke, das ist schon in der Kindheit eingepflanzt worden – und ich habe mein Leben lang dafür was getan. Für mich stand der Hof immer im Mittelpunkt. Das ist, als ob man einer alten Liebe nachweint. Sollte ich verkaufen, wenn die Eltern nicht mehr leben? Dann wäre ich die Last los – da wäre ich aber wie heimatlos. Das mich erschlagende Ding wäre ich los, aber auch haltlos. Ich bin wie eine Pflanze,

die von einem großen Stein eingeengt wird. Da ist die Angst, dass sie erdrückt wird, aber wenn er weg wäre, wäre kein Halt mehr da.«

Als ich ihm die starke Belastung deute, die er durch diese »Familienerblast« erlebt und dass er andererseits »kein eigenes Haus« hat meint er: »Ich habe eine Hemmung, von zu Hause auszuziehen. Dass ich den Boden verliere, wenn ich mir eingestehen muss, dass das, was ich gemacht habe, falsch war. Dann habe ich gar nichts mehr, wo ich drauf zurückblicken könnte.« Und er vollzieht einen Perspektivenwechsel: »Vater ist nicht das Hindernis. Er hat mich kaum bedrängt. Es könnte sein, dass das der Auftrag der Großmutter in mir ist.«

So wird zunehmend auch die Abwehrfunktion deutlich, die in der Identifikation als Hoferbe liegt: »Auf eigenen Beinen zu stehen, davor habe ich Furcht. Deshalb habe ich die Nabelschnur noch zu Hause, was keiner verlangt – ich aber denke, ich muss den Hof erhalten, die heile Welt, die es mal gewesen ist. Wenn ich mich verabschieden würde, wäre ich nicht mehr verankert und noch mehr allein, als ich es jetzt schon bin.«

Verfangen

Parallel zu dieser Fühlungnahme mit Trennungs- und Verselbständigungsängsten und dem Verstehen, dass er an einer lebensgeschichtlich verspäteten Schwellensituation steht, geht es in den letzten gemeinsamen Stunden um ein erkundendes Umkreisen von Fantasien eines eigenständigen Lebens. Er beginnt sich mehr für Frauen zu interessieren, nimmt vereinzelt Kontakte auf. Dabei werden Hemmungen und Ängste deutlich: »Das merke ich erst, seitdem ich hier bin, dass das mit den Vorstellungen verkümmert ist – dass ich Vorstellungen vom Leben nicht habe oder nicht ausdrücken kann.« Er erzählt, wie er mit einer Kollegin im Kino war. Sie hätten über Geborgenheit und Zärtlichkeit gesprochen. Dabei sei es geblieben. Mehr wäre ihm »wie eine Vergewaltigung« vorgekommen. – Er berichtet von einem Urlaub in Marokko und dass es für ihn sehr schön war, mit mitreisenden Frauen in Kontakt zu kommen. Oder: Er habe Annoncen gelesen, die Frauen seien leider zu jung gewesen.

Obwohl er durchaus Wünsche nach einem gemeinsamen Leben mit einer Frau hat, fürchtet er zugleich Überforderung und Gefangennahme. Herr G. wird wieder trauriger: Das größere Übel wäre Veränderung, so lebe er im kleineren Übel. Ihm fehle ein positives Bild, eine Idee. »Ich nutze meine Gelegenheiten nicht. Ich habe ein übersteigertes Sicherheitsbedürfnis. Es bildet sich keine Sehnsucht aus.«

Ich denke, dass hier sowohl ein basaler Trennungskonflikt aber ebenso ein ödipaler Konflikt wirksam wird. Denn er ist auch mit einem Vater identifiziert, der bei dem Versuch »Mütterchen Russland« zu erobern, »kastriert« wurde. In dem Verzicht auf Frauen versuchte er eine mögliche Konkurrenz mit mir zu vermeiden.
Dass sich Sehnsucht so wenig ausbildet, ist dabei tatsächlich traurig: Dass die ganze Kraft dieses stabilen Mannes in das Festhalten fließt und keine Energie bleibt für ein eigenes Leben, für Kreativität, das Zeugen und Aufziehen einer nächsten Generation. Und ich denke, dass es tatsächlich traurig ist, dass in diesem Sinne das Erbe nicht weitergetragen wird und der Hof verfällt.

›Der Klotz Vom Bein(losen) Ende‹

An dieser Stelle, die für sein männliches Selbstgefühl so entscheidend war, brach Herr G. die Therapie plötzlich und entschieden ab. Nach 1½ Jahren und insgesamt 115 Stunden teilte er mir mit, dass seine Firma ihn für drei Monate nach Nürnberg schicken werde. Jetzt habe er die Chance, endlich Abstand von dem Hof zu bekommen.

Ich fühlte mich überrumpelt und hatte den Eindruck, dass sich auch der Patient selbst überrumpeln wollte mit diesem plötzlichen Entschluss, dem Wunsch der Firma umgehend nachzukommen, bevor traumatische Ängste die Oberhand bekämen. Zugleich versuchte er damit, die befürchtete Kastration projektiv bei mir unterzubringen: Ich erlebte spontan meine Arbeit entwertet und musste mir mit dem Gedanken helfen, dass diesem auch progressiv zu verstehenden äußeren Schritt nach drei Monaten eine innere Entsprechung folgen würde.

Selbstbewusst kam Herr G. nach drei Monaten zurück: Es gehe ihm gut im Westen. Er ärgere sich jetzt sehr, dass er damals nicht mit seiner Freundin mitgegangen sei. Das Leben dort sei »so bunt«. Seine eigenen Wege gehen zu können, die »Erblast« hinter sich zu lassen, verdanke er den Gesprächen mit mir. Seine Firma habe seine Arbeit anerkannt. Mit den Leuten sei er gut zurecht gekommen. Er werde jetzt ein ganzes Jahr weggehen.

Nach diesem Jahr haben wir uns noch einmal getroffen. Herr G. wirkte kraftvoller. Es tue ihm gut, jetzt im Westen zu sein. Es sei ja immer eine unerfüllte Sehnsucht gewesen, »noch mal was anderes zu sehen«. Seine Tätigkeit habe ihn ins Rheinland und verschiedene Gegenden geführt. Er fühle sich besser als hier und früher. Die Symptome seien nicht wieder aufgetreten. Dass er mit den Leuten zurechtgekommen sei und in der Firma

Anerkennung genieße, habe sein Selbstwertgefühl gestärkt. Und gut sei auch, dass er nicht mehr so viel grübeln müsse wie früher.

Aber er bemerkte auch – und dies bestätigte leider meine Sichtweise seines Therapieabbruchs –, dass er seine Sehnsüchte bislang nicht erfüllen konnte. »Provisorisch« sei sein Leben noch immer. Was er am meisten aus den Therapiestunden habe mitnehmen können? »Ich bin sensibler geworden für mich und für andere.«

Ausdruck eines Wandels oder neuer Anpassung? – Herr G. verabschiedete sich jedenfalls ohne den großen »Diener«.

Nachbemerkungen

Als Herr G. seine dreimonatige Ortsveränderung ankündigte, gingen wir von einer Unterbrechung der Therapie aus. Als er dann weiter mit Aufträgen der Firma betraut wurde, ließen wir eine Fortsetzung weiterhin offen. Insofern war ich für Herrn G. noch immer präsent – und er für mich. Inwieweit ihm dies im »Übergang« Hilfe war, kann ich nicht ermessen, dass er jedoch nach einem Jahr wiederkam, macht deutlich, dass ich tatsächlich für ihn bedeutsam geworden bin: Auf einer unausgesprochenen Ebene hatte er eine tiefere Beziehung zu mir aufgebaut, als sie in der Therapie an die Oberfläche kommen durfte. Erst unter der Bedingung des großen geographischen Abstandes konnte er etwas von dieser Anhänglichkeit zeigen. Insofern trägt er mich ein Stück in sich als jemanden, der ihn stützt bei seinen Bemühungen um Selbständigkeit. Mittlerweile ist die Firma auch im Westen etabliert und Herr G. plant, dort dauerhaft weiterzuleben.

Beim Nachspüren und Überdenken des Behandlungsverlaufes bleibt Ambivalentes in mir zurück – etwas Zuversichtliches und etwas mehr Trauriges.

Einerseits und äußerlich betrachtet hat Herr G. es geschafft: Er ist in der neuen Zeit des Westens angekommen, behauptet sich in dieser Gesellschaft, hat eine deutliche Distanz zu seiner großfamiliären Einengung herstellen können, hängt nicht mehr am »Rockzipfel«, wie er eingangs meinte, ist ohne Furcht vor aggressiven Durchbrüchen und auch sonst symptomfrei, mit dem Leben zufrieden. Psychopharmaka waren schon im Laufe der Therapie nicht mehr nötig gewesen. Insgesamt besteht also eine erfolgreiche Symptomheilung.

Andererseits: Herr G. maskierte mit einem »beruflichen Auftrag« seinen Therapieabbruch. – Hätte er es heute vermocht, dort gemeinsam mit einer Frau ein eigenes Leben zu beginnen? Ist er damit nicht lediglich aus der Arbeitsmanie der privaten Nische in die der Wirtschaftswunder-Manie übergewechselt? Ist die großmütterlich-väterliche Workaholic-Identifikation nicht die gleiche geblieben, ein Geschäftigsein im Dienste der Abwehr seiner Kastrationsängste und des Wegfühlens? (Herr G. also eine individuelle Replik auf die fünziger Jahre und die Geschichte der Bundesrepublik.)

Wie ist es tatsächlich mit seiner Sensibilität für sich und andere? Entspricht es ihm wirklich, ohne dauerhaften Wohnsitz für die Firma unterwegs zu sein? Jetzt führt er ein Leben der dauerhaften Flucht vor dem, was er auch in der Therapie bekämpfte.

Und seine Beziehung zum Vater? Aus seiner gegenabhängigen Position heraus konnte er ihn nicht getrennt von sich, also nicht vollständig wahrnehmen, musste ihn entwerten und bekämpfen. Hätte er sich tatsächlich auch innerlich von ihm gelöst, dann müsste es ihm jetzt möglich sein, für dessen Schicksal auch Mitgefühl aufzubringen und ihn für seine Leistung zu achten.

In den Stunden mit Herrn G. kam ich wiederholt intensiv mit der Macht des Kollektiven in Berührung: Ich habe empfunden, wie stark dieses Festhalten am Kollektiven, an der Gemeinschaft, Kameradschaft, der Großfamilie, den kollektiv verordneten Welten und den widerständigen Gegenwelten ist. Der bollwerkartige Hof ist gleichsam ein Paradigma all der Nischen und Gegenwelten in der DDR in Gartenkolonien, Künstlerszenen, den Kirchen. In diesen konnte man einander sehr nah sein, herzlich verbunden und vertraut. Eine Enttäuschung der neuen Zeit war ja auch, festzustellen, wie verschieden man eben doch ist, wie unterschiedlich die Interessen sich in einer freien Gesellschaft plötzlich ausgestalten – Trennungsangst in milderer Form. In der Behandlung von Herrn G. war diese sehr massiv zu spüren und wie aus der so nicht gelebten Individualität, dem ungelebten Eigenen, aggressiv-destruktive Impulse erwachsen: Von der Messerfantasie, der von der Zerstörung von Vaters »Auto«, bis hin zur Umerziehungsfantasie all dessen, was sich einer einheitlichen Welt entzieht.

Doch was ist der Kern dieses besonderen Festhaltens an einer einheitlichen Welt? Wogegen richteten sich die »Durchhalteparolen«? Was wurde im Grunde abgewehrt in dieser geschäftigen Enklave und war doch so wirksam in seinem Einfluss auf seine Entwicklung?

Erst im Nachhinein hat sich mir in dieser Form das Gesamtbild ergänzt: Da ist zum einen der nationalsozialistisch zum Helden erzogenen Vater, der auszog, »Mütterchen Russland« zu erobern und dem dabei das Bein und die Ideale weggeschossen wurden, ein geschlagener Soldat und ein für sein Leben gezeichneter Kriegskrüppel, ein im übertragenen Sinn kastrierter

Mann. Als solcher wurde er von seiner Mutter misstrauisch beäugt, ob er wohl ihren Mann und tatkräftigen Hofbesitzer ersetzen und das Erbe durch die schwierigen politischen Zeiten würde tragen können. Zum anderen ist da die Mutter von Herrn G. als siebenjähriges Mädchen in einem Flüchtlingstreck, Opfer der »ethnischen Säuberung« Schlesiens, vertrieben und entwurzelt, mit ihrer Familie heimatlos geworden. Warum hat diese 13 Jahre jüngere Frau sich mit einem kriegsversehrten Mann zusammengetan?

Liegt es nicht nahe, dass sie sich am Ende des Krieges nach ihrer Vertreibung genauso »kriegsversehrt« fühlte wie ihr Mann? Was beide damit offenbar verbindet, ist sowohl eine traumatische Geschichte als auch die gemeinsame Vermeidung der schmerzhaften Erinnerungen daran mittels »Durchhalteparolen«. Das Geschäftigsein im Dienste des Wegfühlens, mit dem Herr G. identifiziert ist, hat hier seinen eigentlichen Grund: Die Fühlungnahme mit der traumatischen Erfahrung zu verhindern.

Die Angst vor Individualität, Heterogenität und psychischer Trennung, die Sehnsucht nach der einheitlichen, homogenen Welt, mit der Herr G. identifiziert ist, hängt mit diesem gemeinsam abgewehrten Trauma, dem Tabu von Täterschaft *und* Opfer-Sein zusammen.

In der Behandlung von Herrn G. wurde deutlich, dass ihm die Täterseite seines Vaters zwar bewusst ist, er jedoch die Verleugnung der Opferseite seiner Eltern völlig übernimmt. Beides ist aber nicht unabhängig voneinander zu sehen: die Verleugnung der einen gerät zur verzerrten Wahrnehmung der anderen Seite. So wie in der (ost- wie west-)deutschen Nachkriegsgeschichte die Auseinandersetzung mit der eigenen Täterschaft lange Zeit unterblieb, unterließ man auch die Fühlungnahme mit den eigenen Erfahrungen unendlichen Leids.

Reflektiert wird mittlerweile die deutsche Täterschaft: Die Erfahrung der Kriegsgeneration, die mit ihrer Aggressivität maßlos destruktiv war und dadurch das Verhältnis zur eigenen Aggressivität tief beschädigte. Dass beide deutsche Staaten sich deshalb mit ihren jeweiligen Besatzungsmächten überidentifizierten und sich kollektiv eine gestörte Identität ergab.

Wie aber ist es mit der Trauer um die erlittenen Verluste? Der Vater von Herrn G. hat sein fehlendes Bein auf den Fotos versteckt. Und ebenso haben die Deutschen ihre sechs Millionen erschossenen und verbluteten Soldaten versteckt. Es gibt Soldatenfriedhöfe überall in Europa – aber sie fehlen im Oderbruch. Auf den Kriegsdenkmälern in Deutschland wird der verlorenen Söhne gedacht, um die getrauert wird: Soldaten der Kriege von 1870-1871 und 1914-1918. Eine öffentliche Trauer um die deutschen Toten des Zweiten Weltkrieges hat die deutsche Täterschaft bislang weitgehend verhindert. Die Geschichte von Herrn G. hat mir auch dies gezeigt: Dass diese Aussparung psychodynamisch eine hohe Wirksamkeit entfaltet. Doch auch hier gibt es ein neues Bewusstsein: In einem kleinen Ort stieß ich vor Kurzem auf ein neugestaltetes Denkmal, mit dem an »106 Tote des Ersten Weltkriegen und 109 Tote des Zweiten Weltkrieges« erinnert wird.

Was könnte Herrn G. helfen, käme es zu einer Behandlungsfortsetzung? »Beschäftigung« hilft »darüber hinweg« – Erinnerung und Aneignung helfen. Die gesellschaftliche Symptomheilung durch »Beschäftigung« reichte in der alten Bundesrepublik 23 Jahre aus, wie Alexander und Margarete Mitscherlich in ihrer Diagnose der westdeutschen Nachkriegsgesellschaft *Die Unfähigkeit zu trauern* bereits feststellten. 1968 dann wollten es die Söhne aber »von ihren Vätern wissen«.

Herr G. braucht seinen »vollständigen Vater«. Dieser hat seine fehlgesteuerte Aggressivität, seinen verführten Jugendidealismus, seine Niederlagen und Verluste nicht betrauert. Mit »Beschäftigung« half er sich darüber hinweg, mit seiner jetzigen Begeisterung für seine Jugendideale der Kriegszeit bleibt er für Herrn G. eine Karikatur. Herr G. müsste diese Identifikationen aufgeben, erinnern und trauern und könnte so Fähigkeiten entwickeln, die mit Einfühlung, Sorge um den anderen und der Fähigkeit, Begrenzungen anzuerkennen, zu tun haben. Mit einem »vollständigen Vater« in sich könnte Herr G. nicht nur Mitleid mit seinem realen Vater entwickeln, sondern auch eine konstruktive Aggressivität, die ihm helfen würde, aus der Großmutterwelt davonzugehen.

Der Mythos der Einheitspartei
Seine intrapsychische und interpersonelle Dynamik

In diesem Beitrag soll einem psychologischem Aspekt der SED-Geschichte am Beispiel eines Parteimitgliedes nachgegangen werden: der Abwehr von »Geschichte« durch den Mythos der Einheit.

Die Sozialistische Einheitspartei Deutschlands (SED) wurde im April 1946 durch den Zusammenschluss von SPD und KPD nach dem Vorbild der sowjetischen KPdSU gegründet und kontrollierte das gesamte gesellschaftliche Leben der DDR. Die innere Struktur der SED war dem »autoritären Prinzip« (Bahro 1990) verpflichtet. Ihre Gründungsväter wollten nach den verheerenden Geschehnissen in Nazideutschland ein anderes, besseres Deutschland aufbauen. Aber die fehlende Aufarbeitung ihrer eigenen Geschichte, ihrer eigenen traumatischen Erfahrungen in der Nazizeit, ihrer Dezimierung durch die Verfolgungen Stalins und die kritiklose Übernahme des Parteimodells der KPdSU führten zu einer Wiederholung des Traumas. Die SED wurde bei aller inhaltlichen Unterschiedlichkeit mit ihrer Struktur und mit der Unterdrückung subjektiver Denk- und Sprachfindung der NSDAP ähnlich. Es kam zur Verfestigung psychodynamisch regressiver Gruppenstrukturen, die Bahro (ebd., S. 290) folgendermaßen beschrieb: »Der Parteiapparat ist die institutionalisierte Weigerung, die Subjekt-Eigenschaft des sozialen Objekts auszunutzen (...) sie beansprucht dem Wesen der Sache nach den Status göttlicher Allwissenheit.« Statt dessen erwartete man vom Parteimitglied Parteigehorsam: »Politisch entmündigt wie alle anderen Bürger auch sind dagegen die einfachen Mitglieder der Partei (...) das Mitgliedschaftsverhältnis (...) verpflichtet alle Mitglieder zu einer soldatischen Disziplin.« (Henrich 1989, S. 61). Dies findet sich wieder in der Alltagssprache der SED, wo vom »Parteisoldaten« die Rede war, in SED-Parteitagen, wo das Lied »Die Partei, die Partei, die hat immer Recht« mit religiösem Pathos gesungen wurde, in sprachlichen Affinitäten zu NSDAP-Parolen (»Führer, wir folgen Dir«, »Der Führer hat immer Recht«). So ist der in der DDR gängige Begriff »die Partei als Schutz und Schild« auch verstehbar als »Schutz und Schild« gegen subjektive Sprachfindung des Einzelnen, seiner Geschichte, seines Erlebens, seiner Gefühle, Ängste und Fantasien. Im Vordergrund stand ein »Funktionieren für die Zukunft«, »für eine bessere Welt«, für die Durchsetzung von Idealen und nicht die subjektive Selbstfindung des Einzelnen und der Gruppe.

Frau K.

Frau K. stellte sich Ende 1998 das erste Mal in meiner Praxis vor, nachdem ihr im Anschluss an eine stationäre Psychotherapie eine ambulante Behandlung empfohlen worden war. Sie war zu mir gekommen, da sie von zwei unterschiedlichen Seiten gehört hatte, ich sei »besonders streng«. »Das brauche ich jetzt, das ist das einzige was mir möglicherweise noch helfen kann.«

Die psychischen und psychosomatischen Beschwerden begannen 1992: sie musste »grundlos weinen«, war mehrfach zusammen gebrochen (einmal mit Erbrechen und Einnässen), hatte am ganzen Körper Schmerzen (besonders in den Gelenken), Schlafstörungen, Migräne, führte Selbstgespräche auf der Strasse und eigentlich wollte sie »nicht mehr leben, ich will sterben, ich will zu meinem Vater«.

Die Symptome hatten sich verstärkt, als sie gemeinsam mit ihrem zweiten Ehemann in das Haus der dementen Schwiegermutter gezogen waren und sie sich von dieser noch zusätzlich drangsaliert fühlte.

Im Erstgespräch begegnete mir eine 56-jährige, gepflegte und attraktive Frau, die in ihren Bewegungen etwas Hartes und Kantiges ausstrahlte, so als halte sie sich mit Mühe zusammen. Ein fester Händedruck und eine tiefe Resignation in der Mimik, kaum Augenkontakt und die mit beiden Händen festgehaltene Handtasche auf dem Schoß, lösten in mir den Eindruck aus, als fühlte sich Frau K. eher wie in einer autoritären Behörde oder in einer Autoreparaturwerkstatt, wo es gilt, technische Abläufe zu besprechen. Andererseits berührten mich die Hilflosigkeit, Verlorenheit und Trauer, die in ihrem Verhalten deutlich spürbar wurden.

Sie berichtete mir damals, dass ihr erster Ehemann, ein Bulgare, in den sechziger Jahren plötzlich vom Staatssicherheitsdienst verhaftet worden war. Sie erfuhr nie, weshalb und sah ihn nie wieder. Dies berichtete sie mir mit tiefer Resignation, andererseits aber auch so, als habe dies nicht wirklich etwas mit ihr zu tun. Während ich bei mir plötzlich Traurigkeit bemerkte, sagte die Patientin: »Wenn ich auf meinen Vater gehört hätte, hätte ich diesen Mann nicht geheiratet und dann wäre mir das erspart geblieben«. Ich war wie vor den Kopf gestoßen und verstand die Szene zu diesem Zeitpunkt zunächst als verfestigte Abwehr eines traumatischen Geschehens.

In den Probesitzungen kam die Patientin immer wesentlich früher, oft bepackt mit vielen Einkaufstaschen und stets den Eindruck vermittelnd, als habe sie neben den vielen anderen wichtigen Terminen und Aufträgen, die sie zu erfüllen hatte, nun auch noch diesen Termin abzuarbeiten und mit der unausgesprochenen Botschaft, dass ich ihr nun sagen sollte, was sie alles falsch macht und wie sie es richtig machen müsse.

Dabei berichtete Frau K. immer wieder von plötzlich auftretenden Weinanfällen und Verzweiflungsgefühlen, die sie als »krank und dumm« bezeichnete und denen sie voller Verachtung gegenüberstand. Dabei war sie verwundert, dass ich sie dafür nicht verachtete und kritisierte, was sie unter allen Umständen erwartet hatte. Zunächst war sie verwirrt und verunsichert, wenn ich nachfragte, was denn in dem Moment, als sie so plötzlich und grundlos weinen musste, in ihr und um sie war. Allein mein Nachfragen löste bald Ärger und Unverständnis ihrerseits mir gegenüber aus. »Hören Sie endlich auf so zu reden! Diesen kranken Teil will ich doch loswerden.« Schon an dieser frühen Stelle der Therapie wurde mir deutlich, dass Frau K. kaum über eine Vorstellung verfügte, ihrem inneren Erleben in einem auf Verständnis orientierten Dialog zu begegnen.

Ebenfalls in den Probesitzungen brachte sie ihren Ärger über den zweiten Ehemann und die stationäre Psychotherapie zum Ausdruck. Der Ehemann kümmere sich kaum um etwas, alles müsse sie machen, es gäbe keine emotionale Nähe zwischen ihnen, sie verdiene mehr Geld, würde demzufolge auch mehr bezahlen und der Ehemann überlasse fast vollständig ihr die Pflege seiner Mutter. Bei der stationären Psychotherapie sei alles so streng gewesen, ständig hatte sie sich Forderungen gegenüber gesehen, die sie nicht erfüllen konnte. Außerdem hätten viele Patienten sich ihr zugewandt, um von ihr Hilfe zu bekommen. Das habe sie nicht ablehnen können und sei dadurch selber belastet gewesen.

Noch während der Probesitzungen setzte Frau K. selbständig, ohne Rücksprache mit ihrer behandelnden Ärztin, die Psychopharmaka (Antidepressiva) ab. »Ich will nicht abhängig davon werden.« Ich verstand dies als ambivalente Botschaft an mich: Einerseits schien sie in mir einen Ersatz für die Medikamente gefunden zu haben, andererseits fürchtete sie wohl auch in der Beziehung zu mir Gefühle von Abhängigkeit aufkommen zu lassen.

Wir vereinbarten eine psychoanalytische Therapie mit zwei Wochenstunden, wobei ich ihr die Entscheidung überließ, ob und ab wann sie sich legen wolle. Zunächst blieb sie in den Stunden sitzen, ca. in der 20. Stunde stellte sie ihre Handtasche erstmals neben den Sessel; ab der 56. Stunde legte sich Frau K. erstmals auf die Couch (siehe unten). Anhand des Materials der ersten drei Jahre möchte ich die Vernetzung von prätraumatischer Struktur und lebensgeschichtlichen Traumata, unter besonderer Berücksichtigung der Sprachlosigkeit der eigenen Geschichte gegenüber, beschreiben.

Aus der Lebensgeschichte

Frau K. wurde 1942 im Zweiten Weltkrieg geboren, neun Monate nach einem Fronturlaub des Vaters. Sie wurde von der Mutter nicht gestillt. Sie und ihre fünf Jahre ältere Schwester lebten gemeinsam mit der Mutter und deren Mutter während des Krieges in ärmlichen Verhältnissen. Das Haus wurde zum Ende des Krieges von einer Bombe getroffen, und da die Großmutter nicht mit in einen nahe gelegenen Luftschutzbunker geflüchtet war, wurde sie unter den Trümmern begraben. Dieses Haus befand sich ca. 100m entfernt von meiner Praxis. Es war eines der wenigen Häuser der Stadt, die im Krieg durch amerikanische Bomben zerstört wurden.

Längere Trennungen von der Mutter ergaben sich 1946, als die Mutter an Tuberkulose erkrankte und für 18 Monate in eine Lungenheilstätte musste, später noch drei Mal für kürzere Zeit.

Zwei wichtige Szenen erinnerte Frau K. aus dieser Zeit: Als Vierjährige musste sie von einem Molkereibesitzer einmal in der Woche fette Milch für die Mutter holen. Dieser habe sie regelmäßig »begrapscht und ich musste stillhalten«. Manchmal sei sie deshalb nicht hingegangen und habe gesagt, diesmal habe der Molkereibesitzer keine Milch übrig gehabt, was man ihr glaubte. Aber sie litt unter entsetzlichen Schuldgefühlen und glaubte, die Mutter müsse nun ihretwegen so lange im Krankenhaus bleiben. Diese Geschichte hatte sie vorher noch nie jemandem erzählt. Und: Weihnachten 1947 war der Vater von der Arbeit gekommen und ein junges Mädchen, das im Haushalt half, hatte alle Weihnachtsgeschenke gestohlen und war verschwunden. Da habe der Vater auf der Treppe gesessen und hilflos geweint. Eine ähnliche Szene wiederholte sich mit 14 Jahren als sie ihr Vater plötzlich in der Küche beim Vorbeigehen um die Hüfte fasste, seinen Kopf an sie lehnte und bitterlich weinte. Die Mutter habe dabei gesessen und niemand habe etwas Erklärendes gesagt. Sie würde es bis heute nicht verstehen, nehme es aber als weiteren Beleg dafür, dass der Vater unglücklich war.

Von der Tuberkuloseerkrankung hatte die Mutter von Frau K. sich nie wieder erholt. Sie konnte nicht mehr arbeiten, tat nichts mehr im Haushalt, sie sei »ein parasitärer Mensch« gewesen. Die letzten zehn Lebensjahre bis zu ihrem Tode 1989 litt die Mutter von Frau K. unter einer schweren Altersdemenz und wurde von der Patientin zu Hause gepflegt. Schließlich musste Frau K. ihre Mutter unter Schuldgefühlen ins Heim geben, da sie der Pflege nicht mehr gewachsen war.

Mit zehn Jahren erkrankte Frau K. selbst an Tuberkulose und musste sechs Monate in eine Heilstätte (»...wo ich gemästet wurde«). Sie erinnerte vor allem den Ekel vor dem Essen und dass sie danach (mit elf Jahren) viel eher als ihre gleichaltrigen Schulkameradinnen ihre Regel bekommen hatte und »voll entwickelt« war. Nach dem Aufenthalt in der Heilstätte bekam sie privaten Nachhilfeunterricht von einem alten, berenteten Lehrer, den sie sehr mochte und der eine Art Kontrasterfahrung zum Elternhaus darstellte. Dieser Lehrer interessierte sich für sie, fragte nach und hörte zu. Er wurde für Frau K. zu einer Art »guten Mutter« und sie folgte ihm nach und beschloss, auch Lehrerin zu werden.

Sie durfte – im Gegensatz zu ihrer Schwester – die Oberschule besuchen, wurde Lehrerin an einer Grundschule, heiratete Anfang der sechziger Jahre ihren ersten Ehemann und bekam einen Sohn. Als der Sohn drei Jahre alt war, kam sie eines Tages aus der Schule und ihr Ehemann war weg. Er war verhaftet worden und sie sah ihn nie wieder, ohne dass bis heute klar ist, warum. Einzig, dass er damals zu einer Gruppe um Robert Havemann Kontakt gehabt hatte, weiß Frau K. und kann es sich als Grund für die Verhaftung vorstellen. Sie war zu diesem Zeitpunkt Mitglied der SED (trat erst 1989 aus der Partei aus) und wurde in der Folgezeit oft von Stasimitarbeitern besucht, die von ihr zum einen Kontaktpersonen wissen, zum anderen sie dazu bringen wollten, sich von ihrem Ehemann zu distanzieren, ohne dass man ihr konkret sagte, was ihm vorgeworfen wurde. Sechs Monate nach der Verhaftung des Ehemannes starb ihr Vater an einem Leberkarzinom.

Nach einigen Jahren weiterer Ungewissheit und regelmäßiger Besuche durch die Stasi hatte Frau K. dann eingewilligt, sich pro forma scheiden zu lassen, auch da sie Anfang der siebziger Jahre ihren zweiten Ehemann kennen gelernt hatte, den sie 1972 heiratete.

Bis zur Wende 1989 hatte sie den ersten Ehemann fast vollständig verdrängt, bis zum Beginn der Therapie glaubte sie z. B. auch, keine Bilder mehr von ihm zu haben, fand dann aber doch noch zwei Bilder. Etwa seit Verschwinden des ersten Ehemannes bzw. seit dem Tod des Vaters litt Frau K. unter Rheuma. In dieser Zeit hatte sie aufgehört zu schreiben (Erzählungen, Gedichte u. a.), Klavier zu spielen und Sport zu treiben.

Ende 1991 erfuhr sie, dass ihr früherer Mann nicht mehr lebt, allerdings nicht, wann er gestorben war; bis heute hat sie keine weiteren Informationen. Das lag daran, dass Frau K. 1991 ein Gespräch mit Stasioffizieren, das ein Mitarbeiter der Gauckbehörde organisiert hatte, kurzfristig »absagte«: Auf dem Weg zu diesem Termin drehte sie dort auf den Treppenstufen um und lief weg. Einige Wochen später brach sie wenige hundert Meter von diesem Ort entfernt auf der Straße »grundlos weinend zusammen«.

1992 unternahm Frau K. einen Suizidversuch mit Tabletten. Sie brach den Versuch ab, als ein Enkel anrief, »weil man das einem Kind nicht antun darf«.

Aspekte der therapeutischen Beziehungsgeschichte

Die Stunden mit Frau K. gestalteten sich anfangs schwierig, weil sie mir dichtgedrängt eine große Anzahl biografischen Materials (vor allem über ihre Eltern und Großeltern) anbot, das ich nicht in der Lage war einzuordnen oder gar zu verstehen. Es entstand kaum ein Raum gemeinsamen Hinspürens und Nachdenkens über das Gesagte, sondern eher der Eindruck, dass Frau K. die sie belastenden und unverarbeiteten, z. T. traumatischen Geschehnisse ihrer Familiengeschichte bei mir ablud, um sich davon zu befreien. Das hatte zunächst auch eine entlastende Wirkung auf sie. Schon nach wenigen Stunden teilte sie mir mit, sie könne jetzt wieder gut schlafen und fühle sich insgesamt wohler: »Das hält aber nur höchstens einen halben Tag an«. Als sie wenig später auf der Straße in einem Schwindelzustand stürzte, kommentierte sie dies mit: »Diese Schwäche, hoffentlich nimmt die nicht wieder zu!«

Dies schien sie auch in den Stunden zu befürchten. Durch die Fülle ihrer Erzählungen, stellte sie eine atmosphärische Dichte her, der ich mich kaum entziehen konnte und die mich zunächst in einer Weise unter Druck brachte, in der ich intensiv bemüht war, Zusammenhänge und Bedeutungslinien zu finden, um in die Vielfalt des Mitgeteilten etwas Übersichtlichkeit zu bringen. Auf diese Weise versuchte sie meine Aufmerksamkeit auf Berichtetes zu lenken, in dessen Schatten sie selbst versteckt bleiben konnte. Ich verstand diese Anfangszeit als den Versuch von Frau K. mich in einen Zustand zu bringen, der ihrem Bild des Vaters entsprach. Ich sollte die in der Stunde abgeladenen Ereignisse und Gefühle verarbeiten und entsorgen, allerdings ohne, dass ich davon wieder etwas zurückgeben und damit einen gemeinsamen Austausch hätte gestalten sollen. Ihr Vaterbild war: »Er hat immer gearbeitet, sich nie Ruhe gegönnt, sich um alles gekümmert, nie an sich gedacht und nie davon gesprochen, was in ihm vorgeht.« Und Frau K. hatte in ihrem Leben immer versucht alles zu tun, damit es ihrem Vater gut ging. So hatte sie als junges Mädchen, 15-jährig, im DDR-Lotto eine höhere Summe Geld gewonnen, war auf ihren Wunsch hin mit dem Vater zu dessen armer Verwandtschaft gefahren und hatte dort das Geld verteilt. Nur in einem Punkt hatte sie nicht das getan, was der Vater erwartete und zwar als sie ihren ersten Ehemann heiratete. So beschrieb sie die Eheschließung als Abgrenzungsversuch zum Vater, aber es blieb unklar, warum sie diesen Mann heiratete, was ihr an ihm gefiel und was sie mit ihm verband.

In einer weiteren Stunde berichtete sie mir über den frühen Eintritt ihrer Menarche mit elf Jahren. Zu dieser Zeit hatte der Vater eine Freundin, aber sie hätte trotzdem »zu ihm gehalten«. Kurz danach erzählte sie wie sie fünfjährig einmal ein Stück Brot gestohlen hatte, der Vater sie fast erwischt hätte und es ihr gerade noch gelang, den Vater anzulügen. Während der späteren Krankenhausaufenthalte der Mutter, berichtete sie stolz, hatte sie für den Vater gekocht.

Nach der ersten längeren Therapiepause, kam die Patientin in die Stunde und sagte: »Ich habe die Gesprächsrunden hier vermisst. Ich hatte den Gedanken, dass ich mir wünsche, für Sie (!) gesund zu werden. Ich werde von allen als Mutter Teresa angesehen, aber ich bin nur ein leerer Ramschladen.«

Ich begann zu verstehen, dass Frau K. sich bei mir fühlte, als käme sie zum Vater. Sie wollte mit aller Kraft zwischen uns eine Beziehung herstellen, wie sie zwischen Vater und Mutter besteht. So ist die untergründige Erotisierung zu verstehen, die ihren biografischen Bezug z. B. darin hatte, dass sie so »frühreif« war, also früh zur Frau wurde, zu einer Zeit, als der Vater eine Beziehung zu einer anderen gesunden, nicht schwindsüchtigen Frau hatte. Dabei teilte die Patientin indirekt auch mit, welche Abwehrfunktion diese Art von Beziehungsaufnahme hatte: nämlich zu mir irgendwelche Gefühle aufkommen zu lassen, die sie mit ihrer Mutter verband. So wie sie früher den Vater wegen des gestohlenen Brotes anlog, so versuchte sie auch vor mir ihren Hunger und ihre Not geheim zu halten. Sie war eben nicht die »Mutter Teresa«, die andere versorgen konnte, sondern erlebte sich unbewusst selber bedürftig. Allerdings entwertete sie diesen Teil ihrer selbst als »leeren Ramschladen«. In den Behandlungsstunden sollten offensichtlich früh erfahrene Mangelsituationen ferngehalten werden. Dem diente auch eine in der Folgezeit entwickelte Helferhaltung.

Der Zusammenbruch auf der Straße war der äußere Anfang einer durch die Therapie ausgelösten bzw. reaktivierten Annäherung an Gefühle von Schwäche und Ohnmacht, sich Überlassen und Loslassen, die sich wie ein roter Faden durch unsere Geschichte fortwebten. Zunächst aber dominierte der »Mutter-Teresa-Teil«, indem sie ihre Bedürftigkeit auf mich verlagerte und mich Stunde um Stunde mit der Fülle ihrer Berichte versorgen wollte. Ihre Erschöpfung dagegen lebte sie »auf der Straße« und versorgte ansonsten ehemalige Mitpatienten aus der Zeit ihrer stationären Therapie. Sie kümmerte sich um eine frühere Kollegin im Altersheim, um ihre demente Schwiegermutter und engagierte sich mit aller Kraft als Frauenbeauftragte, vor allem für Frauen in Not, sei es Mobbing oder drohende Entlassung.

So entstand in den Stunden eine merkwürdige Supervisions-Konstellation: Von außen betrachtet konnte der Eindruck entstehen, als würde Frau

K. mit mir ein kollegiales Gespräch führen, bei dem der Hilfsbedürftige stets ein dritter, nicht im Raum anwesender, war: Sei es die Schwiegermutter, die ehemaligen Mitpatienten oder die »Frauen in Not«. Wenn ich ihr dies deutete, zeigte sich Frau K. überrascht, und oft kam in diesem Zusammenhang eine Äußerung von ihr, die einen Hinweis gab: »Ich will auf keinen Fall so werden, wie meine Mutter, die war parasitär, dachte nur an sich, machte zwei Stunden Mittagsschlaf, half nicht im Geschäft und die Arbeit im Haushalt machte eine Haushaltshilfe.« So symbolisierte das zerbombte Elternhaus auch ihren wütenden Angriff auf ihre Mutter. Eine Frau zu sein war bei ihr verknüpft mit der Vorstellung schwach und hilflos, »zu nichts nütze« zu sein. Dies musste sie mit aller Kraft verhindern und sie verstand es, ihr Leben so zu gestalten, dass sie die Hilfebedürftigen, um die sie sich dann kümmerte, immer wieder »draußen« fand. Sie war dadurch mit etwas Zerstörtem, Kaputtem und Leidvollem beschäftigt und konnte sich nebenher der sozialen Anerkennung sicher sein. Sie war und ist eine »Helferin«.

Das erlebende und fühlende Ich von Frau K., die Gegenwart von Leiden und Abhängigkeit, kamen dagegen in den Stunden praktisch kaum zur Sprache. So erschien sie zum Beispiel in einer Stunde mit einem Verband um die linke Hand und begann zu berichten, dass sie wieder »so viel grübeln müsse, es würde wieder schlimmer, eine ehemalige Mitpatientin hat angerufen und mit Suizid gedroht. Ich weiß nicht, was ich machen soll«. Als ich nach einiger Zeit nach ihrer verletzten Hand fragte, stellte sich heraus, dass sie sich einen Tag zuvor beim Gemüseschneiden die Sehnen von vier Fingern durchschnitten hatte und erst auf Drängen des Ehemannes zum Arzt ging, der eine ambulante Notoperation durchführen musste. Eine stationäre Aufnahme hatte sie abgelehnt. Sie verneinte, irgendwelche Schmerzen zu spüren und fing im gleichen Atemzug an, sich für ihre Ungeschicklichkeit zu beschimpfen. Jeder Ansatz mit eigenen Schmerzen, Ängsten und Bedürfnissen in Kontakt zu kommen und mir gegenüber hilfsbedürftig zu sein, wurde so blockiert und als schwach und krank abgelehnt.

Ein anderes Mal berichtete sie, dass ihre Frauenärztin zu ihr gesagt hätte: Ihnen geht es wohl nicht gut? Haben Sie Kummer? Kann ich Ihnen helfen? Da hatte sie geweint und gleichzeitig die Frauenärztin und sich zutiefst verachtet und beschimpft über »solche Gefühlsduselei«. Kurze Zeit danach erzählte Frau K., dass sie über den Tod ihres Hundes (der kurz vor der Mutter starb) mehr getrauert hätte, als über den Tod der Mutter. Sie gebrauchte die Formulierung: »Ich möchte aus mir alles Schwache wie Schmutz aus dem Teppich heraus schlagen«. Sie erinnerte aus ihrer Kindheit ein merkwürdiges Gefühl in ihren Händen: dass diese »irgendwie leer sind, wie Watte« und sie bemerkte, dass dieses unangenehme Gefühl wegging, wenn sie die Hände betätigte (»so wie der Vater«). Sie hatte wegen der Ansteckungsgefahr nicht nahe an ihre Mutter herangehen und diese berühren dürfen und für sich die Schlussfolgerung gezogen, dass Nähe zur Mutter mit Krankheit kontaminiert war. Das »merkwürdige Gefühl« der leeren Hände symbolisierte also die nicht greifbare Mutter. Diese unerträgliche Erfahrung hatte sie offensichtlich früh gelernt »tatkräftig« abzuwehren. Dann war an die Stelle der »leeren Hand« die »gefüllte Hand« getreten und der Kontakt mit dieser traumatischen Erfahrung erfolgreich unterbrochen. Vielmehr hatte sie Angst krank zu werden, wenn Mütterliches zwischen uns Raum bekäme. Ich dachte, dass dieses insofern zutrifft, als die bisherigen körperlichen Krankheiten dann in seelischen Schmerz und ein Gefühl von Bedürftigkeit übergehen würden und sie dies mit allen Mitteln verhindern wollte.

Als nach einiger Zeit kurze Phasen auftraten, in denen es Frau K. gut ging, äußerte sie: »Ich wäre heut am liebsten nicht gekommen. Mir geht es gut. Ich denke, ich kann die Therapie bald beenden. Ich nehme doch nur anderen, die es nötiger brauchen als ich, einen Therapieplatz weg.« Zum einen fiel mir auf, wie sehr Frau K. an dieser Stelle unfähig war zu sagen, was denn im Moment gut war für sie, sondern offenbar bereits die Abwesenheit von Schmerzen und Verzweiflung als Erklärung ausreichten. Zum anderen wurde deutlich, dass sie keine Vorstellung davon entwickeln konnte, in einer guten, situativ angstarmen Atmosphäre gemeinsam mit mir in ein Gespräch über ihr Inneres zu kommen. Dies änderte sich mit der 56. Stunde, als Frau K. beschloss, sich auf die Couch zu legen. Es ging eine Stunde voraus, in der sie wiederholt davon sprach, wie sehr die körperlichen Schmerzen, die Unruhe und die »hochkriechende Verzweiflung« am häufigsten in Situationen auftraten, in denen sie einige Augenblicke zur Ruhe kam, sich z. B. zu Hause in den Sessel setzte oder auf ihr Sofa legte. Als ich in meine Deutung einschloss, dass dies auch der Grund war, warum sie sich hier nicht auf die Couch legte, kam Frau K. in die nächste Stunde und legte sich. Sie zeigte mir damit erneut, wie sehr sie mich als eine Art väterlichen Führer verstand, dem sie – wenn es ihr irgendwann besser gehen sollte – gehorchen müsste. Sie hatte meine Äußerung nicht in dem Sinne verstanden, etwas von ihren inneren Ängsten zu erhellen, sondern eher als Handlungsanweisung. Allerdings setzte das Hinlegen von Frau K. einen regressiven Prozess in Gang, der ihr ermöglichte, gemeinsam mit mir Schritt für Schritt etwas zu erfahren und zu verstehen von ihren inneren Vernichtungsimpulsen gegen alles Weiche und Schwache, sowie von ihrem

Gehorsam gegenüber einem kalten, gebieterischem, inneren Objekt, das keine Zuwendung zu ihrem hilfsbedürftigen Teil erlaubte.

Liegen und die Preisgabe der visuellen Kontrolle über mich brachten sie in eine Situation basaler Instabilität. So äußerte sie in einer Stunde, nachdem sie zehn Minuten geschwiegen hatte, dass die Wand auf sie zu komme und wieder weg gehe und ihr dabei schwindlig werde. Sie erinnerte, wie sie allein im Bett gelegen und geweint hatte und froh war, dass es niemand sah. In einer späteren Stunde sagte Frau K.: »Ich kann hier mich nur hinlegen, wenn ich mir vorstelle, dass Sie während der Stunden aus dem Fenster gucken. Wenn ich mir vorstelle, sie sehen mich hier so liegen, ist das unerträglich und ich möchte aufstehen.« Seit Frau K. lag, schaute sie mir beim Verabschieden nicht mehr in die Augen, aber ich sah, dass ihre Augen oft mit Tränen gefüllt waren.

Sie legte in mich in dieser Zeit ihre strafenden Impulse gegen alles Schwache und Weiche, vermutete, dass sich in mir strafende Stimmen aufhielten, wenn sie sich »parasitär« verhielt und konnte deshalb nicht ertragen, dass ich sie so sah. Außerdem wurde eine Störung ihrer Körpergrenzen deutlich: einerseits kam die Wand auf sie zu und ging wieder weg, ein anderes Mal verschmolz sie mit der Couch. Frühe Wünsche nach Verschmelzung und Halt tauchten auf, die zunächst immer wieder von ihr abgewehrt wurden, aber auch Stück für Stück mehr zugelassen werden konnten, gelegentlich verbunden mit dem Impuls, ihren Kopf gegen meine Wände, d. h. gegen mich, zu schlagen.

Jetzt konnte Frau K. von einer traumatischen, sich mehrfach zugetragenen Szene aus ihrer Kindheit erzählen. Als sie in der 1. Klasse war, die Mutter im Krankenhaus, der Vater im Laden und die Schwester spät nachmittags noch in der Schule, hatte sie mehrfach im Winter bei Stromsperre allein in der dunklen Küche gesessen, nur das Ticken der Uhr gehört und sei vor Angst fast vergangen. An dieser Stelle weinte sie. Die Szene war ihr eingefallen, als in einer Stunde eine Pause entstanden und nur das Ticken der Uhr zu hören war. Als ich in meiner Deutung darauf hinwies, wie sehr sie sich damals geängstigt habe und wie entlastend es gewesen wäre, wenn die Mutter oder der Vater einfach nur schweigend da gewesen wären, so wie ich jetzt hier, kam sie in die nächste Sitzung und schwieg eine Stunde lang, zum ersten Mal völlig entspannt. Zum Schluss der Stunde äußerte sie nur, sie sei mit der Couch und mit dem Raum »eins gewesen«. Als sie nach der Verabschiedung in den Warteraum gegangen war, hörte ich einen dumpfen Aufschlag. Ich ging hinaus und Frau K. lag auf dem Boden. »Mir ist schwindlig geworden, entschuldigen Sie bitte, es ist schlimm, dass das immer noch nicht weg ist.« Für diesen Sturz gab es ein biografisches Vorbild: Frau K. erinnerte, dass sie als Kind, als sie die Angst allein in der dunklen Küche nicht ausgehalten hatte, ins Treppenhaus gelaufen war, um zu schauen, ob der Vater kommen würde. Als er nicht zu sehen war, hatte sie die Balance verloren, war über das Geländer gestürzt und hatte sich Unterkiefer und Arm gebrochen. Auf diese Weise zeigte sie, dass die Trennung von mir, nachdem sie sich ungetrennt fühlte, sie in der Tat jedes inneren Halts beraubte und sie – damals wie heute – abstürzen ließ.

Danach konnte sie erstmals sagen, dass sie mich bei Ausfallstunden vermisste. Sie erinnerte nun auch, dass die Mutter vor ihrer Tuberkuloseerkrankung 19 Jahre lang hart am Fließband gearbeitet hatte und für sie als Kind nicht ausreichend anwesend war. Diese sich vertiefenden Erfahrungen von Gefühlen sicherheitsgebender Verbundenheit sowie unerträglicher Getrenntheit führten dazu, dass sie in der Folge unserer Beziehung insgesamt mehr Aufmerksamkeit schenkte.

Erst auf dem Hintergrund dieser Erfahrungen wurde mir verständlich, dass die von ihr vorgenommene Spaltung in den guten Raum der Therapie (»Sie stehen außerhalb«, »An Ihrer Kompetenz ist nicht zu zweifeln« etc.) und den bösen Raum draußen (wo sie hinfällt und sie keiner hält) auch einen biografischen Vorläufer in Gestalt ihrer SED-Mitgliedschaft hatte. In diesem Zusammenhang sagte sie: »Ich habe einen ersten Fehler begangen, in die SED eingetreten zu sein, einen zweiten Fehler, meinen ersten Ehemann geheiratet zu haben. Ich habe noch fünf Jahre nach dem Verschwinden meines Ehemannes an die SED geglaubt und bin erst 1989 ausgetreten.« Aber: Warum war sie überhaupt in die SED eingetreten? Welche innere Bedeutung hatte die SED für sie? Warum sprach sie nie darüber? Warum war sie in der SED geblieben, nachdem ihr erster Mann verhaftet worden war? Auch zu DDR-Zeiten hatte Frau K. ganz offensichtlich die Realitäten aufgespalten, indem sie sich mit einem Gründungsgedanken der SED identifizierte: sich für die benachteiligten und unterprivilegierten Menschen einsetzen zu wollen. Damit konnte sich Frau K. einer Gruppe zugehörig fühlen, in der sich scheinbar das Gute aufhielt. Das Böse oder Bedrohliche war draußen (»Die Feinde des Sozialismus«). Dies half auch zu verstehen, wie Frau K. mit dem Ende der DDR umgegangen war: »Es war mein erster Fehler in die SED einzutreten.« Nach dem Ende der DDR lehnte sie nun die SED im Ganzen als »das Böse« ab. Eine Differenzierung und innere Auseinandersetzung mit ihrer DDR-Geschichte konnte ihr auf dem Boden einer derartigen Spaltung nicht gelingen.

Einige Zeit nun benutzte Frau K. die Couch (und damit mich), um Gefühle der Verschmelzung und Entspannung herzustellen. Damit wurde ich für sie so etwas wie ein Ort, »wo Milch und Honig fließen«, der alles Negative und Enttäuschende zwischen uns zum Verschwinden brachte. Das Unerfreuliche und Belastende fand draußen statt. Dies wurde von ihr aber weniger ausgesprochen als durch Handlungen mitgeteilt. Es gab lange Schweigephasen in den Stunden, die sie kommentierte mit: »Ich tanke auf!« etc. Gleichzeitig kam eine vernichtende Wut gegen mich an die Oberfläche unserer Stunden. In einem Traum tötete sie einen Mann: »Ich drücke ihn unter Wasser. Die Polizei schaut zu. Ich habe zum ersten Mal ein Gefühl, wie es ist, ein Täter zu sein.« Kurz darauf berichtete sie, dass sie vorhatte, einem Verein für Sterbehilfe beizutreten, sich ernsthaft mit suizidalen Gedanken beschäftigte und sagte »Da würde ich auch ihre Arbeit zerstören, aber so egoistisch wäre ich dann!«. In der nächsten Stunde überreichte sie mir statt dessen einen Blumenstrauß. In dieser Stunde sprach sie über ihr beginnendes Interesse und ihre Begeisterung für das Internet: »Da kann man nichts kaputt machen.« Sie schien zu befürchten unsere Beziehung und mich zerstören zu können, so wie in ihrer Kindheit, als die Mutter 1946 für 18 Monate in der Heilstätte verschwand und Frau K. dies unbewusst als Folge ihrer aggressiven Impulse verstand. Es war, als habe sie sich damals schon unbewusst entschlossen, lieber nichts mehr in Beziehungen »anzufassen«, um nichts »kaputt zu machen«.

Deshalb hatten wir viele Stunden, in denen Frau K. lange schwieg und versuchte, das Gute zwischen uns zu retten, bis es eines Tages (nach zwei ausgefallenen Stunden) aus ihr herausplatzte: »Ich könnte explodieren vor Wut, dass ich sie brauche. Sie sind eine Droge!« Sie erlebte ihre Abhängigkeit als etwas traumatisch Unerträgliches, das sie mit Hass gegen mich erfüllte. Diese Impulse nahmen jetzt breiteren Raum ein und wurden zwischen uns kommunizierbar. So berichtete sie z. B. entsetzt, dass sie immer wieder denken müsse, ihr Sohn und ihre Enkelkinder könnten tödlich verunglücken. Nur zögernd konnte sie erkennen, dass auch diese Vernichtungsfantasien mich meinten. Auf diese Weise konnten wir uns zunehmend mit den für sie unerträglichen Frustrations- und Trennungserfahrungen beschäftigen. Sie konnte nun den damit verbundenen Hass gegen mich erleben und mit mir besprechen und zugleich die Erfahrung machen, dass diese »Mutter« nicht verschwand und durch ihre mörderischen Fantasien zerstört wurde.

Zusammenfassende Überlegungen

Der bisherige Behandlungsverlauf zeigt die enge Verschränkung gesellschaftlicher Ereignisse mit den prägenden, entwicklungsgeschichtlich frühen Lebenserfahrungen. Die Mutter von Frau K. hatte mit zehn Jahren ihren Vater im Ersten Weltkrieg verloren und war während der Abwesenheit ihres Mannes im Zweiten Weltkrieg sicher nicht nur in großer Angst um ihren Mann, sondern damit auch unbewusst in Kontakt mit ihrem kindlichen Trauma des Vaterverlustes. Der Vater von Frau K. hatte seine Mutter bereits bei der Geburt verloren. Eine weitere, entscheidende lebensgeschichtliche Belastung erfuhr er später durch seine Teilnahme am Zweiten Weltkrieg, aus dem er wiederkam ohne über seine möglicherweise traumatischen Kriegserlebnisse jemals sprechen zu können. Dadurch war bereits der familiäre Hintergrund von Frau K. sehr belastet und man kann in diesem Zusammenhang von »ererbten Traumata« sprechen. In ihren ersten Lebensjahren während des Zweiten Weltkrieges ging es tatsächlich ums Überleben. Der »Zweite Weltkrieg« bedeutete für Frau K. eine Art inneren Krieges, eine psychisch gestörte Mutter-Kind-Beziehung, in der sie keine gelungene psychische Separation erreichte und die Mutter als bedrohliches und versagendes Objekt internalisierte. Daraus entwickelte sie die Lebenshaltung: »Man muss funktionieren, alle Anforderungen erfüllen, um ein Recht zu haben, da sein zu dürfen.« Zugleich gelang es ihr, den Selbstanteil des bedrohten und verlassenen Kindes in anderen unterzubringen und dort zu versorgen.

Immer wieder gelang es der Patientin, dass ich für sie fühlte, indem sie emotional Belastendes in mich verlagerte. Ihre Distanziertheit drückte sich auch darin aus, dass sie – ohne Namen zu verwenden – von »meinem Mann« und »meinem Kind« sprach und mir damit mitteilte, das es für sie keine nahen Objekte gab, mit denen sie sich verbunden fühlte und austauschte.

Frau K. belebte mit mir ihre Beziehung zu ihrem Vater wieder und versuchte auf diese Weise ihre schwierige Mutterbeziehung, die früh entgleist war, abzuwehren. Sie hatte sich immer in Gruppen und Institutionen dadurch stabilisiert, dass sie für andere wichtig wurde. Als dies 1991 mit ihrer beruflichen Evaluierung zusammenbrach (»Ich kam auf eine Kann-weg-Liste«), gelang ihr zwar einerseits die Flucht nach vorn, indem sie Frauenbeauftragte wurde, andererseits war dies ein von den Leitern der Institution lediglich geduldeter Posten, der ihr nur unter großer Mühe Anerkennung brachte. Auch stand zu dieser Zeit die Berichterstattung über die DDR-Geschichte in den Medien im Vordergrund und es kam auch auf diese Weise bei Frau K. zu einer Wiederkehr des Verdrängten.

Dadurch bestand die Gefahr, dass sie mit ihrer Geschichte (Was war mit dem ersten Ehemann? Weshalb hatte sie ihn geheiratet? Warum eine Entscheidung gegen den Vater?) hätte in Kontakt kommen können, was sie unter allen Umständen verhindern musste, da sonst etwas von der

Ohnmacht und wütenden Verzweiflung ihrer Kindheit aufgebrochen wäre und sie sich hätte anschauen müssen, wo sie selbst nicht nur Opfer, sondern auch Täterin gewesen war. Die Verhaftung ihres ersten Mannes durch die Stasi löste für sie vermutlich eine unbefriedigende Ehe, die zugleich durch ihre enge Vaterbindung belastet war.

An dieser Stelle ist es bedeutsam, der Frage nachzugehen, warum Frau K. so viele wichtige Informationen zum Verschwinden ihres Mannes in der Therapie nicht erwähnte bzw. offenbar selbst nicht in der Lage war, innerlich auf diese Katastrophe zu antworten. Es ist auffallend, dass sie an keiner Stelle von schlaflosen Nächten, Fantasien, Ängsten, Gerüchten oder heimlichen Nachforschungen in der Zeit nach seiner Verhaftung berichtete. Es scheint, als habe es dies nicht gegeben und als sei sie wie gelähmt und innerlich wie äußerlich handlungsunfähig gewesen. Dies wird verstehbar, wenn wir das Verschwinden ihres Mannes als Deckerinnerung des plötzlichen Verlustes ihrer Mutter 1946 lesen. Mit vier Jahren verlor sie »von heute auf morgen« für 18 Monate ihre Mutter. Diesen traumatischen Verlust musste sie damals sprachlos und handlungsohnmächtig ertragen. Damit war ein Trauma, ein psychisches »Loch« nicht denkbarer und in Worte zu fassender überwältigender Erfahrungen geschaffen, dass auch den Umgang mit dem späteren plötzlichen Verlust ihres Mannes präformierte. Ich erfuhr dies unmittelbar, wenn ich in den Stunden, in denen wir uns diesen Erfahrungen annäherten, in die fast unerträgliche Situation kam, fragen zu wollen und keine Antworten zu erhalten.

Zu den Besonderheiten ihrer frühen Lebenserfahrungen gehört es, dass sie ihren Vater erst im Kontext des katastrophischen Zusammenbruches 1945 kennen lernte: am Ende des Krieges wurde das Elternhaus zerbombt und ein Jahr nach der Wiederkehr des Vaters erkrankte die Mutter lebensbedrohlich mit der oben genannten Folge einer achtzehnmonatigen Trennung von ihr. Die normale ödipale Entwicklung erfolgt auf einer entwickelten und gesicherten Beziehung des Kindes zu Vater und Mutter. Nur dann werden die Eltern als psychisch getrennte Personen, die eine Beziehung unterhalten, wahrgenommen und nur dann entsteht die bekannte ödipale Rivalität. Bei Frau K. muss deshalb davon ausgegangen werden, dass die Hinwendung zum Vater nach der Trennung von der Mutter nicht in erster Linie den ödipalen Vater, sondern ein mütterliches Ersatzobjekt meinte. Auf diesem Hintergrund wird die oben berichtete Kindheitsszene beim Molkereibesitzer verständlich als Vermischung von Milch (Mütterlichkeit) und Sexualität (ödipale Erregung). Unbewusst blieb sie so ihren Konflikten mit der Mutter verhaftet, die auf ein nicht geglücktes Abhängigkeitserleben verweisen. Denn in der therapeutischen Übertragung zeigte sich deutlich die Abwehr von Abhängigkeit durch projektive Verlagerung bedürftiger Selbstanteile auf andere, denen sie dann versuchte zu helfen. So lebte sie eine Pseudo-Autonomie und agierte gleichzeitig eine Vaterübertragung: Sie versuchte, meine Kollegin zu sein, die sich mit mir über Patienten berät.

In diese Struktur war auch ihre Parteimitgliedschaft eingebunden: In der SED sah sie eine »Hilfsorganisation«, gewidmet den Entrechteten und Bedürftigen. Aus allem bisher Bekannten ist zu vermuten, dass sie auch in der Partei eine »Helferin« war und dies abspaltete von dem Gedanken, dass diese Partei gleichzeitig auch verantwortlich war für das Schicksal ihres ersten Ehemannes. Anders gesagt: Es war für die innere Stabilität von Frau K. wichtiger, Mitglied dieser »Hilfsorganisation« zu bleiben, als z. B. durch einen Austritt ein Zeichen der Verbundenheit mit ihrem ersten Ehemann zu setzen. Die SED war Teil ihrer Abwehrstruktur: Andere waren bedürftig und sie half. Demgegenüber war die Beziehung zu ihrem Mann nachrangig. Die bedürftigen Seiten sowie das Leiden in ihrem Leben kamen nicht zur Sprache, weil sie die liebevollen und feindseligen Strebungen zur Mutter nicht integriert hatte, sondern aufspaltete. Wenn beide Strebungen doch einmal zusammenkamen, war sie selbst Opfer und Täter zugleich (Umfallen, Handverletzung).

Diese Spaltung lebte sie auch in der Therapie, indem sie versuchte, mich zu idealisieren und glaubte, in meinen Räumen das nur Gute vorzufinden. Sie verschmolz mit der Couch (d. h. mit mir), wie sie in gewisser Weise innerlich mit der SED verschmolzen gewesen war. Auch die SED hatte die Welt in regressiver Weise in gut und böse aufgeteilt und identifizierte sich mit dem nur Guten. Andererseits war es auch ein Anliegen der SED, sich um Gestrauchelte in der Gesellschaft zu kümmern, allerdings nur so lange, wie diese hilfsbedürftig waren und nicht mehr dann, wenn diese Menschen sich entwickelten und abweichende Meinungen hatten. So waren in gewisser Weise für Frau K. in dieser Phase die Stunden wie Veranstaltungen der »Einheitspartei«, bei der alle aggressiv-destruktiven Impulse innerhalb unserer Beziehung von ihr in andere Räume (»das feindliche Lager«) projiziert wurden. Auf ihr gesamtes Leben bezogen könnte man sagen: Das Eintreten in die SED (und die Teilhabe am dortigen Uniformitätsmythos) ermöglichte es, ihre frühe Geschichte (Krieg, entgleiste Mutterbeziehung) zu bewältigen, indem sie spaltete und projizierte. Und insofern traf auf sie die Losung »Schutz und Schild der Partei«, die in der DDR für die »Nationale Volksarmee« benutzt wurde, zu. Sie verteidigte diese Spaltung gegen ihre persönliche Erfahrung mit dem SED-Regime, dass ihr ihren ersten

Ehemann genommen hatte und kämpfte auch in unserer Beziehung mit allen Mitteln, um die Spaltung aufrecht zu erhalten.

Es führte ein direkter Weg von der Lebensmaxime des Vaters (»Reiß dich zusammen«) zum Motiv für die Therapeutenwahl (»Nur wenn Sie streng sind, ist mir zu helfen«). Als strenger Therapeut sollte ich ihr bei der Abwehr ihrer als zerstörerisch gefürchtete Aggressivität helfen, ebenfalls ganz im Sinne der »Einheitspartei«, die jede Kritik als umstürzlerisch fürchtete. So gesehen wurde ich über lange Zeit in der Therapie für die Patientin zu einer der Abwehr dienenden Vaterfigur, was aber auch hieß, dass sie meine Worte wie Handlungsanweisungen verstand und nicht als ein Angebot, sie verstehen zu wollen. Diese autoritäre Orientierung teilte sie mit den SED-Genossen: Man stellte keine Fragen. Man fühlte nicht hin. Man sprach nicht darüber, wie einem zumute war. Die Sprachlosigkeit gegenüber dem Selbst- und Objekterleben, die Unlebendigkeit in den Objektbeziehungen und die Bevorzugung von anal orientierten Funktionshaltungen (»Man muss funktionieren«) führten dazu, dass Frau K. genauso auf »ihrer Geschichte sitzen blieb«, keine lebendigen Fragen stellen konnte und ganze Bereiche ihres emotionalen Erlebens aussparen musste, wie dies für die Partei insgesamt galt. In ihr fand Frau K. eine Gruppe mit der sie ihre Abwehrformation teilen konnte. Die Schutzfunktion der Partei bestand in der Sprachlosigkeit und der erfolgreichen Abwehr einer eigenen Sprache, aber auch im Mythos einer Einheitsbeziehung, die jeden Konflikt einem äußeren Feind zudachte.

Die Realisierung derartiger Umgangsformen in unseren Therapiestunden war für sie offenbar die einzige Möglichkeit, mit mir einen Einstieg in eine Beziehung zu finden. Erst als sie erleben konnte, dass die schwachen, weichen und hilfsbedürftigen Teile in ihr von mir nicht als parasitär erlebt, sondern angenommen wurden, konnte sie in kleinen Schritten diese Teile zulassen, immer wieder aber auch verknüpft mit langsam geringer werdenden Impulsen der Selbstverachtung. Frau K. hatte begonnen, nachdem sie über lange Zeit mein Verständnis torpedierte und angriff (»Hören Sie endlich auf, so zu reden!«), es für möglich zu halten, dass sie etwas von ihren bedürftigen und abhängigen Wünschen und den damit verbundenen Ängsten in der Beziehung zu mir zulassen, erleben und verstehen konnte.

Bis zum Beginn der Therapie hatte sie ein anti-depressives Leben gelebt und nur in Weinanfällen, die von ihr als fremd erlebt wurden, Depressives ausdrücken können. Wobei die Durchbrüche (das Zusammenbrechen mit Einnässen) an das Verhalten ihrer Mutter in der Demenz erinnerten: Als ob sie insgeheim das Schwache und Parasitäre auch in der Symptomwahl mit ihrer Mutter verknüpfte. Im Laufe der Therapie ist es ihr gelungen, mir von diesem depressiven Anteil einiges zu zeigen und in der Beziehung zu mir diese bisher abgelehnten Seiten in ihr zuzulassen, wenn auch immer wieder unterbrochen von Selbstentwertungen und Entwertungen des Therapeuten.

Literatur

Bahro, R. (1990): Die Alternative. Berlin (Verlag Tribüne).
Henrich, R. (1989): Der vormundschaftliche Staat. Reinbek bei Hamburg (Rowohlt).

Auf der Flucht
Über das nicht vergehende Trauma in einer deutschen Lebensgeschichte

Nach langjähriger neurologischer Behandlung suchte Frau S. psychotherapeutische Hilfe in Westdeutschland. Sie litt unter ausgeprägten und zunehmenden Gedächtnis- und Konzentrationsstörungen, chronischen Schlafstörungen sowie plötzlich auftretenden depressiven Zuständen, die sie alle mit ihrer gescheiterten Flucht aus der DDR Ende der sechziger Jahre und der nachfolgenden Haftzeit in Verbindung brachte. Als sie mir die Umstände, das Scheitern der Flucht und die Folgen schilderte – als wäre es gestern gewesen –, verlor sie mehrfach die Fassung und weinte erschütternd. Ich bemerkte wie sehr auch mich die Situation gefangen nahm: Zeitweise war ich ebenfalls den Tränen nahe. Für sie war dieses Erstgespräch überwältigend: sie ging danach noch zwei Stunden weinend durch die Stadt.

Ich erfuhr eine Geschichte von langjähriger Opposition zur DDR: Anfang 20 heiratete Frau S. einen Wissenschaftler. Beide fühlten sich einem christlichen Lebensideal verpflichtet und lehnten das politische System der DDR sowie eine Mitgliedschaft in der SED ab. Mit Hilfe einer Schleuserorganisation versuchten sie schließlich über Ungarn die Flucht in den Westen – erfolglos. Frau S. war damals im zweiten Monat schwanger.

Erst später hatte sie erfahren, dass sie bereits damals von der Stasi observiert wurden, und deshalb das ganze Fluchtunternehmen bekannt war. Man hoffte durch Frau S. und ihren Mann auf die Spur der Schleuserorganisation zu kommen. Als sie in einem eigens für die Flucht präparierten Auto die ungarische Grenze nach Österreich überqueren wollte, wurde das Auto untersucht, Frau S. in ihrem Versteck entdeckt und festgenommen; ebenso der in Ungarn wartende Ehemann. Beide wurden später in der DDR zu mehrjährigen Haftstrafen verurteilt.

Den dramatischen Höhepunkt unseres ersten Gesprächs bildete ihre Schilderung des Fluchtwagens. Dazu hatte sie mir Kopien der Bilder mitgebracht, wie sie nach der gescheiterten Flucht im Ost-Fernsehen verbreitet wurden. Sie beschrieb mir einen sehr engen Raum zwischen Armaturenbrett und Motor, den sie vom Wageninnern her besteigen und darin in Embryonalstellung verharren musste. Als sie und ihr Mann in Ungarn mit dem Fahrer dieses Wagens zusammentrafen und erfuhren, dass sie diese Fahrt nicht gemeinsam, sondern nacheinander machen sollten, war Frau S. schockiert, fügte sich aber in den Plan.

Ein ähnlicher Schock war für sie das Scheitern der Flucht, weil sie damit nicht gerechnet hatte. Diese Mitteilung wiederum überraschte mich. Ein weiteres von ihr berichtetes schockartiges Erlebnis ergab sich als sie damals nach ca. einjähriger Haftzeit von der westdeutschen Regierung ›freigekauft‹ wurde. Ihr Rechtsanwalt hatte ihr Hoffnung gemacht, dass sie nun mit ihrem Mann und ihrem vor Haftantritt zur Welt gekommenen Kind zusammengeführt würde. Erst im Niemandsland zwischen Ost und West, auf dem Weg zum westdeutschen Bus, realisierte sie, dass dies nicht der Fall war. Die Fahrt in die Bundesrepublik verbrachte sie weinend im Bus inmitten hochgestimmter Menschen. Ein häufiger Albtraum bis in die Gegenwart war: »Ich laufe auf die Grenze zu, und da ist niemand, weder mein Mann noch mein Kind, und ich wache mit fürchterlicher Angst auf.«

In unserem ersten Gespräch schien sie ganz von der Wucht dieser Erlebnisse okkupiert. Obwohl über 30 Jahre zurückliegend, waren diese für sie ungemein gegenwärtig. Der Beginn des zweiten Gespräches verzögerte sich durch eine Fehlleistung: Sie wartete im Haus eine Etage tiefer, als ob sie zögerte, zu mir zu kommen. Ich verstand es als Ausdruck ihrer Skepsis mir gegenüber, als sie mir dann von negativen Erfahrungen mit Therapeuten in einer psychosomatischen Klinik berichtete und mir erklärte, dass »Westdeutsche« ihrer Geschichte ohnehin nie Interesse entgegengebracht hätten (Frau S. hatte mich in einer westdeutschen Ambulanz aufgesucht).

In Anbetracht dieser Ambivalenz bot ich ihr zunächst zehn Stunden mit wöchentlich einer Sitzung an, die wir dann aber fortsetzten bis sie in der 25. Sitzung die Behandlung abbrach. Aus dem Material dieser Stunden möchte ich etwas über die Schwierigkeiten eines beginnenden Gesprächs über traumatische Erfahrungen, sowie über die hier in besonderer Weise erfolgte Verbindung von prätraumatischer Pathologie und den Trauma-Ereignissen berichten.

Aus der Lebensgeschichte

Die Eltern von Frau S. stammten aus dem Sudentenland und kamen nach dem Krieg mit einem Flüchtlingstreck nach Brandenburg. Auch ihr Vater, der in der Nazi-Zeit als deutsch-russischer Dolmetscher arbeitete, weist in seiner Biografie eine Fluchtgeschichte auf, die sie mir detailliert berichtete. Der Vater entkam dem Kessel von Stalingrad noch kurz vor dem sowjetischen Einschluss. Seine Flucht damals war also gelungen. Später in Brandenburg arbeitete der Vater zeitweise als deutsch-russischer Dolmetscher, während die Mutter Religionslehrerin war.

In einem 600 Einwohner-Dorf wurde Frau S. als drittes Kind nach einer Schwester (+10) und einem Bruder (+5) wenige Jahre nach Kriegsende geboren. Um zu beschreiben, wie schön es zu Hause war, berichtete sie mir davon, wie viel sie als Kind *draußen* spielte. Dazu meinte sie, dass die Kindheit vielleicht zu idyllisch gewesen sei und sie zu wenig auf die Realität des Lebens in der DDR vorbereitet habe. Sie sei im »christlich-idealistischen Sinn« erzogen worden, sie war nicht bei den Jungen Pionieren und der FDJ. Wegen ihres religiösen Elternhauses war ihr auch ein Studium verwehrt worden. Die Eltern waren immer gegen die DDR eingestellt gewesen und fühlten sich auch nicht als DDR-Bürger. Man hatte überlegt »in den Westen« zu gehen, dies aber verworfen, weil nach Einschätzung der Eltern dort immer noch Alt-Nazis in Amt und Würden waren. Die Kirchenarbeit bot ihnen aber eine Nische in der DDR. Der Pfarrer kam zu ihnen nach Hause, und es gab Gottesdienste in der Wohnung.

Obwohl ihre Familie sehr belastet war durch die Kriegserlebnisse des Vaters und die Vertreibung aus dem Sudetenland, hatte sie sich offensichtlich schnell stabilisiert, indem sie professionell anderen Hilfe leistete. Als Religionslehrerin war die Mutter auch immer eine Art Seelsorgerin und betreute die Bewohner von fünf Dörfern. Frau S. erinnerte sich daran, dass sie mit der Mutter durch diese Dörfer reiste und dort miterlebte, wie die Mutter für viele Ansprechpartnerin und Beraterin war. Das setzte Frau S. auch in ihrer eigenen Biographie fort: Sie schloss sich kirchlichen Kreisen an, in denen sie u. a. heimlich westliche Literatur und Kirchennachrichten verbreitete, und erlernte einen helfenden Beruf im Sozialbereich. Auch später in Westdeutschland setzte sie diese helfende Tätigkeit beruflich fort und war auch hier immer offen für die Sorgen und Probleme anderer. Der psychische Gewinn dieser altruistischen Einstellung muss für sie groß gewesen sein, so dass sie den materiellen Gewinn aus ihrer Arbeit gering schätzte. Sie berichtete, dass sie lange Zeit für sehr wenig Geld arbeitete. Andere hätten ihr das kritisch vorgehalten, sie selber fand aber nichts dabei. In ihrer Arbeit als Krankenschwester war für Frau S. ein sehr hohes Leistungsethos verpflichtend – auch als sie diese Tätigkeit im stationären Bereich aufgegeben hatte und in der häuslichen Pflege fortsetze. Sie konnte sehr schlecht »Nein sagen« und bürdete sich selbst an Wochenenden noch zusätzliche Arbeit mit Patienten auf. Ihr Mann unterstützte sie eher darin als dass er sie bremste. Sie begründete das mit der christlichen Ethik, die für sie verpflichtend war: sie müsse nämlich zunächst *anderen* helfen. Nun litt sie infolge ihrer körperlichen Überanstrengung an starken Gelenkbeschwerden, einer Arthrose und Bandscheibenschäden.

Auf der Flucht

Ein wesentlicher Grund für die geplante Flucht aus der DDR war für sie – neben der ohnehin ablehnenden Haltung dem Regime der DDR gegenüber – die Initiative ihres zehn Jahre älteren Mannes gewesen, der nicht wollte, dass ihre Kinder unter den unfreien Bedingungen der DDR aufwachsen sollten. Auch er kam aus einer regimekritisch eingestellten Familie. Frau S. meinte, dass sie allein wahrscheinlich nicht in den Westen geflohen wäre, da ihre ganze Familie viel zu bodenständig gewesen sei.

Die Haftzeit in der DDR war für Frau S. neben der üblichen degradierenden Behandlung von politischen Häftlingen bzw. »Republikfeinden« mit sehr vielen, oft stundenlangen Verhören verbunden, z. T. nachts, wo man sie aus dem Schlaf holte, um in Erfahrung zu bringen, wer ihre »Hintermänner« gewesen wären bzw. um sie für die Zusammenarbeit mit der Stasi zu gewinnen. Bis kurz vor ihrer Abschiebung in den Westen war sie wiederholten Gesprächen mit Stasi-Mitarbeitern ausgesetzt, die versuchten, sie zum Verbleib in der DDR, zur Zusammenarbeit mit der Stasi und zur Distanzierung von ihrem Mann zu bewegen. Das Schlimmste war für sie jedoch die Trennung von ihrem Kind, das erst ein dreiviertel Jahr alt war, als Frau S. es in ein kirchliches Heim geben und ihre Haft antreten musste.

Die Tochter war etwa 2½ Jahre alt, als Frau S. sie im Westen in Empfang nehmen konnte. Sie soll bis zu dem Heimaufenthalt ein aufgewecktes und fröhliches Kind gewesen sein, reagierte aber danach auf den Wechsel zur Mutter mit Asthma, einem Hospitalismussyndrom (u. a. Jactatio Capitis[1]) und einem an Mutismus erinnernden Verhalten: Sie schwieg lange und beobachtete die Mutter nur. Diese Art von Sprachlosigkeit besteht noch heute zwischen Mutter und der mittlerweile erwachsenen Tochter. Frau S. fühlte sich von ihr angeklagt, was aber zwischen beiden kaum zu besprechen war, so dass eine Art Wand zwischen ihnen stand. Von ihrer DDR-Kinderzeit im Heim wollte die Tochter absolut nichts wissen. Frau S. aber hielt weiterhin brieflich und auch bei gelegentlichen Besuchen Kontakt mit diesem Kinderheim und einer kirchlichen Ordensfrau, welche die Tochter damals im Heim großzog. Fotos von dieser Schwester und vom Heim lehnte die Tochter ab zu betrachten. Nach ihrem Geburtsort gefragt, gab sie immer eine westdeutsche Stadt an, um Fragen nach ihrer Kindheit aus dem Weg zu gehen. Auch ein Angebot von Frau S., gemeinsam eine Psychotherapie zu machen, wurde von der Tochter abgelehnt.

---

[1] Stereotypische, streng rhythmische Bewegungen des Kopfes, besonders beim Einschlafen, aber auch im Sitzen, teilweise in einem tranceartigen Zustand.

Die Tochter war ständiger Gegenstand von Sorgen – als Kind wie als Erwachsene. Frau S. klagte darüber, dass die Tochter häufig ihre Arbeitsstellen wechseln würde, weil sie sich wohl oft überfordert fühle. Sie sei heute noch leicht erregbar, reizbar und stimmungslabil. Mit der jüngeren Schwester, die sieben Jahre später geboren wurde, verstand sie sich wohl besser und tauschte sich über diese Probleme auch eher aus als mit Frau S.

Zum Behandlungsverlauf

Zu meiner Überraschung ergab sich trotz meines großen Interesses an ihrer Lebensgeschichte und einer nicht geringen Sympathie für Frau S. sehr schnell eine erhebliche Schwierigkeit für mich in den Stunden: sie versetzte mich sehr häufig in einen Zustand zunehmender Müdigkeit, in dem mein anfängliches Interesse und meine Aufmerksamkeit schwanden. Die Ursachen dafür waren vielfältig und schienen doch alle dasselbe Ziel zu verfolgen: es sollte zwischen uns kein Gespräch zustande kommen, in dem sie sich von mir verstanden fühlen konnte, und ich deshalb für sie hätte bedeutsam werden können.

Ich will diese Schwierigkeiten etwas beschreiben: Zumeist eröffnete Frau S. die Stunden damit, dass sie versuchte, meine Aufmerksamkeit und mein Denken in eine bestimmte Richtung zu bringen. So brachte sie mir z. B. ein Buch über »Gehirnjogging« und eine Studie zu den psychischen Folgen politisch Inhaftierter in der ehemaligen DDR mit, woraus ich mich über die Behandlung ihrer Symptomatik informieren sollte; sie überreichte mir Kopien über »DDR-Machenschaften« (z. B. über Internierungspläne, Berichte aus den Prozessen gegen Politbüromitglieder), als ob sie befürchtete, ich könnte über diese Dinge nicht Bescheid wissen und sie dazu beitragen müsste, dass ich sie verstehen kann. Sie brachte mir Artikel über die DDR, insbesondere über die Schönheiten Brandenburgs mit und betrieb auf diese Weise »Nachhilfeunterricht«. Dazu erklärte sie mir, dass sie die Behandlung bei ihrer Neurologin abgebrochen hatte, da diese sich mit keiner einzigen Frage nach ihrer Vergangenheit erkundigt hätte und offensichtlich davon auch nichts wissen wollte. So sehr ihre »Geschichten« auch eine beruhigende und abwehrende Funktion besaßen, so sehr gab sie mir damit auch Hinweise auf die Struktur ihrer Innenwelt: Diese erschien aufgeteilt in ideale und bösartige Orte. Was immer an Erkenntnissen über »das Böse« in der DDR und ihre politischen Repräsentanten erschien, wurde von ihr aufmerksam verfolgt. Sie verständigte sich auch mit anderen politisch Verfolgten aus der DDR, schrieb Leserbriefe etc. Obwohl sie nun fast 30 Jahre in Westdeutschland lebte bzw. hier den größten Teil ihres

Lebens verbracht hatte, war sie ganz und gar »DDRlerin«. »Westdeutsche haben sich nie für meine Geschichte interessiert, die sind nur auf Konsum und Reisen orientiert«, sagte sie mir mehrmals, erzählte illustrative Geschichten dazu, ergänzt um Kritik und Anklagen gegen die PDS, gegen ihre Neurologin, gegen desinteressierte Ärzte usw. – und ich fühlte mich bei allem sehr deutlich gemeint.

Die Art ihres Erzählens war von dem Versuch bestimmt, etwas festschreiben zu wollen. D. h. sie wollte mit mir nicht etwas vielleicht Unklares und Belastendes verstehen, sondern mit mir eine Gemeinschaft bilden: Wir sollten uns einig sein, dass etwas nur die eine, von ihr gemeinte Bedeutung haben kann.

Es war ihr wichtig von mir nicht angeklagt zu werden, sie wollte, dass ich verstehe, wie schlimm die Verhältnisse damals in der DDR waren, und dass ihre Entscheidung zur Flucht gut begründet war. Deshalb war für sie bedeutsam, dass ich sehe, wie massiv der DDR-Staat Andersdenkende verfolgte und unterdrückte. Als ich ihr am Schluss einer Stunde deutete, dass sie sich unsicher darüber ist, ob auch ich sie angemessen verstehen kann, bestätigte sie das spontan und fragte, ob ihr diese Gespräche überhaupt irgendetwas bringen würden. Sie erklärte »Logikerin« zu sein und hätte am liebsten von mir eine Erklärung dafür bekommen, wie sich Verdrängung im Gehirn chemisch umsetzt. Sie forderte »Hausaufgaben« neben der Therapie, welche deren Wirkung verstärken könnten. Ihre Zweifel am Sinn unserer Gespräche, in denen ich keine Ratschläge gab und keine »Übungen fürs Gehirn« gegen ihre Gedächtnisausfälle machte, waren unübersehbar.

Sie kam zu den Stunden meistens eine halbe bis eine Stunde vorher und saß dann oft lesend im Warteraum. Sie war vor unseren Gesprächen sehr aufgeregt und brauchte Zeit, um zur Ruhe zu kommen. Schon in der Nacht vorher schlief sie sehr schlecht. Am schlimmsten war es für sie nach den Stunden: da war sie völlig aufgewühlt. In den Stunden saß sie oft in einer Haltung vor mir, die mich an das »Kaninchen vor der Schlange« erinnerte und fürchtete – für mich immer deutlicher wahrnehmbar – ein Gespräch, in dem ihre wirklichen Gedanken, Gefühle und Ängste berührt werden könnten. Deshalb ergriff sie jede Gelegenheit, um unseren Dialog in eine andere Richtung zu führen, insbesondere hin zu äußeren Gegebenheiten: die DDR, ihre Geschichte, andere Menschen. Ich überlegte mir, dass sie dieses Verhalten wahrscheinlich schon als Kind gelernt hatte: dass Probleme ihre Ursache stets außerhalb haben.

Frau S. machte mir durch dieses Verhalten sehr deutlich, dass die Stunden mit mir für sie eine traumatisierende Stress-Situation bedeuteten. Sie war ganz offensichtlich bemüht, irgendeine Gefahr in der Begegnung mit mir unter Kontrolle bringen zu müssen. Zugleich trieb es sie – wie bei traumatisierten Patienten häufig zu beobachten – immer wieder über all das reden zu müssen, was sie früher traumatisierte. Als ich z. B. einmal mit ihr darüber sprechen wollte, wie groß ihr Druck in unserem Gespräch war, ging sie kurz darauf ein, um dann plötzlich aus ihrer Tasche Fotokopien eines neueren Gerichtsurteils zu holen, in dem das ursprüngliche DDR-Gerichtsurteil gegen sie und ihren Mann aufgehoben wurde. Sie hatte es mir extra mitgebracht, und ich sollte es jetzt lesen.

Ihren »hohen Druck« verstand ich als Ausdruck eines massiven Verfolgungs- bzw. Schuldgefühls. Meinen Versuch, mit ihr darüber zu sprechen, hatte sie mit dem Gerichtsurteil zunächst unterbunden und mir damit erst einmal gezeigt, dass sie unschuldig war, weil sie mich unbewusst als dieses verfolgende Objekt wahrnahm.

Sie reagierte auch mit Bedrohungsgefühlen, als sie mir anvertraute, wie verzweifelt ihre Situation zum Zeitpunkt der ersten Lebenswochen ihrer Tochter war. Frau S. war damals zur Entbindung aus der Untersuchungshaft entlassen worden. Nach der Geburt der Tochter wurde sie wöchentlich mehrmals von Stasi-Mitarbeitern besucht, die versuchten, sie zu einer Zusammenarbeit zu bewegen. Die Stasi erhoffte sich von ihr Informationen über Fluchthelferorganisationen und deren Kontaktpersonen in der DDR. Lohn für die Zusammenarbeit wäre wohl gewesen, dass sie nicht weiter inhaftiert worden wäre und ihre Tochter hätte großziehen können. Dann aber hätte die Perspektive bestanden, dass ihr Mann verurteilt und in den Westen abgeschoben worden wäre, sie die Tochter also getrennt von ihm hätte großziehen müssen. In dieser Situation entschied sie sich, nicht mit der Stasi zusammenzuarbeiten. Es folgte dann ihr Prozess und die Verurteilung zu einer zweijährigen Haftzeit. Sie brachte vor dem Haftantritt ihre erst ein paar Monate alte Tochter in einem kirchlichen Kinderheim unter. Ihr Wunsch, das Kind zu ihren eigenen Eltern zu geben, wurde von der Stasi abgelehnt. Grund war der angeblich »nicht sozialistische Familienhintergrund« der Eltern.

Nachdem Frau S. mir diese Geschichte sichtlich erregt unter Tränen erzählt hatte, war sie in den folgenden beiden Stunden mit Gedanken an den Abbruch der Therapie erfüllt und hatte unübersehbar Angst, von mir als »schlechte Mutter« angeklagt zu werden. Mein Versuch, ihr das zu deuten scheiterte aber und wurde von ihr unter Hinweis darauf, dass ich doch ein sehr freundlicher Mann sei, abgelehnt.

In den Stunden war eigentlich stets beides vorhanden: Angst vor der Fühlungnahme mit ihren traumatischen Erfahrungen, aber auch vorsichtige

Schritte dahin. Und im Zentrum stand für Frau S. der Gedanke, eine unerträgliche Schuld am Zustand ihrer Tochter zu haben. Ich möchte das im Folgenden an Protokollen der 15. und 16. Stunde deutlich machen.

Zwei Behandlungsstunden

Frau S. ließ sich wie immer draußen von mir abholen – im Warteraum schaute sie aus dem Fenster. Sie machte dann einleitend Bemerkungen über das schwül-heiße Wetter, wobei sie verlegen und unschlüssig wirkte.

Dann berichtete sie mir von einem anstehenden Besuch bei einem Neurochirurgen. Zuvor war sie bei einer neurologischen Untersuchung gewesen, da sie seit einiger Zeit Schwierigkeiten hatte, mit der linken Hand zu greifen und zu halten. Die Ärzte hatten von einer eventuell notwendigen Operation im unteren Halswirbelbereich gesprochen, ihr aber empfohlen, zunächst die Entwicklung der Symptomatik abzuwarten, da die Operation eine sehr riskante Angelegenheit ist, die möglicherweise zu einer Lähmung führen könnte.

Dieser Bericht steuerte auf die Schilderung eines »überschwänglichen« Arztes zu, »der alles verharmlost« und demgegenüber sie misstrauisch geworden war und sich zurückgezogen hatte.

Ich beschränkte mich aufs Zuhören und hatte gleichzeitig den Eindruck, dass Frau S. sich wie bei einem Arztbesuch verhielt. Ihre Erkrankung und die düstere Prognose schienen nur ein medizinisches Thema zu sein: mit keinem Wort erwähnte sie irgendwelche darauf bezogenen Ängste. Indirekt teilte sie mir ihre Skepsis gegenüber »Ärzten« mit, d. h. auch eine gewisse Reserviertheit mir gegenüber.

Wieder entstand eine Pause voller Verlegenheit, durchsetzt mit Seufzern und irritierenden Blicken auf mich. Dann griff sie, wie ich schon erwartet hatte, zu einem aktuellen Thema aus den Nachrichten: es ging um Egon Krenz, den Nachfolger Honeckers, der gerade zu sechseinhalb Jahren Haft verurteilt worden war. Frau S. machte sich Gedanken darüber, »ob der überhaupt einen Tag sitzen wird« und befürchtete, dass er mit juristischen Tricks um die Verbüßung der Strafe herumkäme. Dabei redete sie eher vorsichtig zurückhaltend, den Kopf etwas weggedreht, wobei sie mich aber mit einem Auge im Blick hatte und fragte zögernd, wie ich denn darüber denken würde. Wir sprachen dann darüber, dass sie von »Krenz und Co.« eigentlich etwas Einsicht und Bedauern für das erwartete, was sie anderen angetan hatten. »Aber das tun die nicht, der Krenz redet davon, dass ihn keine Verantwortung träfe, dass die Russen bestimmt hätten, was an der Grenze geschieht.«

Während wir so ein scheinbar alltägliches politisches Gespräch führten, dachte ich gleichzeitig an *ihre* Schuldgefühle: dass sie ihr Kind ins Heim gegeben hatte. Ich fragte mich, ob diese Schuldgefühle für sie so unerträglich waren, dass sie diese auf »Krenz« projizieren musste.

Eine Zeit lang sprachen wir noch darüber, dass sie das Thema DDR nicht loslässt, dass sie jede Nachricht aufnehmen und sich damit beschäftigen muss. Sie verglich sich mit einer ihr bekannten, alten Schlesierin, die noch nach 50 Jahren nur mit der Flucht aus Schlesien beschäftigt ist. Dazu meinte sie: »Und ich bin genauso, obwohl es bei mir jetzt fast 30 Jahre her ist. Aber das werde ich wohl mein ganzes Leben lang nicht mehr los.« Schließlich sagte ich ihr: »Die Frage, ob Krenz zu seiner Schuld steht, ist für Sie vielleicht deshalb so wichtig, weil Sie selber das Gefühl haben, sich so schuldig gemacht zu haben.« Sie stimmte dem zu: »Die Entscheidung damals wegen meiner Tochter lässt mir keine Ruhe.«

An dieser Stelle fragte ich jetzt mehr nach, um die damalige Situation vielleicht noch besser verstehen zu können. Ich erfuhr, dass Frau S. und ihr Mann nach der geglückten Flucht einer Bekannten durch einen Tunnel von Ost- nach Westberlin, sich ebenfalls bei der Schleuserorganisation anmeldeten, aber ein dreiviertel Jahr warten mussten. In dieser Zeit wurde sie – ungeplant – schwanger. Ich erfuhr, dass das Kind neun Monate alt war, als sie es in das Kinderheim abgab und in Haft ging. Bis dahin war sie wöchentlich einmal von einem Stasimitarbeiter, der sie in ihrer Wohnung aufsuchte, verhört worden. Der versuchte vor allem, sie von ihrem Mann zu trennen, indem er diesen madig machte: z. B. dass ihr Mann seine Ausbildung auf Kosten der DDR gemacht hätte und sich nun in den Westen absetzen wollte. Sie spürte damals sehr deutlich, dass ein Keil zwischen sie und ihren Mann getrieben werden sollte. So fürchtete sie in der DDR ohne ihren Mann zu bleiben, wenn sie auf die Zusammenarbeit mit der Stasi eingegangen wäre. Deshalb hatte sie sich gegen eine solche Zusammenarbeit entschieden, d. h. eben auch für das Kinderheim und die Haft, in der Hoffnung, über ihre Westkontakte letztlich eine Auslieferung der ganzen Familie an den Westen zu erreichen.

Aber damit war sie gleichzeitig schuldig an ihrer Tochter geworden: »Weil ich ja auch heute meine Tochter oft sehe und mitbekomme, wie die Folgen sind: sie ist dauernd krank mit irgendwelchen Infekten. Als ich sie damals wiederbekam, fing das an. Ihr ganzes Immunsystem kam durcheinander. Und ich weiß doch, dass das mit der Trennung von mir zusammenhängt. Das hängt auch damit zusammen, dass ich in meiner Familie so ganz anders aufgewachsen bin. (Jetzt traten ihr die Tränen in die Augen.) Ich bin eigentlich ein gesundheitlich stabiler Mensch, auch meine zweite Tochter ist so. Und auch in der Familie, in der ich aufwuchs, sind alle so. Meinen Eltern hat die Vertreibung aus dem Sudetenland nicht so viel ausgemacht, die haben sich in Brandenburg schnell sehr wohl gefühlt und wir haben zu Hause eine ruhige Atmosphäre gehabt. Meine Eltern waren sehr ruhig und ausgeglichen, ich kann mich auch kaum erinnern, von Ihnen bestraft worden zu sein. Wir hatten einen freundlichen Umgang miteinander. Und das wollte ich immer an meine Kinder weitergeben. Und ich werfe mir vor, dass mir das bei meiner Tochter nicht gelungen ist.«

Eine Woche später brachte mir Frau S. einen Zeitungsausschnitt mit, in dem der erste Tag in Haft für Egon Krenz geschildert wurde. Über dem Artikel war ein großes Bild der Zelle, welche sie im Vergleich mit der Zelle, in der sie inhaftiert war, als komfortabel erlebte. Sie war empört darüber, dass Egon Krenz sich über diese Haftbedingungen beschwere und schilderte mir ihre eigenen, harten Haftbedingungen.

Mit der Bemerkung: »Aber ich wollte ja nicht immer davon erzählen« wechselte sie das Thema und berichtete mir von einem schönen Konzertbesuch. Sie lebte förmlich auf bei dieser angenehmen Erinnerung. Entspannt gab sie mir Empfehlungen für diesen Konzertbesuch und schien sich jetzt sicher bzw. souverän zu fühlen.

Dann wollte Frau S. von mir wissen, ob ich Philosophie studiert hätte. Sie begründete diese Frage mit einem Buch über »Agnostiker«, die »an die Erlösung des Menschen durch sich selbst glauben«. Offensichtlich wollte sie wissen, ob ich auch zu ihnen gehöre. Sie erinnerte DDR-Psychologen, die während ihrer Haftzeit versucht hätten, sie von ihrem Glauben abzubringen. »Das hat mich schon irritiert, aber doch nicht von meinem Glauben abgebracht.« Ich bestätigte ihr, wie wichtig dieser Glauben für sie sei und die Existenz eines Wesens, dass fürsorglich sei und von dem sie Hilfe erwarten könne. Ich sagte ihr aber auch, dass sie diesbezüglich wohl am Sinn unserer Gespräche zweifle und nicht so recht wisse, ob sie an meine Hilfe glauben könne.

Daraufhin sprach sie sehr bewegt davon, wie schlimm für sie damals der Verlust ihres Kindes war. Sie hatte ursprünglich angenommen, nur kurz in Haft zu sein und dann in den Westen zu kommen. Sie dachte an zwei bis drei Monate. Als dann die Auslieferung an den Westen beschlossene Sache war, hatte auch ihr Anwalt ihr versichert, dass sie sicherlich zusammen mit ihrem Kind ausreisen dürfe. Deshalb brach für sie im Niemandsland zur Bundesrepublik die Welt zusammen, als man ihr dort erklärte, dass ihr Mann und ihr Kind erst später nachkommen würden: »Daran hatte ich wirklich nicht geglaubt! Das war so schrecklich, weil ich doch schon während der Knastzeit drunter gelitten hatte und mich jeden Tag fragen musste, was aus meiner Tochter wird. Ich habe da Briefe aus dem Kinderheim bekommen, in denen davon die Rede war, dass meine Tochter oft mit traurigem Blick dasitzt, viel weinen würde und kaum ansprechbar sei.[2] Das war schlimm für mich. Ich war dann jedes Mal fix und fertig und hatte große Schuldgefühle darüber, was ich dem Kind angetan habe.« Dabei hatte sie sich so viel Mühe gegeben, ihr Kind an das Heim zu gewöhnen. Schon vor dem eigentlichen Übergabedatum hatte sie 14 Tage lang jeden Tag das Heim besucht, um ihrer Tochter die dortige Umgebung näher zu bringen. Die Schwestern waren sehr freundlich und sie war von daher guter Hoffnung, dass das Kind dort eine freundliche Aufnahme findet. Die sich verlängernde Haftzeit war dennoch für sie eine Zeit ohnmächtiger Hilflosigkeit.

Diese Erinnerungen schienen für Frau S. jetzt unerträglich zu werden. Sie versuchte wieder bei dem Konzertbesuch anzuknüpfen. Ich sagte ihr, dass sie gerade etwas sehr schwer Erträgliches berichtet hätte, woraufhin sich ihr Gesicht rötete und sie zu weinen begann: »Ich wollte diese Sachen doch lieber verdrängen, weil ich endlich mal von diesen Erinnerungen und Schuldgefühlen wegkommen will. Und ich dachte, das wäre mir jetzt schon ganz gut gelungen. Aber es ist anscheinend doch nicht so.«

Zusammenfassende Überlegungen

Diese Stundenberichte machen deutlich, wie sehr Frau S. einerseits von traumatischen Erinnerungen und Schuldgefühlen okkupiert war und ein Gespräch darüber suchte. Andererseits führte gerade dieses Gespräch dazu, dass sie qualvoll etwas wiedererlebte, das unerträglich schien. So pendelten wir häufig zwischen Sicherheit und Schmerzfreiheit versprechenden Themen und diesen unerträglichen Erinnerungen.

Angesichts dieser lange Jahre zurückliegenden, traumatischen Erfahrung, die wie eine nicht vergehende Vergangenheit gegenwärtig geblieben ist, fragte ich mich, warum Frau S. gerade jetzt zu mir in Behandlung gekommen war. Nachdem sie an der Technischen Universität Dresden an einer Untersuchung über die psychischen Folgen politischer Inhaftierung in der DDR[3] teilgenommen hatte, war ihr von dort eine psychotherapeutische

---

[2] In der darauffolgenden Stunde klärt mich die Patientin darüber auf, dass sie diese Briefe nicht in der Haft, sondern erst später in Westdeutschland erhalten habe.
[3] Vgl. Maercker (1995, 1997, 1999) und Maercker und Schützwohl (1996).

Behandlung empfohlen worden. Aktuell war jetzt nach dem Wegfall ihrer Berufstätigkeit aufgrund degenerativer Gelenksveränderungen und einer Arthrose vermutlich eine Form psychischer Abwehr zusammengebrochen, die im Wesentlichen aus – psychodynamisch formuliert – Spaltung und projektiver Identifizierung bestand. Mit Hilfe dieser Mechanismen konnte sie die sie umgebende Welt und sich selber auftrennen in Notleidende und Helfer und Vieles von ihrem persönlichen Leid in anderen »unterbringen«. Ihre chronische Überarbeitung verstand ich als Ausdruck dieses Drangs, eine als unheilbar erlebte Wunde doch noch – an anderen – zu heilen.

Nachdem dies nun nicht mehr ging, war sie vermehrt mit ihrer eigenen traumatischen Vergangenheit konfrontiert. Es war beeindruckend zu sehen, wie die katastrophisch erlebten Flucht- und Hafterfahrungen »unverdaut« wie ein »Fremdkörper im Seelischen«[4] saßen und selbst nach über 30 Jahren nichts von ihrer Wirkung verloren hatten. In diesem Moment stellten sich verstärkt »Wortfindungs- und Gedächtnisstörungen«, aber auch Depressionen ein: Frau S. erlebte sich fahrig, unkonzentriert, als ob der innere Kontakt mit ihrem Denken und den Erinnerungen verlorengegangen war. Sie selbst neigte eher dazu, dies als organische Krankheit zu sehen, da sie von sich stets gewohnt war »zu funktionieren«. Ich selber dachte jedoch an innere, konflikthafte Bedingungen, wenn sie mir z. B. erzählte, dass sie das Rathaus aufgesucht hatte, um ihren Pass verlängern zu lassen. Dabei hatte sie vergessen, Passbilder mitzunehmen. Hier fiel mir auf, dass sie solche Fehlleistungen nur unter funktionalem Gesichtspunkt sehen wollte und nicht unter dem von Sinn und Bedeutung. Letzteres hätte die Frage nach sich gezogen, was die »Passthematik« für sie auch gefühlshaft meint, wo doch gerade der fehlende Pass letztlich zu ihrer Verhaftung geführt hatte. Es fiel ihr in unseren Gesprächen überhaupt schwer, sich auf sich selber zu besinnen, über sich in meiner Gegenwart und mit mir nachzudenken. Sie hatte gelernt, zu funktionieren und die Fühlungnahme mit sich selber abzuwehren, indem sie aktiv für andere da war. Nach dem Ende ihrer Berufstätigkeit war sie nun erstmals in ihrem Leben in einer Situation, in der diese Aktivität nicht mehr berufsmäßig von ihr gefordert war, und ihr ganzes Selbsterleben ging in die Richtung von »Versagen, weil nicht gut funktionieren, weil nicht helfen«. Ihre Vorstellung von Gesundung hieß dementsprechend wieder voll funktionsfähig für andere zu werden. Insofern war sie identifiziert mit einem nicht-verstehenden, nicht einfühlenden Objekt.

---

[4] Die Betrachtung des Traumas als eines »Fremdkörpers« im Seelischen wurde von Sigmund Freud (1895, S. 85) eingeführt.

Entsprechend achtete sie kaum auf ihre persönlichen Erfahrungen in zwischenmenschlichen Beziehungen bzw. maß ihnen keine Bedeutung zu. Von mir erwartete sie eher »Rezepte« und Verhaltensübungen. Jeder Gedanke an Kontakt mit mir und dem eigenen Selbst schien bedrohlich zu sein und wurde von ihr abgewehrt. Immer mehr verdichtete sich für mich der Eindruck, dass das imperative Helfen-Müssen einem projizierten Selbstanteil galt und helfen sollte, unerträgliche Erfahrungen eigener Abhängigkeit und Bedürftigkeit zu vermeiden – Erfahrungen, die insbesondere durch die Flucht- und Hafterlebnisse traumatisch geworden waren. Deshalb mangelte es ihr sehr weitgehend an innerem Kontakt, so dass sie hätte spüren können, wie sie gestimmt ist und wozu sie neigt. So konnte sie auch nicht wahrnehmen, ob sie z. B. ungern oder gern zu den Stunden kam; für sie stand mehr eine Pflicht im Vordergrund, etwas von außen Erwartetes, ein sehr mächtiger und strenger Therapeut, dem sie zu entsprechen hatte. Das machte es in unserem Gespräch auch schwer, ihre Aufmerksamkeit darauf zu richten, wie sie sich und mich im Kontakt miteinander erlebte und darüber nachzudenken, z. B. zu verstehen, warum sie so fest davon überzeugt war, dass ich sie nicht verstehen konnte. Und es war auch kaum möglich über ihr Konflikterleben in der Gegenwart bzw. in den 30 Lebensjahren nach dem traumatischen Ereignis zu sprechen. Überlegungen, ob nicht eventuell die Dominanz des Traumas in den Stunden selber wieder eine Abwehrfunktion gegenüber infantilen oder rezenten Konfliktsituationen hatte, müssen daher Spekulation bleiben. So fragte ich mich z. B., ob der von Frau S. eingangs berichtete Albtraum (»Ich laufe auf die Grenze zu, und da ist niemand, weder mein Mann noch mein Kind, und ich wache mit fürchterlicher Angst auf.«) nicht vielleicht auf eine in der frühen Kindheit erlebte, unerträgliche Trennungserfahrung (»...und da ist niemand...«) verwies. Oder ob nicht die Entscheidung, das Kind in ein Heim zu geben, ebenfalls infantile Vorläufer gehabt haben könnte. Diese Fragen konnten natürlich in den wenigen Sitzungen nicht geklärt werden.[5] Aber sie müssen

---

5   Die Diagnose einer Posttraumatischen Belastungsstörung (vgl. Fischer und Riedesser 1998) konnte deshalb nicht in ihren psychodynamischen Wurzeln weitergehend vertieft werden. Nur so wäre einzuschätzen gewesen – und damit behandelbar geworden, wie subjektive Bedingungen und objektive Ereignisse (hier: gescheiterte Flucht, Trennung vom Kind, Inhaftierung) zusammenspielen. Dieses Beispiel macht deshalb die Notwendigkeit langfristiger Psychotherapie in diesem Bereich deutlich.

in Erwägung gezogen werden zum Verständnis des Behandlungsabbruchs. Denn eine längerfristige Therapie hätte für sie möglicherweise die Gefahr einer traumatisch erlebten Abhängigkeit aktualisiert.

Dagegen hatte Frau S. an Ihre Kindheit in Brandenburg und das Elternhaus nur die besten Erinnerungen. Oft beschrieb sie mir eine Idylle auf dem Land und ließ mich ihre Sehnsucht danach spüren. Das Elternhaus schien von sehr viel Güte und Freundlichkeit erfüllt, die Eltern sollen sehr ausgeglichen gewesen sein. Zugleich schien diese ideale Sichtweise eine äußerliche zu sein, so wie sie mir in den Erstgesprächen mitgeteilt hatte, wie schön es »draußen« gewesen sei (s. o.). Könnte es sein, dass dem »Innen« unerträgliche Erfahrungen konträr entgegenstanden? Denn sie hatte mich auch wissen lassen, dass die Vorgeschichte ihrer Familie Extremerfahrungen von wahrscheinlich traumatischer Natur aufwies: Da war der Vater, der Stalingrad entkommen war, da war die Vertreibung aus dem Sudetenland und es gab den vermutlich nicht einfachen Anfang als Flüchtlingsfamilie in Brandenburg. Davon schien aber nichts in ihrer Erfahrung des Elternhauses vorhanden zu sein. Im Gegenteil: das Elternhaus gewann in ihrer Wahrnehmung ideale Züge. Dem krass entgegengesetzt war eine eher bedrohliche Welt bestehend aus DDR-Stasi-Realität und westlicher Kälte. Die Hafterfahrungen war für sie möglicherweise deshalb so traumatisierend, weil sie innerlich dem nichts entgegensetzten konnte. Sie war schon vorher nicht gewohnt, in einer konflikthaft sozialen Realität zu leben. Sie meinte dazu: »Ich kann mich überhaupt nicht erinnern, dass es bei uns zu Hause jemals laut gewesen sei, dass meine Eltern Auseinandersetzungen gehabt hätten.«

Auf diesem psychischen Hintergrund fiel damals die Entscheidung »in den Westen zu gehen«, d. h. ihrem Mann auf dem Weg von der »bösen DDR« in den »guten Westen« zu folgen. Diese Aufspaltung konnte aufgrund der isolierten Situation der DDR auch aufrechterhalten werden, da die äußeren Erfahrungen fehlten, die diese Spaltung infrage stellten. Sie fragte sich damals, was sie ihrem Kind antun würde, ließe sie es in der DDR – und damit auch möglicherweise ohne den Vater – aufwachsen. Es war eine Entscheidung zwischen den Mühsalen und Repressalien des DDR-Alltags und den unbewussten Hoffnungen auf die ideale Gesellschaft im Westen. Anders formuliert könnte man sagen, dass Frau S. in ihrer Entscheidung auch von der unbewussten Fantasie eines Wiedergewinns der schönen Kindheit im Kontrast zu einer eigenen mütterlichen Position mit all ihren belastenden Zumutungen auch unter DDR-Verhältnissen bestimmt war. Dafür war sie bereit, inhaftiert zu werden und ihre Tochter in einem Kinderheim großziehen zu lassen. Für sie bedeutete diese Entscheidung einerseits das zukünftig Beste für ihr Kind, ihren Mann und sich. Andererseits musste sie dafür den »Preis« einer Unterbringung des Babys im Kinderheim zahlen, was dieser Entscheidung den Charakter eines Dilemmas gab: Wie immer sie sich entschieden hätte, es wäre auch eine schuldhafte Entscheidung gewesen. Die damalige sozial-politische Situation der DDR brachte Frau S. durch ihre regressive Aufspaltung in ein Freund-Feind-Denken zwangsweise in ein Dilemma, in dem sie nur schuldig werden konnte.

Als sie die Behandlung nach 25 Sitzungen abbrach, fragte ich mich, ob sie jetzt aktiv einen traumatischen Kontaktabbruch wiederholte. Ihre Tochter plante sich im Ausland zu verehelichen und Frau S. reagierte auf die anstehende, passiv zu erlebende Trennung mit heftigen klaustrophobischen Angstanfällen. Da sie ohnehin Zweifel daran hatte, ob ich ihr weiterhelfen könnte ohne Ratschläge und »Hausaufgaben«, begab sie sich in die psychopharmakologische Behandlung eines Psychiaters und verabschiedete sich von mir. Insofern waren unsere Stunden ein Behandlungsanfang, ein Versuch über eine traumatische Erfahrung, die wie ein Fremdkörper im Seelischen eingekapselt und zugleich äußert wirksam war, in ein Gespräch zu kommen. Trotz aller Skepsis, die Frau S. mir gegenüber hatte und trotz aller Schwierigkeiten ihren persönlichen Erfahrungen mehr Raum zwischen uns zu schaffen, hielt sie doch zuverlässig und bemüht alle Termine ein. Zugleich war für mich unübersehbar, dass jede Stunde die Gefahr eines unerträglichen Schmerzes beinhaltete, so wie sich das im ersten Gespräch ereignet hatte, als die verdichtete Darstellung ihrer Geschichte sie stundenlang weinen ließ. Deshalb war das, was sie in unseren Gesprächen erhoffte zugleich etwas Gefürchtetes. Wie bei den meisten traumatisierten Patienten nahm auch bei ihr die Schilderung der traumatischen Umstände anfangs einen breiten Raum ein. Zugleich konstellierte sie damit eine Beziehungssituation, in der ich ebenfalls in subtiler Weise »traumatisiert« wurde: in der Erfahrung der Unmöglichkeit einer Verständigung darüber, was die aktuelle Erfahrung in den Stunden ausmachte (vgl. Wilson und Lindy 1994). Unbewusst setzte sie mich als Analytiker »in Haft«, d. h. ich konnte wenig von dem tun, was ein Analytiker sonst tut: ein sich vertiefendes Gespräch fördern, das letztlich hilft, Unbewusstes bewusst zu machen. Wegen der mit den unbewussten Motiven gegebenen Konflikthaftigkeit ist dies bereits bei neurotischen Patienten schwierig. Handelt es sich aber um traumatische Erfahrungen stößt der Versuch einer Annäherung oft auf eine hermetisch schützende »Kapsel«.

Literatur

Fischer, G., u. Riedesser, P. (1998): Lehrbuch der Psychotraumatologie. München (Reinhardt).

Freud, S. (1895d) (zusammen mit J. Breuer): Studien über Hysterie. Gesammelte Werke, Bd. 1, Frankfurt a. M. (S. Fischer), S. 75-312.

Maercker, A. (1995): Psychische Folgen politischer Inhaftierung in der DDR. In: Politik und Zeitgeschichte (Das Parlament), B 38/95, S. 30-38.

Maercker, A. (1997): Extrembelastung ohne psychische Folgeschäden: Gesundheitspsychologische Konzepte und Befunde. In: W. Schüffel u. a. (1997): Salutogenetischer Ansatz und Gesundheitsförderung: Ressourcenorientierung. Wiesbaden (Ullstein Mosby).

Maercker, A. (1999): Posttraumatische Belastungsstörungen: Psychologie der Extrembelastungsfolgen bei Opfern politischer Gewalt. Lengerich u. a. (Pabst Science Publishers).

Maercker, A., u. Schützwohl, M. (1996): Posttraumatische Belastungsstörungen bei ehemaligen politischen Inhaftierten der DDR: Symptomatik, verursachende und aufrechterhaltende Faktoren – die Dresden-Studie. In: Priebe, S., Denis, D., u. Bauer, M. (Hg.) (1996): Eingesperrt und nie mehr frei. Psychische Leiden nach politischer Haft in der DDR. Darmstadt (Steinkopf).

Wilson, J. P., u. Lindy, J. D. (Ed.) (1994): Countertransference in the Treatment of PTSD. New York (Guilford Press).

Epilog
Analytische Psychotherapeuten in Ostdeutschland vor und nach 1989[1]

1.

In der therapeutischen Beziehung zwischen den Autoren dieses Buches und ihren ostdeutschen Patienten gab es eine untergründige Ebene, die lange verdrängt wurde und uns erst allmählich ins Bewusstsein rückte. Es war die Welt der gemeinsamen Vergangenheit. Wir waren »Verwandte« wenn auch in gewisser Hinsicht gegensätzliche, aus derselben Gesellschaftsordnung; und wir hatten, wie sie, hoch ambivalente Gefühle zu dieser Vergangenheit. Das waren ebenfalls Scham, Trauer, Wut und Groll. Auch bei uns gab es Verdrängungen und Verleugnungen sowie Rivalitäten in der praktischen und moralischen Bewältigung der damaligen Zeit und der »Wende«.

Und da war auch ein Misstrauen aus alter Zeit; denn wenn unsere Patienten in der DDR in unsere Behandlung gekommen wären, hätten sie uns vielleicht gar nicht alles aus ihrem gesellschaftlichen Erleben erzählen dürfen. Man sprach damals außer in der Familie und mit Freunden kaum über kontroverse politische Ansichten und Verstrickungen. Nun hatten wir eine Nach-»Wende«-Therapie, und wir sprachen auch über die SED-Zeit. Sie wussten von uns, dass wir in der DDR gelebt hatten, und es konnte bei ihnen die Frage auftauchen, wie wir als Therapeuten mit der DDR fertig geworden waren. Ein Patient brachte dies einmal anschaulich zum Ausdruck, als er in einer Stunde bemerkte: »Dann sind Sie ja auch Patient!« Man kann darüber streiten, wie Osttherapeuten im Einzelnen, je und je verschieden, stigmatisiert sind. Aber dass wir vom DDR-System berührt und beeinflusst waren, steht außer Frage. Das Totalitäre in der Gesellschaft machte in einer gewissen Weise jeden zum Komplizen in der Missachtung und Abspaltung von inneren und äußeren Realitäten.

In unserer therapeutischen Arbeit wurde unsere eigene Demütigung durch das DDR-System erneut deutlich. Das Mitschwingen und Erinnern

---

[1] Der Epilog beruht auf Diskussionen der an diesem Buch beteiligten ostdeutschen Autorinnen und Autoren, deren dabei entwickelte Gedanken von Ulrich Bahrke und Ludwig Drees in dieser Form zusammenfassend formuliert wurden.

mit den Patienten beinhaltete zugleich die Gefahr einer Realitätsverkennung, die in der Gleichsetzung von Schicksalen liegt. Mit solchen Identifizierungen hatten wir uns auseinander zu setzen und sie kritisch zu reflektieren. Die *De-Identifizierungsarbeit*, die analytische Psychotherapeuten im Individuationsprozess der Therapie immer leisten müssen, bekam nun auch eine spezifische gesellschaftliche Dimension. Wir mussten uns sowohl auf Gemeinsamkeiten als auch auf Getrenntheiten in der gesellschaftlichen Identität der Vergangenheit besinnen.

Vielleicht war Demütigung einschließlich ihrer Verleugnung der stärkste Affekt der vergangenen Zeit und bedingte das Schamgefühl nach der Befreiung. Die Demütigung hatten wir in Ohnmachtserlebnissen, Unterwerfung, Mitläufertum und falschen Bekenntnissen erlebt, vor allem aber in einer ständig untergründigen Ängstlichkeit, die der abgewehrten und abgespaltenen, massiven Angst vor der drohenden Macht des Staates entstammte. Wir hatten die totalitäre Unterdrückung des Individuums an uns selbst und anderen und in der Öffentlichkeit beobachtet und wahrgenommen und doch auch wieder nicht wahrgenommen, sondern ausgeblendet und verdrängt. Wir blieben im Lande und schützten uns mit gemischten Gefühlen einer intellektuellen Überlegenheit und kollektiven Identifizierung.

Es war für uns Autoren schwierig, uns *gemeinsam* zu erinnern und noch schwieriger, dies in *allgemeiner* Weise zu formulieren, denn die Erinnerungsarbeit und das Reflektieren über die Vergangenheit hatte bei den Einzelnen eine jeweils ganz eigene Gestalt. Und es war wichtig – übrigens auch verwirrend und schmerzlich – anzuerkennen, dass die einzelnen Autoren, die sich als ehemalige DDR-Bürger verstanden und ihren »DDR-Charakter« sehr wohl bemerkten, dennoch sehr unterschiedliche Wege in der alten Zeit gegangen waren und ganz eigene, höchst verschiedene Entwicklungen hatten. Jeder hatte die gesellschaftspolitischen Realitäten auf seine Weise bewältigt. Gab es etwas Typisches bei uns als DDR-Psychotherapeuten, und konnten wir uns überhaupt miteinander vergleichen? Wir haben versucht, einige Gedanken dazu zu formulieren.

2.

Große, prägende Bedeutung hatten für uns in der totalitären Gesellschaftskultur die gesellschaftlichen Nischen. Solche geschützten Nischen-Kulturen konnten neben den psychotherapeutischen Ausbildungsgemeinschaften die Kirchen, politisch oppositionelle Gruppen, mehr oder weniger konspirative Zirkel und verschiedene Freundesgruppen sein. Auch die psychiatrischen

Abteilungen konnten dazu gehören; sie waren – wenngleich geheimpolizeilich überwacht – in der schwer zu durchschauenden Unheimlichkeit ihrer Pathologien doch geschützte Freiräume. In Uchtspringe z. B. nannten Ärzte und Mitarbeiter ihre psychiatrische Großklinik »Insel der Seligen«.

In den Nischen suchten wir stärkende, wertorientierte und demokratische Gegenkulturen zu entfalten, die uns innerlich eine unabhängigere Position ermöglichten, scheinbar außerhalb des Systems, und die eine hohe symbolische Bedeutung hatten. Aber sie hatten eben doch in manchen Strukturanteilen Ähnlichkeit mit den Grundzügen des Systems, mit dem Rückzug in eine besondere Welt, mit einer besonderen kollektiven Identität, mit der Gewaltverleugnung des Systems und der Angst vor ihm, mit der Abspaltung und Projektion des Bösen auf gesellschaftliche Strukturen außerhalb der Nische und letzten Endes (wenn man von der Wendezeit absieht) doch auch mit Unterwerfung. Auch die Nischen hatten ihre spezifischen Ideologien. So hieß es bezogen auf die Ausreise-Diskussion in der Kirchennische z. B.: »Wo Gott dich hingestellt hat, musst du Stand halten« während in der Psychotherapie-Nische das Motto lautete: »Deine wirklichen Probleme nimmst du sowieso mit, also kannst du auch hier bleiben.« Und schließlich waren wir auch in den Nischen von inoffiziellen Mitarbeitern des Staatssicherheitsdienstes umgeben.

Das Leben in solchen Nischen mit narzisstisch aufgeladenen Gegenkulturen war ungemein stabilisierend, und wir sind wohl heute noch bis zu einem gewissen Grade mit dem »Gemeinschaftsgefühl« und der »Herzlichkeit« der Nische identifiziert. Überhaupt war das Leben in kulturellen Szenen der DDR für viele ihrer Bürger sehr wichtig und stiftete – die politische »Wende« durchaus überdauernd – einen wesentlichen Teil ihrer Identität. In den kulturellen Nischen lag nicht nur Rückzug, Schutz und Bewahrung, sondern auch die Idee der Möglichkeit gesellschaftlicher Veränderung, vielleicht auch der Wiedergutmachung einer alten Schuld. Das Bewusstsein einer nischenhaften Gegenkultur war aber auch höchst ambivalent in einer eigentümlichen Sympathie für das Böse, den Verfolger, fast wie Mitleid mit dem System und seinen Vertretern, die doch einen Entwicklungsschub nach vorn brauchten, einen Anschluss an einfühlende Kultur, bei dem wir mithelfen wollten. Das führte teilweise zu grandiosen Phantasien von einer »besseren Gesellschaft« jenseits von unglaubwürdigem Sozialismus und hartherzigem Kapitalismus (übrigens in Korrespondenz mit den freudo-marxistischen Utopisten der 68er-Bewegung im Westen). So war das Verharren in »unserem Land« bei manchen von uns nicht nur Bindung an Heimat, Familie, Arbeitsbeziehungen, sondern auch ein Wert und hohes Ziel in einer Art

Epilog

von Heldentum, in dem man seine Angst vor der unheimlichen Gewalt des narzisstisch und paranoid eingeschlossenen Systems verleugnen konnte.

3.

Die wichtigste Gegenkultur war für viele Therapeuten die Szene der verschiedenen tiefenpsychologischen Ausbildungsgruppierungen gewesen. Während in den ersten zwanzig Jahren der DDR-Gesellschaft das tiefenpsychologische Denken durch das politische System untergraben und die Psychoanalyse systematisch zerstört und zu einem »bürgerlichen« antihumanistischen Feindbild erklärt worden war, entstanden seit den 70er Jahren in den Gestalten der intendierten dynamischen Gruppenpsychotherapie und dynamischen Einzelpsychotherapie und weiterer tiefenpsychologischer Methoden (Katathymes Bilderleben, Körperpsychotherapie) Ausbildungs- und Lebenskulturen, in denen relativ frei gedacht und gesprochen werden konnte und in denen das Unbewusste und die individuelle Entfaltung des Einzelnen wieder in das Zentrum der Aufmerksamkeit rückten.

Die nischenhafte Abgeschlossenheit war graduell verschieden. Es gab auf der einen Seite durch westdeutsche Ausbilder geleitete Gruppen unter kirchlichem Dach, die kaum Kontakt zur gesellschaftlichen Öffentlichkeit hatten, und auf der anderen Seite die offiziell anerkannte Gruppenpsychotherapie. Dazwischen kann man die dynamische Einzeltherapie und andere Ausbildungsstränge einordnen. Aber auch in der dynamischen Gruppenpsychotherapie und Einzeltherapie waren die Ausbildungsgruppen nischenhaft abgeschlossen und bildeten geschützte Räume.

Dies war eine fruchtbare Kultur der Selbsterfahrung und Supervision, in der wir lernten, mit dem Unbewussten in der Dyade und in der Gruppe Kontakt aufzunehmen und mit Widerstand, Übertragung und Gegenübertragung zu arbeiten. Die psychotherapeutische Ausbildungswelt mit ihren relativ stabilen Gruppen diente aber nicht nur unserer beruflichen Weiterbildung, sondern war ebenso ein Medium für unsere Wünsche nach einfühlender Geborgenheit und einer systemüberwindenden angstfreien Kommunikation, in dem wir unseren Entwicklungsprozess fördern wollten, wie sie gleichzeitig als Auflehnung gegen das herrschende System diente. Im tiefenpsychologischen und analytischen Denken und Handeln lag die Möglichkeit einer neuen Beachtung der ganz persönlichen inneren Welt des Menschen und ihrer Befreiung aus Zwängen und Fesseln, ein alternatives Kommunikations- und Lebensgefühl gegenüber der totalitären Vereinheitlichung des Lebens.

Aber auch hier waren wir nicht jenseits des Systems. Nicht nur insofern, als unsere Gruppierungen mit inoffiziellen Stasileuten durchsetzt waren und die großen Ausbildungskommunitäten sogar offizielle Parteigruppen (SED) hatten, die konspirative Sitzungen abhielten – ebenfalls eine bedrohende Demütigung, der wir uns duldend und vermeidend hingaben –, sondern das System wirkte auch im Inneren der Teilnehmer und beeinflusste die gruppale Atmosphäre mancher Veranstaltungen, besonders wenn Gefühle von Angst und Bedrohung lebendig wurden. Es war eben nicht vordergründig durchschaubare Staats- oder Systemfurcht, sondern mehr eine tiefere Angst. Wir übertraten in der Gruppe ein mächtiges, tief verinnerlichtes, soziales Verbot, das mit schweren Strafen bedroht war, das unausgesprochene Verbot, über Gefühle und Realität frei zu denken und zu reden, sowie sich gegen Leiter und Ordnung aufzulehnen. Der Leiter, die Ordnung und die Ausbildungsteilnehmer waren Übertragungsobjekte, die ihre Bedeutung nicht nur aus der aktuellen und unbewussten Kommunikation und im Zusammenhang mit Re-Inszenierungen früherer, aus der individuellen Lebensgeschichte stammenden Konflikten bezogen, sondern auch aus ihrer in der DDR gelebten Form. Bis zu einem gewissen Grade repräsentierten bzw. inszenierten Therapeuten und Lehrtherapeuten in diesem Rahmen unbewusst gemeinsam das politische System, auch wenn sie es nicht wollten. Die hohe Erregung mancher Szenen war enorm und konnte die Teilnehmer sehr ängstigen. Umso rauschhafter war gelegentlich die Verbrüderung und Verschmelzung nach den Sitzungen und Zusammenkünften.

Unsere Gemeinschaften waren entscheidend für unsere Entwicklung und gaben Struktur und Gestalt. Aber einen bestimmten Zusammenhang konnten wir damals in unserem gemeinsamen Agieren nicht deuten, nämlich dass wir in den Beziehungen, die sonst durchaus konstruktiv bearbeitet wurden, einen abgespaltenen, verleugneten, zurückgezogenen, ja auch totalitären Kern hatten, eine systemverwandte Struktur mit kollektiver Identität und Unterwerfung, einem relativ starken Zwang zur Selbstoffenbarung mit konfrontativer Aggressivität und einer großen Angst vor dem Herausfallen aus der Gruppe und der Anerkennung durch deren Repräsentanten. Wir glauben, diese Strukturen waren unvermeidlich, aber erst jetzt können wir sie erfassen und uns in sie einfühlen.

Dieser Aspekt der DDR-Psychotherapie als einer quasi subversiv-verschwörerischen Gegenkultur weist auf ihre Mehrbödigkeit hin. Er stellt einerseits die gesellschaftliche Leistung dar, die darin bestand, nach der stalinistischen Zerstörung der Psychoanalyse überhaupt wieder eine analytische Ausbildungs- und Therapiekultur zu entfalten (vgl. Bernhard 1998,

Seidler und Froese 2002). Andererseits wird in diesem Aspekt die Vision der Therapeuten von einer »besseren Gesellschaft mit reiferen Beziehungen der Menschen« deutlich. Psychotherapie also als gesellschaftliches Gegenbild; und dieses Gegenbild trug doch wiederum systemähnliche regressive Züge, die dazu neigen, Herrschaft und Macht auszuagieren oder abzuspalten, aber sie nicht zu analysieren und zu integrieren.

Seidler und Froese weisen in ihrem Buch über die DDR-Psychotherapie am Beispiel der Machtproblematik auf diese Schwierigkeiten einer Psychotherapie als Gegenkultur im Totalitarismus hin und fassen ihre Rückschau so zusammen: »Hier wird, spitzt man es zu, die Lösung autoritärer Abhängigkeit zum Königsweg aus der Neurose. Die Psychotherapie gerät zum Positiv der politisch und zwischenmenschlich negativen Realität« (ebd. S. 26). In Verleugnung der demütigenden Unterwerfung sowohl von Patienten als auch Therapeuten wurde die »Revolution« in der psychotherapeutischen Nische kultiviert.

»Die Vorstellung, eine gut laufende Gruppe würde sich gegen ihren Leiter zusammenschließen, ihn in einer aggressiven Auseinandersetzung stürzen und damit die Gefühle der Gruppe von Abhängigkeit und Ohnmacht in Freiheit und Macht ›kippen‹, stellte unseren Haus- und Hof-Mythos dar. Dieser Mythos verselbständigte sich in unseren Köpfen, in den Therapien, in den Selbsterfahrungsgruppen und in unseren Forschungsarbeiten. In der Realität ›kippten‹ die Gruppen oft gar nicht, oder die Entwicklung des Prozesses verlief völlig anders« (ebd. S. 32).

Die Machtproblematik hatte damals tatsächlich ein hohes Gewicht, wobei nicht übersehen werden darf, dass die psychotherapeutische Kultur selbst – zumindest auf der Ausbildungsebene – in ihren Machtstrukturen stark verfestigt war. Der Preis für die nischenhafte Etablierung einer Tiefenpsychologie im Totalitarismus war die verleugnete oder kaum reflektierte Anpassung der Therapeuten und der therapeutischen Strukturen an das gesellschaftliche System.

4.

Wir fassen nun einige solcher Anpassungsschritte der DDR-Psychotherapeuten zusammen, die wahrscheinlich Einfluss auf unsere therapeutische Haltung gehabt haben.

Die psychoanalytische Orientierung und Fundierung des therapeutischen Denkens war damals von uns gewollt; dennoch haben wir die

Psychoanalyse als Ganzes nicht wahrgenommen. Wir hatten keinen Anschluss an die Tradition curricularer, institutsgebundener Ausbildung; wir hatten zwar tiefenpsychologische Methoden und ein psychoanalytisches Setting in der Therapie, aber neben der Gruppenselbsterfahrung keine individuelle Lehranalyse, so dass wir erst nach der »Wende« ein tieferes Verständnis für die analytische Situation gewannen.

Die Schwierigkeit, einen individuellen Lebensweg auszuhalten, trat in der autoritär-kollektiven Gesellschaft der DDR verstärkt hervor und mit ihr der Wunsch nach Zugehörigkeit und Aufgehobenheit in der psychotherapeutischen Kultur; das führte leicht zu unreflektierter Gruppenidentität, sodass negative Entwicklungen einer Rückzugswelt eher ausgeblendet wurden. So wurden in Ausbildung und Therapie kollektive Identitätsbildungen und Visionen von Einheit und Ungetrenntheit, auch die Angst, aus diesen herauszufallen, weniger intensiv wahrgenommen und bearbeitet als agierend ausgelebt. Das Bewusstsein von Getrenntheit und je eigener Individuation wurde durch solche identifikatorische Prozesse geschwächt.

Ähnlich wie bei den politisch engagierten Bürgerrechtlern, bei denen sich während und nach der »Wende« eine große Unsicherheit im Übernehmen von Machtfunktionen zeigte, herrschte auch bei uns ein problematisches Verhältnis zur Macht, die einseitig negativ bewertet wurde. Insofern gingen wir mit Autorität, Macht und Herrschaft häufig agierend, spaltend-projizierend oder verdrängend um. Wir verschlossen wohl oft die Augen, wenn wir dem Autoritarismus des gehassten Systems in uns selber begegneten. Das konnte in der unbewältigten Gegenübertragung zu heftigen Konfrontationen in der Therapie führen. Gleichzeitig war es für uns als systemfeindliche, also heimliche Aufrührer schwierig, dennoch eine therapeutische Position einzunehmen, in der wir selbst das »Gesetz« und eine nicht korrumpierbare, nicht verfolgende, achtbare und einfühlende Autorität verkörperten.

Aus heutiger Einschätzung wurde von uns Autonomie nicht in ihrer ständigen Korrespondenz mit Abhängigkeit gesehen, sondern einseitig überbewertet. In einer Art anti-autoritärer Gegenbewegung konnte sie zur ideologisierten Gegenvision werden, die nicht nur gesellschaftlich nicht umsetzbar war, sondern auch die Dimension von Abhängigkeit und Hingabe, von Nähe und gegenseitiger Angewiesenheit unterschätzte oder gar in Frage stellte.

Als subtile Formen des Umgangs mit Macht und Autorität spielten in der therapeutischen Praxis der DDR das Helfen, das Sorgen und Versorgen, das Erziehen, Therapieren, Beraten, Eingreifen, das »Intendieren« eine relativ große Rolle, sodass wir oft eher helfen als analysieren wollten. Auf dieser Ebene hatte sich die Psychotherapie dem System unter der Hand ebenfalls angepasst. In gewisser Hinsicht konnte »Intendieren« über Verstehen gehen, also im Sinne einer erzieherischen Motivation. Die Gesellschaft wollte unglaublich viel lenken und intendieren, Prozesse in bestimmte Richtungen drängen, und stand damit in Diskrepanz zur analytischen Position, die dem Patienten seine Freiheit lässt.

Die Stichworte Erziehen und Verstehen berühren den Umgang mit der Welt der archaischen Gefühle und Bedürfnisse des Menschen, wie sie zuerst in der Kindheit entsteht und erlebt wird, aber auch später in der Binnenwelt des Erwachsenen unbewusst repräsentiert ist. Der Mensch sollte damals »allseitig gebildet« und sozialistisch vollkommen, möglichst bald erwachsen sein. Wie der Mensch wirklich war, insbesondere in seinen archaischen Strukturen, fand kaum Aufmerksamkeit. Frühe kindliche Beziehungsmuster des Menschen sollten eher aberzogen als verstanden werden. Das Verstehen als ein Vorgang des heilenden, integrierenden Aufnehmens von Gefühlen war in den erzieherischen Motivationen unterrepräsentiert. So wurde auf der gesellschaftlichen Ebene auch die Bedürfnisstruktur des Kindes und die hohe Bedeutung der frühen Mutter-Kind-Beziehung nicht genügend anerkannt.

In der totalitären DDR-Ideologie wurde über solche unbewussten regressiven Vorgänge der seelischen Binnenwelt des Menschen mit ihren archaischen Beziehungsmustern kaum nachgedacht. Mit dieser Wahrnehmungsstörung gegenüber kindlichen und regressiven Bedürfnissen waren wir als Therapeuten bis zu einem gewissen Grade identifiziert, obwohl wir uns doch in der analytischen Entwicklungspsychologie ausgebildet hatten. Seidler und Froese sprechen der DDR-Psychotherapie eine »unreflektierte Angst vor Regression« zu, und meinen: »Diese Angst war wie eine unreflektierte Antwort auf die latent-bedrohliche politische Umgebung, in der wir lebten.« (2002, S. 30). Wir müssen wohl ergänzen, dass gerade diese bedrohliche Umgebung archaisch-regressive Beziehungsmuster repräsentierte, die auf der therapeutische Ebene ebenso unreflektiert wie auf der politischen Ebene unkritisiert blieben. So konnten wir im therapeutischen Umgang mit archaischen Beziehungsstrukturen, sofern wir sie zuließen, keine hinreichende Sicherheit gewinnen und entwickelten Schwierigkeiten in der Herausbildung des analytischen »Containments« mit seiner Funktion des Aufnehmens und Verstehens entsprechender Affekte in der Übertragung.

Wesentliche Unrechtsstrukturen wurden in der DDR-Gesellschaft ständig aus dem Bewusstsein ausgeblendet und projiziert. Es war eine gesellschaftliche Kultur der Unterdrückung von Angst. Annette Simon schildert den Ausblendungsprozess so, dass sie erst nach der Wende direkt nach dem Lesen ihrer Stasi-Akte brutale Aggressivität und eine große Angst empfunden und gefühlt habe, und dass sie nun erst begriffen habe, »wie eine über Jahre vollzogene Verdrängung von Angst blind machen kann« (Simon 2000, S. 69). Man muss sich erinnern, wie wir uns auch als Therapeuten die fortlaufende gesellschaftliche Überwachung, Demütigung und Angst und ihre psychischen Folgen nur partiell bewusst gemacht haben. Wo hatten wir das damals eigentlich verborgen? Wir mussten es weitgehend neutralisiert und abgespalten haben. Wohin hatten wir es projiziert? Wenn sich die gesamtgesellschaftlichen Spaltungs- und Verleugnungsprozesse auf uns auswirkten und wir sie nicht ausreichend reflektierten, konnten wir auch in der therapeutischen Beziehung Prozesse von Projektion und Spaltung nur schwer wahrnehmen.

Diese Aspekte jetzt ansatzweise aus dem inzwischen möglichen Abstand heraus zu reflektieren, wurde uns durch das Nachdenken über die Geschichten unserer Patienten leichter möglich: anhand ihrer Geschichten der eigenen Geschichte inne zu werden. Dies stellt nicht nur einen notwendigen Bestandteil der Qualifizierung als Psychotherapeut dar, sondern stärkte auch den immer wieder neu zu leistenden Prozess der persönlichen Integrität. Vor allem wurde uns wichtig festzuhalten, dass die DDR-Situation einen Grad an individualisierender Erfahrung ausschloss, wie sie die westliche Welt hervorgebracht hat. Durch die zahlreichen Gespräche in unserer Gruppe zu diesen Themen wurden wir befähigt, solche schmerzhaften Einsichten weniger zu verleugnen, sondern zunehmend bewusster anzunehmen.

Ulrich Bahrke und Ludwig Drees

Literatur

Bernhardt, H. (1998): Mit Sigmund Freud und Iwan Petrowitsch Pawlow im Kalten Krieg. Vom Untergang der Psychoanalyse in der früheren DDR. In: Diederichs, P. (Hg.): Psychoanalyse in Ostdeutschland. Göttingen (Vandenhoeck & Ruprecht).
Seidler, Ch., u. Froese, M. J. (2002): Endlich Freiheit, endlich Psychoanalyse? In: Seidler, Ch., u. Froese, M. J. (Hg.): DDR-Psychotherapie zwischen Subversion und Anpassung. Berlin (edition bodoni).
Simon, A. (1995): Versuch, mir und anderen die ostdeutsche Moral zu erklären. Gießen (Psychosozial-Verlag), 2000.

Zu den Autoren

Ulrich Bahrke, Jg. 1955, Dr. med., Facharzt für Psychotherapeutische Medizin, Facharzt für Neurologie/Psychiatrie, Oberarzt der Universitätsklinik für Psychotherapie und Psychosomatik Halle. Psychoanalytiker (DGPT), Lehranalytiker und Vorsitzender des Mitteldeutschen Instituts für Psychoanalyse (MIP). Arbeitsschwerpunkte: Psychosomatik, Psychotherapie-Forschung, psychoanalytische Sozialpsychologie. Zeitschriftenartikel und Buchbeiträge zu psychotherapeutischen und psychosomatischen Themen, zuletzt erschienen: Bahrke und Rosendahl (Hg.): *Psychotraumatologie und Katathym-Imaginative Psychotherapie* (2001).

Monika Baltzer, Jg. 1952, Psychoanalytikerin (MIP), Dr. phil., Dipl. Psych. niedergelassen in eigener Praxis in Halle/Saale. Vorsitzende des Ausbildungsausschusses im Mitteldeutschen Institut für Psychoanalyse (MIP).

Ludwig Drees, Jg. 1934, Dr. med., Facharzt für Psychiatrie/Neurologie und Psychotherapeutische Medizin; Praktizierender Psychotherapeut und Psychoanalytiker (DPV, IPA, DGPT, DGAPT) in Magdeburg, Lehranalytiker am Mitteldeutschen Institut für Psychoanalyse Halle (DGPT) und am Institut für Psychoanalyse Magdeburg (DGPT, DPG). Veröffentlichungen: *Methodische und interaktionelle Variationen des Therapeuten im psychoanalytischen Prozess*, in: Maaz, H.-J., u. a. (Hg.) (1997): Analytische Psychotherapie im multimodalen Ansatz. Zur Entwicklung der Psychoanalyse in Ostdeutschland. Berlin (Pabst Science Publishers).

Gerold Hiebsch, Jg. 1957, Nervenarzt und Psychoanalytiker, niedergelassen in eigener Praxis in Halle/Saale seit 1993, Vorstandsmitglied des Mitteldeutschen Instituts für Psychoanalyse (MIP) Halle. Interessenschwerpunkte: Der Körper in der Psychoanalyse, analytische Psychosentherapie.

Günter Kunert, geb. 1929 in Berlin, studierte Grafik an der Hochschule für angewandte Kunst. 1948 veröffentlichte er erstmals Gedichte und Geschichten in der Zeitschrift *Ulenspiegel*. Anfang der fünfziger Jahre lernte er Johannes R. Becher und B. Brecht kennen. Seine zunehmend kritische Auseinandersetzung mit der staatlichen Kulturpolitik in der DDR führte 1979 zu seiner Ausreise in die Bundesrepublik. Seither lebt er als freier Schriftsteller bei Itzehoe. Heinrich-Mann-Preis (1962), Johannes-R.-Becher-Preis (1973), Georg-Mackensen-Literaturpreis (1979), Ehrengabe des Kulturpreises im BDI (1980), Heinrich-Heine-Preis der Stadt Düsseldorf (1985), Ernst-Robert-Curtius-Preis für Essayistik (1991), Friedrich-Hölderlin-Preis, Bad-Homburg (1991), Hans-Sahl-Preis (1996), Trakl-Preis für Lyrik. Veröffentlichungen (Auswahl): *Wegschilder und Mauerinschriften*, Gedichte (1959), *Erinnerungen an einen Planeten*, Gedichte (1963), *Tagträume*, Erz. (1964), *Verkündigung des Wetters*, Gedichte (1966), *Im Namen der Hüte*, Roman (1967), *Die Beerdigung findet in aller Stille statt*, Erz. (1968), *Warnung vor den Spiegeln*, Gedichte (1970), *Im weiteren Fortgang*, Gedichte (1974), *Unterwegs nach Utopia*, Gedichte (1977), *Abtötungsverfahren*, Gedichte (1980), *Verspätete Monologe*, Erz. (1981), *Stilleben*, Gedichte (1983), *Erwachsenenspiele. Erinnerungen* (1997), *So und nicht anders*, Gedichte (2002), *Klopfzeichen vom Verratgeber*, Texte und Bilder (2003), *Die Botschaft des Hotelzimmers an den Gast*, Reflektionen (2004).

Tomas Plänkers, Jg. 1950, Psychoanalytiker (DPV, IPA), Dr. phil., Dipl. Psych., wissenschaftliches Mitglied des Sigmund-Freud-Instituts in Frankfurt a. M. und niedergelassen in eigener Praxis. Lehranalytiker am Frankfurter Psychoanalytischen Institut. Arbeitsschwerpunkte: Erkenntnistheorie und -praxis der Psychoanalyse, Geschichte der Psychoanalyse, psychoanalytische Sozialpsychologie. Veröffentlichungen u.a.: *Die Angst vor der Freiheit* (Hg. 1993), *Vertreibung und Rückkehr. Interviews zur Geschichte Ernst Federns und der Psychoanalyse* (1994) *Psychoanalyse in Frankfurt a. M.* (Hg. 1996), *Sozialistische Diktatur und psychische Folgen* (zusammen mit I. Kerz-Rühling, Hg. 2000). *Verräter oder Verführte, eine psychoanalytische Untersuchung Inoffizieller Mitarbeiter der Stasi* (zusammen mit I. Kerz-Rühling 2004).

Marion Schmidt, Jg. 1952, Dipl.-Psychologin, seit 1997 Psychoanalytikerin (Mitteldeutsches Institut für Psychoanalyse Halle), seit 1991 niedergelassen in eigener Praxis.

Dagmar Tautz, Jg. 1944, Fachärztin für Neurologie und Psychiatrie/Psychotherapie, Oberärztin an der Klinik für Psychotherapie und Psychosomatik des St. Elisabeth- und St. Barbara-Krankenhauses Halle. Veröffentlichungen: *Überwertige Todesangst im Anschluß an das Ableben naher Verwandter* in: Wissenschaftliche Zeitschrift Martin-Luther-Universität Halle-Wittenberg, XXVII/1979, Halle/Saale, S. 113-117 (mit Piskorz, J.); *Erfahrungen mit Gruppenimaginationen (KB) bei tiefenpsychologisch orientierter Psychotherapie* in: Hennig, H. u. a. (1992): Tiefenpsychologisch fundierte Psychotherapie mit dem Katathymen Bilderleben, Martin-Luther-Universität Halle-Wittenberg, Wissenschaftliche Beiträge 1992/2, Halle/Saale, S. 115-119 (mit Piskorz, J. u. Kastner G.).

2004 · 180 Seiten · Broschur
EUR (D) 19,90 · SFr 34,90
ISBN 3-89806-301-1

Trobisch-Lütge, der 1994 die Beratungsstelle »Gegenwind« in Berlin für Opfer der SED-Diktatur gründete, beschreibt auf der Grundlage seiner 10-jährigen psychotherapeutischen Praxis die Dimensionen der psychischen Schädigungen, die durch Verfolgung und Haft hervorgerufen wurden. Welche Chancen haben diese oftmals schwer traumatisierten Menschen, einen Weg in die gesellschaftlichen Räume des wiedervereinigten Deutschland zu finden? Das Erbe der staatlich erzeugten, massenhaften seelischen Zerstörungen in der ehemaligen DDR trägt sich in Form von unbewussten Beziehungsdeformationen auch in das zusammenwachsende Deutschland. So zeigen die ehemals Verfolgten – von der Öffentlichkeit weitegehend ignoriert – noch heute häufig ein Verhalten von schamvollem Rückzug oder wütender Anklage; sie erscheinen als Opfer zweiter Klasse der zweiten deutschen Diktatur. Mit einer dezidierten Analyse der Gefahren für die Helfer, in die Traumatisierungen der Verfolgten verstrickt zu werden, wendet sich dieses Buch an Betroffene und ihre Angehörigen, professionelle Helfer sowie interessierte Laien.

P🕮V
Psychosozial-Verlag

2004 · 237 Seiten · Broschur
EUR (D) 19,90 · SFr 34,90
ISBN 3-89806-202-3

»Die Seelennot der Kriegskinder, wie sie sich von der Warte der Analytiker, in der therapeutischen Praxis darstellt. Und wie sie sich in die zweite, in die dritte Generation fortwirkt. Ein erhellende Lektüre inmitten der Erinnerungskultur.«

Die ZEIT

»Offenbar fällt es bis heute der (insbesondere altersmäßig jüngeren) Öffentlichkeit schwer, wahrzunehmen und damit auch anzuerkennen, was damals diesen Kriegskindern zustieß und wie eingeschränkt ihre Entwicklungsmöglichkeiten insbesondere in der direkten Nachkriegszeit waren.«

(Aus dem Vorwort von H. Radebold)

Mit Beiträgen von: Elmar Brähler, Georg Driesch, Tillmann Greb, Jürgen Hardt, Christoph Seidler u. a.

P🕮V
Psychosozial-Verlag

2004 · 370 Seiten · Broschur
EUR (D) 29,90 · SFr 52,20
ISBN 3-89806-352-6

Gewaltverbrechen üben auf viele Menschen eine außerordentliche Faszination aus. Zugleich reagieren die meisten immer wieder »fassungslos«, wenn eine extreme Straftat ihren Alltag erschüttert. Regelmäßig gibt es dabei eine bestimmte Abfolge des öffentlichen Interesses für Tat und Täter, was in den Reaktionen auf Sexualverbrechen besonders deutlich wird. Mit der Einweisung des Straftäters in eine Anstalt verschließt sich in der Regel der Zugang zum Verständnis seiner Destruktivität.

An diesem Punkt setzen Bender und Auchter an und vereinigen in diesem Buch das forensische Erfahrungswissen von zwölf engagierten Psychoanalytikern, Psychiatern und Therapeuten aus fünf europäischen Ländern. Die Beiträge zeigen, wie sich die gesellschaftliche und therapeutische Funktion des Maßregelvollzugs entwickelt hat, wie destruktiver Wahn bei einzelnen Menschen entstehen kann und mit welchen therapeutischen Methoden psychisch kranke Straftäter in der Forensischen Psychiatrie erfolgreich behandelt werden können. Des Weiteren beschreiben sie, wie destruktiver Wahn durch massenpsychologische Mechanismen auch auf politischer Ebene zu Verbrechen gegen die Menschlichkeit führen kann.

P V
Psychosozial-Verlag

2004 · 200 Seiten · Broschur
EUR (D) 19,90 · SFr 34,90
ISBN 3-89806-289-9

Wenn der neue Kapitalismus in Gestalt der Globalisierung verstanden wird als konkreter universaler Herrschaftsanspruch, dem sich nicht nur die Wirtschaft verschrieben hat, sondern der auch von der Politik als unveränderbarer Rahmen akzeptiert wird, dann stellt sich die Frage nach den Auswirkungen dieser Globalisierung auf die menschlichen Beziehungen. Wie reagiert der »homo oeconomicus« psychisch und damit in der Gestaltung seiner Beziehungen auf die Zumutungen der Globalisierung?

Dieses Buch ist in der Lage, weitaus umfassender über die Auswirkungen der Globalisierung auf den Menschen zu informieren, als dies einseitige Schuldzuschreibungen oder sehr ökonomische Erklärungsversuche vermögen.

Mit Beiträgen von Christel Adick, Asit Datta, Peter Gottwald, Wolfgang Hantel-Quitmann, Peter Kastner, Yolanda Koller-Tejero, Reinhart Kößler, Christian Trapp, Erich Witte u. a.

P🙾V
Psychosozial-Verlag

Publik-Forum:
»Ein Meisterwerk politischer Psychoanalyse«

Besondere Empfehlung für die Sachbuch-Bestenliste der Süddeutschen Zeitung, des NDR und des BuchJournals

2. Auflage 2003
439 Seiten · gebunden
EUR (D) 24,90 · SFr 43,70
ISBN 3-89806-044-6

»Die Fallstudien, die Wirth auf Grund genauer Recherchen zur Barschel-Affäre, zu Helmut Kohl (mit zurückhaltendem Einbezug des Freitods von Hannelore Kohl), zur 68er Generation und zu Joschka Fischers stupenden Metamorphosen sowie zu Slobodan Milosevics Paranoia vorlegt, sind sehr ergiebig, besonders eindrucksvoll im Falle Uwe Barschels.«

Ludger Lütkehaus, NZZ

»Harte Bandagen also, die – so Wirth – dennoch nicht zu Politikverdrossenheit verleiten sollten: Erst wenn Bürger und Wähler den ›Einfluss unbewusster psychischer Konflikte auf Entscheidungen höchster Tragweite‹ erkennen würden, könnten ihnen Politik und Politiker wieder ›ein Stückchen näher‹ rücken.«

Der Standard

»Hans-Jürgen Wirth hat die Plattform erreicht, auf der eine allgemeine Psychoanalyse der Politik errichtet werden kann. Der Schritt war unerlässlich.«

Paul Parin

»Wirth erreicht eine Anschaulichkeit, die man in der psychoanalytischen Literatur höchst selten findet.«

Martin Altmeyer in der taz

P🕮V
Psychosozial-Verlag

2004 · 168 Seiten · Broschur
EUR (D) 19,90 · SFr 34,90
ISBN 3-89806-337-2

Das Buch referiert und diskutiert psychologische Ansätze, die bislang im deutschsprachigen Raum wenig bekannt sind: die Diskurspsychologie und die Kulturpsychologie Jerome Bruners. Zugleich zeigt es anhand der Analyse dreier autobiografischer Erzählungen, wie sich diskurs- und kulturpsychologische Überlegungen in konkrete empirische Fragestellungen übersetzen lassen.

Die Autorin hat mit drei Frauen – Großmutter, Mutter und Tochter – biografische Interviews geführt.

Wie arbeitet sie an ihren Lebenserinnerungen mit? Wie sind die autobiografischen Erinnerungen mit den Erzählungen der anderen Familienmitglieder verflochten? Und wie sind sie eingebunden in eine Kultur des Erzählens?

Das Buch geht diesen Fragen nach. Gestützt auf Erkenntnisse der Gedächtnis, Diskurs- und Kulturpsychologie sowie der neueren sozialwissenschaftlichen Biografieforschung zeigt es, wie Lebensgeschichten im Dialog entstehen.

P🎲V
Psychosozial-Verlag

2004 · 262 Seiten · Broschur
EUR (D) 24,90 · SFr 43,70
ISBN 3-89806-345-3

Jüngst zeigt, dass der für die heutige Globalisierung kennzeichnende »Raubtierkapitalismus« und die mit ihm verbundenen gesellschaftlichen Prozesse weithin von einer psychosozialen (paranoid-schizoiden) Dynamik bestimmt werden. Diese Dynamik nahm von besonderen psychosozialen Konstellationen der US-amerikanischen Gesellschaft ihren Ausgang und ist mittlerweile für die weltweite Eskalation von Krisen- und Konfliktsituationen wesentlich verantwortlich, wie beispielsweise im Falle des islamisch-westlichen Antagonismus oder in Bezug auf zahlreiche Problemsituationen vieler »Entwicklungsländer«.

Peter Jüngst thematisiert auch, wie solche Krisen und Konflikte durch die psychosozialen Voraussetzungen der betroffenen Regionen, d. h. im Falle von »Entwicklungsländern« auch durch die psychosozialen Nach- und Auswirkungen von Kolonialismus und »Neokolonialismus« beeinflusst werden.

Dieses Buch leistet einen unerlässlichen Beitrag zum tieferen Verständnis aktueller gesellschaftlicher Entwicklungen, vor allem der Globalisierung.

P❦V
Psychosozial-Verlag

www.ingramcontent.com/pod-product-compliance
Ingram Content Group UK Ltd.
Pitfield, Milton Keynes, MK11 3LW, UK
UKHW041947230426
12048UKWH00008B/189